Anmerkung

Wenn in diesem Buch von Immun-Diät, Rotationsernährung oder Ernährungsprogramm die Rede ist, ist darunter immer die Jutta-Poschet-Immun-Diät nach dem original Immun-Diät-System zu verstehen.

Dr. med. Jürgen K. Juchheim
Jutta Poschet

IMMUN

Das Ernährungsprogramm zur Stärkung des Immunsystems

BLV

Die Deutsche Bibliothek –
CIP-Einheitsaufnahme

Juchheim, Jürgen K.:
Immun : das Ernährungsprogramm
zur Stärkung des Immunsystems/
Jürgen K. Juchheim ; Jutta Poschet. –
7. neubearb. Aufl. (Neuausg.) –
München; Wien; Zürich: BLV, 1996
ISBN 3-405-15081-7
NE: Poschet, Jutta:

Siebte, neubearbeitete Auflage
(Neuausgabe)

BLV Verlagsgesellschaft mbH
München Wien Zürich
80797 München

Gesamtredaktion: Jutta Poschet
Zeichnungen: Barbara von Damnitz
Lektorat: Inken Kloppenburg
Verlags-Service, München
Herstellung und Layout: Sylvia Hoffmann
Einbandgestaltung: Sander & Krause
Werbeagentur
Einbandfoto: Gruner + Jahr
Fotoservice
Gesamtherstellung: F. Pustet, Regensburg

Printed in Germany
ISBN 3-405-15081-7

Inhalt

Immun-Power durch Ernährung 9

TEIL I

ERNÄHRUNG UND IMMUNSYSTEM 11

Das eigene Immunsystem für die Gesundheit kämpfen lassen 12

Wie unser Immunsystem funktioniert 13

Gehirn, Psyche und Immunsystem 16

Immunschwäche 17

Ernährung 19

Haben Sie sich bereits halb krank gegessen? Symptome, auf die Sie achten sollten! . . 19

Allergien – leiden Sie auch darunter? 22

Gewichtsprobleme? Sie essen vom Richtigen zuwenig! . . 22

Pillen beseitigen nur Symptome 23

Die Wirkung dieses Ernährungsprogramms . . . 24

Wissen Sie wirklich, was Ernährung ist? 30

Nährstoffe, Vitamine, Mineralstoffe 31

Die Grundnährstoffe 31

Grundnährstoff 1: Kohlenhydrate 31

Grundnährstoff 2: Eiweiß . . . 33

Grundnährstoff 3: Fett 35

Wasser – das Energiegetränk Nummer 1 37

Vitamine – und was Sie darüber wissen müssen 38

Mineralstoffe – Bausteine und Wirkstoffe in einem . . . 39

Spurenelemente – die Neuentdeckung 39

Unser Körper – eine große Fabrik 40

Nahrung und Verdauung – das wichtige Zusammenspiel 41

Immuncomputer Darm 41

Immunschwäche beginnt im Darm 42

Die optimale Verdauung – so sollte sie aussehen 46

Was falsche Ernährung dem Darm antut 48

Darmfunktionsstörungen und ihre Auswirkungen 51

Die schleichende Mangelkrankheit 51

Alarm – Selbstvergiftung! ... 55

Das Immunsystem nimmt Schaden 57

Check-up für Ihre Gesundheit: Mineralstoffanalyse aus dem Haar, IgG-Nahrungs-Antikörpertest 62

Die Mineralstoffanalyse aus dem Haar – testen Sie Ihren Mineralstoffhaushalt 62

Der IgG-Nahrungs-Antikörpertest – wenn Nahrung krank macht 67

Das jährliche Check-up der Blutwerte 70

TEIL II

ERNÄHRUNGS- UND BEWEGUNGS-PROGRAMM 71

Die JUTTA-POSCHET-IMMUN-DIÄT: das Ernährungsprogramm zur Stärkung des Immunsystems 72

10 Punkte, auf die es ankommt 72

Die große Rotations-Übersichtstabelle 77

Das 28-Tage-Programm der JUTTA-POSCHET-IMMUN-DIÄT 79

Einführung 79

28 Tagespläne 81

Ernährungsumstellung – ein Weg, der niemals enden sollte! 109

Wie Sie zusätzlich Ihr Immunsystem unterstützen können 109

Der Lohn für Ihre Disziplin .. 110

Medizinische Erfolge der JUTTA-POSCHET-IMMUN-DIÄT unter Ausschluß der erkannten Nahrungs-Antikörper (IgG-Test) 111

Das Bewegungsprogramm für 28 Tage – und für den Rest Ihres Lebens 112

Werden Sie aktiv! 112

Grundprogramm und Aufbautraining 113

Einfache Dehn- und Lockerungsübungen 114

Das Laufen 114

Das Zimmertrampolin – die Alternative für alle, die in kürzester Zeit fit sein wollen 119

Das schräge Brett – ein Wunderding für alle Erschöpften 122

TEIL III

AUS DER SPRECHSTUNDE ... 125

Wie Sie durch Ernährung und Nährstoffe gesund werden 126

Fieber – eine wichtige Waffe des Immunsystems ... 127

Wie man mit diesem Programm erfolgreich Krankheiten behandeln kann ... 128

Provokations-Neutralisations-Hauttest .. 129

Was ist Provokation? ... 129

Die persönlichen Ernährungsrichtlinien ... 129

Was ist Neutralisation? ... 130

Die Neutralisation baut Allergien ab ... 130

Gleiches mit Gleichem heilen ... 131

Die Therapie der Zukunft ... 131

Colontherapie – die Intensiventgiftung ... 132

Colontherapie entgiftet den Darm und entlastet das Immunsystem ... 132

Die Durchführung der Colontherapie ... 132

Wie die Colontherapie wirkt ... 134

Wann tritt der Erfolg ein? ... 136

Warten Sie nicht zu lange! .. 136

Krankheiten von A–Z ... 137

Chronische Krankheiten müssen nicht sein ... 137

Akne ... 138

Alkoholsucht ... 139

Allergien ... 139

Arteriosklerose ... 140

Arthrose ... 142

Asthma ... 143

Probleme mit der Bauchspeicheldrüse ... 144

Chronische Blasen- und Niereninfektionen ... 145

Hoher Blutdruck ... 146

Niedriger Blutdruck, kalte Hände und Füße ... 147

Darmentzündungen, Durchfälle, Blähbauch ... 148

Depressionen ... 149

Ekzeme ... 150

Probleme mit der Galle ... 150

Herzprobleme ... 151

Heuschnupfen ... 152

Impotenz, keine Lust auf Sex ... 153

Infektanfälligkeit ... 154

Kopfschmerzen und Migräne 155

Krebserkrankungen ... 156

Leberkrankheiten ... 157

Menstruationsbeschwerden . 158

Müdigkeit 159
Muskelkrämpfe 160
Nervenschmerzen 160
Rheuma 161
Schlafstörungen 162
Schuppenflechte 163
Schwäche, Schwindelanfälle, Streß, unerklärliche Symptome 164
Sodbrennen und Gastritis . . . 165
Chronische Stuhlverstopfung 166
Überaktivität 166
Übergewicht 167
Unterzucker 168
Vegetative Dystonie 169
Wechseljahre 170
Zahnprobleme 171
Zuckerkrankheit 172

Wie Sie sich vor Umweltgiften schützen können 174
Der Schock von Tschernobyl sitzt tief 174
Wie Umweltgifte und Chemikalien krank machen 175
Die toxischen Nebenwirkungen chemischer Medikamente . . 185

Schönheit und Vitalität durch Nährstoffe 187
Schöne Haut 187
Feste Nägel 187
Was Sie gegen Haarausfall tun können 188
Was Sie gegen nachlassende Potenz tun können 189
Wie Sie jung bleiben 189

Wichtige Hinweise zum Schluß 193
Was Sie beachten müssen, wenn Sie Nährstoffe zusätzlich einnehmen 193
Vorsicht vor Überdosierung! 194
Übersicht der empfohlenen Nährstoffkombinationen . . . 195
Kontaktadresse für das Gesundheits-Check-up 197
Ein letztes Wort 198
Planen Sie Ihre eigene Gesundheit 198

Weiterführende Literatur . . . 202

Register 203

Immun-Power durch Ernährung

Gratuliere! Sie möchten, da Sie sich dieses Buch gekauft haben, zu jenen gehören, die durch Ernährung ihr Immunsystem stärken und durch die neue Ernährungsweise zu einer neuen Lebensdynamik finden.
Ein gesunder Körper, mit allen lebensnotwendigen Mineralstoffen versorgt, entgiftet und entschlackt, ist der Pol jedes Menschen, den er zu einer erfolgreichen Lebensführung braucht. Dieses Buch zeigt Ihnen nicht schon wieder eine neue Diät. Nein! Es ist viel mehr!

- Dieses Buch erklärt Ihnen den *Zusammenhang zwischen Ernährung und Immunsystem.* Es sagt Ihnen zum ersten Mal ganz deutlich, wo das Immunsystem eigentlich sitzt und weshalb es allein durch Ernährung so stark zu beeinflussen ist.
- Mit diesem Buch stellen Sie sich auf die Seite derer, die sich der fortschrittlichsten medizinischen Erkenntnisse bedienen. Sie werden erkennen, wieso nicht die Chemie, sondern die richtige Ernährung die Lösung der heutigen Gesundheitsprobleme ist.
- Sie werden lernen, die ersten Alarmzeichen rechtzeitig zu erkennen, und die erforderlichen Schritte zur Wiedererlangung der Gesundheit mit Überzeugung tun.
- *Die Mineralstoffanalyse aus dem Haar,* für jeden durchführbar, gibt Ihnen Antwort auf die Frage, wie es momentan um Ihre Gesundheit steht.
- Die Mineralstoffanalyse aus dem Haar, für jeden durchführbar, gibt Ihnen Antwort auf die Frage, ob in Ihrem Mineralstoffhaushalt Defizite oder Verschiebungen vorliegen. Ein wichtiger Gesundheitsvorsorgetest!
- *Der IgG-Nahrungs-Antikörper-Bluttest* deckt Nahrungsmittel auf, die Ihr Immunsystem schleichend schwächen und somit zur Krankheit führen.
- Der *IgG-Nahrungs-Antikörper-Bluttest* deckt die Stoffwechselblockaden auf, die Sie krank machen.
- Dieses Buch enthält den exakt ausgefeilten Ernährungsplan für ein *28-Tage-Entgiftungsprogramm,* das Ihr Immunsystem

stärken wird. Noch nie war ein Ernährungsplan so übersichtlich und so einfach nachzuvollziehen. Sie haben alles auf einen Blick pro Tag – von den Zutaten bis hin zur Zubereitung. Dieser Rotationsernährungsplan ist auch der ideale Schlankheitsplan. Bei Einhaltung der angegebenen Mengen ist eine Gewichtsreduktion von 4–5 kg nach 28 Tagen garantiert.

Dieses Buch sollte Ihr Führer sein, wenn Sie gesund sind. Gleichermaßen bringt es Sie bei Krankheit auf den richtigen Weg der Gesundung.
Aus diesem Buch spricht die ärztliche Erfahrung. Sie bekommen wertvolle Tips aus der Praxis, wie Sie ohne Chemie auf einem neuen Weg Ihre Gesundheit wiedererlangen oder erhalten können. Dem allgemeinen Standpunkt der »Rezeptemedizin« steht die moderne *Nährstofftherapie* gegenüber. Sie ist die aktuelle Alternative, um Krankheiten wirksam vorzubeugen und zu heilen.
Wir müssen, wenn wir mit all den Umweltgiften überleben wollen, in dieser Zeit, in der nicht nur die neue Volksseuche AIDS über uns herfällt, all das nutzen, was auf natürlicher Basis unseren Körper in Funktion hält. Wir zeigen Ihnen, wie Sie durch *Entgiftung* und *Ernährungsumstellung* Ihren Körper stärken, und somit *immun* werden!
Alles, was Sie brauchen, um an dieser Expedition des eigenen Körpers teilzunehmen, die Sie in Leistunsgebiete führen wird, von denen Sie bisher nicht zu träumen gewagt haben, ist der Entschluß, daran teilzunehmen.
Stellen Sie sich Ihre eigene Teilnahmebestätigung aus, indem Sie in Ihrem Kalender erst einmal 28 Tage festlegen, an denen Sie ungestört die Reise zu sich selbst antreten können. Wenn Sie Familie haben, so nehmen Sie bitte alle mit. Die Immun-Diät ist die gesündeste Ernährungsform, für Kinder ebenso wie für Erwachsene.
Wir möchten, daß Sie *heute* erkennen, was Sie *morgen* krank machen kann. *Nehmen Sie dieses Buch als Rezept, das wir jedem verordnen, der gesund und leistungsstark sein und bleiben will. Es ist das Rezept fürs Leben!*

Dr. med. Jürgen K. Juchheim
Jutta Poschet

TEIL I

Ernährung und Immunsystem

Das eigene Immunsystem für die Gesundheit kämpfen lassen

Die größten Fortschritte in der Medizin wurden durch Steuerung des Immunsystems erreicht!

Ihr Immunsystem ist steuerbar! Gott sei Dank – bei all dem, was man zur Zeit über Immunschwäche zu lesen bekommt! Es ist äußerst wichtig, über unser Immunsystem informiert zu sein. Es ist unser *körpereigenes Abwehrsystem*, das uns vor allen schädlichen Einflüssen und Giftstoffen schützen soll.
Wissen Sie, daß die größten Fortschritte in der Medizin durch Steuerung des Immunsystems erreicht wurden? So stellen die großen Krankheiten von gestern, wie zum Beispiel Pocken, Kinderlähmung, Diphterie, für uns heute keine Gefahr mehr dar. Die Wissenschaft konnte Impfstoffe entwickeln, die unser Immunsystem programmiert haben, uns vor diesen schrecklichen Krankheiten zu schützen. Diesen Immunforschungen verdanken wir unser verlängertes Leben.

Was heute alle angeht, ist die Steuerung der Immunabwehr gegen die Krankheiten der heutigen Zeit!

Dazu zählen:

- Allergien, Hautkrankheiten, Rheuma, hoher Blutdruck, Asthma;
- Depressionen, Kopfschmerzen, Müdigkeit, vegetative Dystonie;
- vorzeitiges Altern.

Der Schrecken der weltweiten AIDS-Krise hat zu einem gewaltigen Aufschwung in der Erforschung des Immunsystems und in der Entwicklung modernster immunologischer Nachweisverfahren geführt. Es ist jetzt erkannt, daß unser Immunsystem nicht allein durch Krankheiten geschwächt wird. Neueste Forschungsergebnisse haben gezeigt, daß bestimmte Elemente unserer Lebensweise, insbesondere falsche Ernährung, Alkohol, Streß und Bewegungsmangel, die Immunfunktion viel häufiger beeinträchtigen, unterdrücken und schwächen. Immunschwäche ist weit verbreitet, weiter, als allgemein angenommen wurde.

Die Forschung zeigt den Weg

Die Forschung hat auch gezeigt, daß sich unser Immunsystem erholt, wenn es durch ein entsprechendes Ernährungsprogramm entlastet wird. Durch vermehrte Zufuhr lebensnotwendiger Nährstoffe kann es zusätzlich unterstützt, die Immunfunktion gestärkt werden.

Dieses neue Gebiet heißt Ernährungs-Immunologie. Und in der Tat wird es von Fachleuten bereits weltweit als die Revolution in der Medizin hoch gepriesen. Jetzt können Sie sich diese wissenschaftlichen Erkenntnisse zunutze machen.

Ihr Immunsystem wird gesteuert von dem, *was Sie essen*, und von dem, *was Sie nicht essen*! Sie selbst sind Steuermann Ihres eigenen Körpersystems – Ihrer eigenen Gesundheit. Sie haben es jetzt in der Hand, Ihr Immunsystem zu stärken und für Ihre Gesundheit kämpfen zu lassen.

Wie unser Immunsystem funktioniert

Das Immunsystem besteht aus vielen Billionen Immunzellen. Bei der Abwehr von Schadstoffen bilden die Immunzellen Antikörper. Die Antikörper blocken die eindringenden Schadstoffe ab. Dabei werden Entzündungsstoffe freigesetzt, welche den weiteren Abwehrkampf der Immunzellen unterstützen.

Die Immunzellen sind überall im Körper, in allen Organen, im Blut und Lymphsystem. Stellen Sie sich Ihr Immunsystem wie eine riesige Verteidigungsarmee vor mit Billionen Soldaten. Die Fußsoldaten nennt man *Lymphozyten.* Diese Armee führt einen permanenten Kampf gegen alle schädlichen Eindringlinge, gegen Viren, Bakterien, Giftstoffe.

Bei der kleinsten Aktion gehen in jeder Sekunde Millionen der Immunzellen zugrunde und werden neu gebildet. Da permanent schädliche Stoffe vor allem über Mund und Darm in die Blutbahn eindringen, laufen derartige Aktionen ständig ab. Wenn es gar zu einer schweren Infektion kommt, so sind es Milliarden Immunzellen, die im Kampf zerrieben werden – und neu produziert werden müssen. Dies sind Umwälzungen in Größenordnungen, die unsere Vorstellungskraft übersteigen. Daß das den gesamten Organismus schwächt, weiß jeder, der eine Grippe, eine Mandelentzündung oder gar eine Lungenentzündung durchgemacht hat.

Wenn das Immunsystem durch eine akute Allergie entgleist

Ähnliches geschieht, wenn das Immunsystem entgleist und überschießend reagiert. *Derartige Überreaktionen sind Ihnen als Allergie bekannt, wenn sie akut auftreten.*

Zum Beispiel eine akute Allergie gegen Nüsse: Nach dem Verzehr von Nüssen treten innerhalb kurzer Zeit die Symptome auf. Im Körper entbrennt ein massiver Kampf! Große Mengen an

Entzündungsstoffen ergießen sich ins Blut und ins Gewebe. Millionen Lymphozyten werden in Bruchteilen von Sekunden zerstört. Wenn Sie sich diese Zahlen vorstellen, dann verstehen Sie, warum die Nahrung das Immunsystem schwächen kann. Und der ganze Körper, die Haut, die Leber, das Gehirn können in Mitleidenschaft gezogen werden. Die Haut rötet sich, schwillt an und beginnt zu jucken. Angstgefühle entstehen. Die Augen tränen, und die Nase läuft. Erst wenn der letzte Rest der Nüsse, um beim Beispiel zu bleiben, beseitigt oder ausgeschieden ist, klingt die Überreaktion des Immunsystems ab.

Sie fühlen sich müde, erschlagen und erschöpft nach dieser verlustreichen Schlacht, in der sich das falsch programmierte Immunsystem selbst geschlagen und den gesamten Organismus in Mitleidenschaft gezogen hat.

Wie falsche Ernährung das Immunsystem schwächt

Es ist wohl eine der fortschrittlichsten Erkenntnisse der Wissenschaft, daß das Immunsystem der Schlüssel ist, wie falsche Ernährung unserer Gesundheit schadet. Dieser aufsehenerregende Durchbruch stammt aus den führenden Forschungszentren der Welt.

Der Zusammenhang zwischen heutiger Ernährung und Krankheiten ist schon lange bekannt. So weiß jeder, daß Überernährung zu Gefäßverkalkung, Herzinfarkt, Schlaganfällen, Leberschäden, Krebserkrankungen oder Rheuma führen kann. Obwohl man das weiß, gibt es aber immer noch erhebliche Meinungsverschiedenheiten über Ernährung. *Und Ernährung wird in der orthodoxen Medizin immer noch nicht als Therapie eingesetzt!*

Wir haben uns immer gefragt, warum das so ist. Warum propagieren die einen Basenkost, die anderen Vollwertkost, wieder andere kohlenhydratarme Ernährung? Und es gibt sogar Rheumatologen, welche behaupten, rheumatische Gelenkerkrankungen hätten nichts mit Ernährung zu tun.

Jetzt hat die moderne Forschung dieses Geheimnis aufgedeckt. Sie hat Hinweise gesichert, über welchen Mechanismus falsche Ernährung uns krank macht und wie wir durch Ernährung gesund werden. Das Geheimnis ist unser Immunsystem. *Das Immunsystem wacht über unsere Ernährung. Jeder Bissen, den wir zum Mund führen, wird von unseren Immunzellen kontrolliert.* Dies ist eine der schwierigsten Aufgaben, die unser Immunsystem zu erfüllen hat. Überlegen Sie, welche Nahrungsmengen Sie täglich verzehren. Und jedes Nahrungsmittel besteht aus Millionen einzelner Bausteine. Jeder Baustein muß von den Immunzellen kontrolliert werden; denn in den Nahrungsmitteln befinden sich nicht nur Nährstoffe, die unser Körper braucht, sondern auch Stoffe, welche schaden können und daher vom Immunsystem abgewehrt und unschädlich gemacht werden müssen.

Diese Erkenntnis über Ernährung und Immunsystem wird in den nächsten Jahren die Medizin zum Umdenken zwingen. Denn mit modernen immunologischen Verfahren kann heute nachgewiesen werden, daß die typische, moderne Ernährung unser Immunsystem überfordert. Der Zauber der Lebensmittelindustrie leistet dabei einen gewichtigen Beitrag. Die Nahrungsmittel werden immer unnatürlicher und immer mehr mit chemischen Zusätzen angereichert. Unserem Immunsystem wird es immer schwerer gemacht, zwischen Nahrungsmitteln und Schadstoffen zu unterscheiden. Verdauungsstörungen und Zersetzungsprozesse im Darm kommen als weitere Störfaktoren hinzu.

Schließlich kommt der Punkt in unserem Zivilisationsleben, an dem unser Immunsystem Fehlentscheidungen trifft: Es dehnt seine Abwehrattacken auf Nahrungsmittel aus. Es beginnt Nahrungsmittel anzugreifen, die wir eigentlich brauchen. In der Wissenschaft spricht man von »maskierten Nahrungsallergien«. Wenn wir jetzt nichts in unserer Ernährung ändern, geraten wir schleichend in das Siechtum der Zivilisation.

Im vorhergehenden Abschnitt wurde der Mechanismus der akuten Allergie beschrieben. Wir haben geschildert, welche Umwälzungen sich im gesamten Organismus dabei vollziehen. Der Mechanismus, der durch die »maskierten Nahrungsallergien« ins Rollen kommt, ist nicht viel anders – nur viel heimtückischer. Denn diese Immunreaktionen gegen die Nahrungsmittel laufen schleichend, versteckt und chronisch ab. Mit jedem Essen wird unser Immunsystem gefordert, und es wird zunehmend geschwächt, solange wir immer wieder die gleichen Nahrungsmittel essen. Wir werden anfällig für Krankheiten.

Wenn Beschwerden und Symptome auftreten, dann haben wir fast nie eine Erklärung dafür. Höchstens Diagnosen wie vegetative Dystonie, Infektanfälligkeit oder Abnützung kommen dabei heraus. Der Zusammenhang mit der Ernährung jedoch bleibt fast immer verborgen, da sich alles verzögert, schleichend und chronisch abspielt. So essen wir täglich weiter wie bisher und wundern uns lediglich, daß unsere Beschwerden immer wieder kommen und nicht besser werden. Neueste Studien haben gezeigt, daß von 10 Bundesbürgern bereits 7 an irgendwelchen Beschwerden leiden, die jedes Jahr ein bißchen schlimmer werden.

Da wir jetzt wissen, wie durch Ernährung wirksam geholfen werden kann, sehen wir es als unsere ärztliche Pflicht an, unsere Erkenntnisse und praktischen Erfahrungen einem möglichst großen Publikum zugänglich zu machen. Denn Millionen können mit dieser Ernährung ihr Immunsystem entlasten und für ihre Gesundheit einsetzen. Vielen kann jahrelanges Leid erspart werden, viele können schmerzfrei werden und selbst von unerträglichen Beschwerden geheilt werden. Wir haben nie dankbarere Klienten gesehen als die, welche dieses Programm durchgeführt haben. Deshalb haben wir dieses Buch geschrieben.

Gehirn, Psyche und Immunsystem

Weitere bahnbrechende Studien zeigen, daß wir unser Immunsystem nicht nur durch unsere Ernährung, sondern auch durch unsere Gedanken und Vorstellungen beeinflussen können. Fortschrittliche Neurologen sind sogar der Ansicht, daß Teile des Gehirns zum Immunsystem gehören.

Alles, was wir sehen, fühlen, hören, denken und sogar, was wir essen(!), wird unserem Gehirn gemeldet. Die Empfangsstationen sind bestimmte Gehirnzentren, welche ständig arbeiten, ohne daß wir es merken. Wenn diese Gehirnzentren etwas Gefährliches, etwas Negatives oder Schädliches gemeldet bekommen, geben sie Alarm. Diesen Alarm empfängt unser Immunsystem und beginnt mit Abwehrreaktionen. Diese Reaktionen aber können wiederum das Gehirn in Aufruhr bringen und schließlich schädigen.

Ein Teufelskreis – ausgelöst durch das Wechselspiel zwischen Gehirn und Immunsystem.

Diese dramatischen Funde werden durch immer neue wissenschaftliche Ergebnisse untermauert. *Wir können demnach durch das, was wir denken und uns im Geiste vorstellen, unser Immunsystem schwächen oder stärken.* Wenn Sie ständig zweifeln, wenn Sie permanent unzufrieden sind, sich immer das Schlimmste vorstellen oder negativen Gedanken nachhängen, dann halten Sie permanent Ihr Immunsystem auf Abwehr und Spannung. Genauso wie falsche Ernährung kann dies Ihr Immunsystem auf Dauer verschleißen.

So bekommen manche Menschen einen Ausschlag am Mund, verursacht durch ein Herpes-Virus, wenn sie nur an einem unsauberen Glas trinken und sich ekeln. Diese negative Vorstellung genügt bereits, um die Virusinfektion zum Ausbruch zu bringen. *Noch viel schädlicher für unsere Abwehrkräfte ist permanenter, seelischer Streß.*

Positive Gedanken stärken unser Immunsystem . . .

Umgekehrt können wir durch positive Gedanken, durch Entspannung und eine klare Vorstellung, wie unser Immunsystem funktioniert, unsere Abwehrkräfte stärken.

In diesem Buch zeigen wir Ihnen auf, wie Sie über die Ernährung zu einer positiven Lebenseinstellung kommen. Sie erhalten klare Anweisungen, wie Sie durch ein kleines tägliches Bewegungsprogramm sich entspannen und aufs neue positiv motivieren. Weiterhin können Sie sich in diesem Buch über alles informieren, was Sie wissen müssen. Dies ist die Voraussetzung, daß Sie sich ein klares Bild machen können, wie Ihr Immunsystem Sie vor allen schädlichen Einflüssen schützt!

So wird in amerikanischen Kliniken Krebspatienten diese Vorstellung vom Immunsystem folgendermaßen vermittelt: Die Patienten werden aufgefordert, sich täglich den Kampf ihres Abwehrsystems bildlich in Gedanken auszumalen. Viele stellen sich dann die Immunzellen als Soldaten vor, die die Krebsgeschwulst angreifen, immer mehr verkleinern und schließlich ganz zerstören. Durch diese klaren und konkreten gedanklichen Bilder *kann* das Immunsystem so gestärkt werden, daß sich Tumoren verkleinern, Beschwerden verschwinden und sich der gesamte Gesundheitszustand verbessert. In zahlreichen Krankheitsfällen ließ sich diese positive Entwicklung bestätigen.

Machen auch Sie sich dieses Mechanismus zunutze! *Gewinnen Sie eine klare Vorstellung, wie Ihr Immunsystem erfolgreich für Ihre Gesundheit kämpft!* Dieses Buch hilft Ihnen dabei!

Immunschwäche

AIDS – Die neue Pest

Immunschwäche! Die neue, schreckliche Krankheit führt uns allen vor Augen, was passiert, wenn das Immunsystem zusammenbricht.

AIDS ist eine tödliche Krankheit.

Immunschwäche bedeutet Gefahr! Das AIDS-Virus kann sich in ein geschwächtes Immunsystem viel eher einnisten als in ein intaktes Immunsystem. AIDS-Viren, wenn sie einmal in den Immunzellen angesiedelt sind, vermehren sich in diesen, wuchern und zerstören diese wichtigen Soldaten unseres Abwehrsystems. Das Immunsystem wird geschwächt und kann uns schließlich nicht einmal gegen die banalsten Krankheiten verteidigen.

Die Krankheit AIDS kommt meist erst nach Jahren zum Ausbruch! Dann nämlich, wenn das Immunsystem Schwächen zeigt. Und diese Immunschwäche verursacht Symptome. Diese sind:

- Zuerst Müdigkeit, Kopfschmerzen,
- Fieberschübe,
- Lymphknotenschwellungen.

Es ist nicht das Virus, das die Symptome verursacht, sondern das angeknackste Abwehrsystem. Damit führt uns das Beispiel AIDS den Zusammenhang zwischen Immunsystem, Müdigkeit, Kopfschmerzen und anderen Beschwerden deutlich vor Augen. Im Falle AIDS wird bereits fieberhaft an der Entwicklung eines Impfstoffes gearbeitet. Doch wenn man den Wissenschaftlern Glauben schenken kann, dann wird es noch Jahrzehnte dauern, bis das lebensnotwendige Serum gefunden ist. Eine sehr bedrohliche Aussicht, wenn man die erschreckenden Zahlen zu lesen bekommt, und klar wird, daß sich die neue »Volksseuche« ausbreitet wie ein Flächenbrand, der nicht unter Kontrolle zu bekommen ist. AIDS zeigt uns, wie wichtig eine intakte Immunabwehr für unser Leben ist.

Unsere Immunabwehr ist verantwortlich, uns vor jeder Krankheit zu schützen. Deshalb müssen wir alles tun, um dieses System gesund und intakt zu erhalten.

Auch andere Viren lauern in uns auf Abwehrschwächen

In unserem Organismus lauern Hunderte von Viren, Bakterien und anderen Mikroorganismen auf eine Schwäche unseres Abwehrsystems. Ein bekanntes Beispiel sind die Herpes-Viren. Bei der geringsten Überforderung des Immunsystems können sie sich blitzschnell ausbreiten und die bekannten Herpesbläschen bis hin zu stärksten Nervenschmerzen verursachen.

Weniger bekannt ist noch das Virus des »Studentenfiebers« (Mononukleose). Auch dieses wartet ständig auf eine Abwehrschwäche unseres Immunsystems. Solche Viren verursachen dann nicht das übliche Krankheitsbild, sondern greifen ähnlich wie das AIDS-Virus die Immunzellen direkt an und verschlimmern die Immunschwäche. Depressionen, Allergien und psychosomatische Beschwerden können die Folge sein.

Je frühzeitiger wir die Alarmzeichen unseres überforderten Immunsystems erkennen und ernst nehmen, desto wirksamer kann geholfen und das Immunsystem gestärkt werden. Deshalb ist es für jeden so wichtig, den Zeitpunkt nicht zu verpassen, der eine vollkommene Heilung noch zuläßt! Es sind oft die »kleinen« Symptome, die uns als erste Alarmzeichen warnen sollen!

Erste Alarmzeichen von Immunschwäche:

- Kopfschmerzen, innere Unruhe, Müdigkeit, verminderte Leistungskraft;
- Herpes, Hautausschläge, Schuppenflechte, Allergien;
- aber auch ganz banale Dinge wie Blähbauch, Stuhlunregelmäßigkeiten, Heißhunger nach bestimmten Speisen (meistens nach Süßem) können Zeichen dafür sein, daß das Immunsystem außer Kontrolle geraten ist.

Wir sollten keine dieser Erscheinungen auf die leichte Schulter nehmen. Wenn solche Symptome auftreten, ist es höchste Zeit, unseren Körper zu entgiften! *Entgiftung bedeutet Entlastung und Stärkung des Immunsystems!*

Entgiftung durch Ernährung – die Revolution der Medizin!

Ernährung

Haben Sie sich bereits halb krank gegessen? Symptome, auf die Sie achten sollten!

Kennen Sie den Heißhunger nach Süßigkeiten?

Anfänglich argumentieren viele unserer Patienten und Klienten so:
»Wenn ich ein Verlangen nach Schokolade habe, dann muß mein Körper die Schokolade doch brauchen.«
Sie irren! Sie befinden sich bereits in dem Teufelskreis der Fehlernährung, der Ihren Organismus und Ihr Immunsystem fehlsteuert und in Abhängigkeit bringt. Es ist der typische Mechanismus, den jedes Gift, jedes Suchtmittel im Organismus erzeugt. Die Nikotinsucht, der Alkoholismus, die Drogenabhängigkeit – nichts anderes ist die Sucht nach Süßigkeiten.
Liest man die *Werbung der Lebensmittelindustrie* genauer, dann können einem die Haare zu Berge stehen. Mit Farbstoffen und anderen Zusätzen angereicherte Nahrungsmittel seien nicht schädlich, wird behauptet! *Ein Skandal!* Es wird abgelenkt von dem, was jeder versteht. Nämlich davon, daß jedes Mittel, auch Nahrungsmittel, das Sucht und Abhängigkeit erzeugt, den Menschen und den menschlichen Organismus zerstört und krank macht. Die Drogensüchtigen sind ein weit verbreitetes Beispiel. Auch weiß jeder Psychiater, daß psychisch kranke Menschen haufenweise Süßigkeiten und denaturierte Kohlenhydrate essen. Daß Überaktivität und Verhaltensstörungen bei Kindern durch übermäßigen Konsum von Süßigkeiten ausgelöst werden, gilt als erwiesen.

Sind Sie ständig in Spannung?

Horchen Sie in sich hinein:

- Haben Sie das Gefühl, ständig unter Spannung zu stehen?
- Fühlen Sie sich immer gehetzt?
- Haben Sie selbst zum Essen kaum Zeit?

Wenn wir Ihnen jetzt sagen, daß immunologische Fehlreaktionen auf Nahrungsmittel diesen Zustand auslösen können, werden Sie es nicht glauben. Doch auch wir ließen uns belehren! *Provokationstests* an Patienten, denen Verdünnungen von Nahrungsmitteln in die Haut gespritzt werden (siehe Neutralisationsbehandlung, Seite 129), erbrachten den sicheren Beweis. Deutlich ist die Reaktion einer Frau noch in Erinnerung, bei der Weizen und chemische Nahrungszusätze getestet wurden, welche beispielsweise in Wurstwaren enthalten sind. Die Frau wurde von einer Unruhe gepackt, einer inneren Spannung, die sie nicht mehr ruhig auf dem Stuhl sitzen ließ. Sie lief im Zimmer auf und ab, bis sie die Nahrungsverdünnung injiziert bekam, die den Spannungszustand beseitigte. Derartige Reaktionen sind in der Praxis täglich zu beobachten. Sie führen deutlich vor Augen, daß gerade *psychische Symptome durch Immunreaktionen auf Nahrungsmittel* ausgelöst werden.

Wird es Ihnen flau, wenn eine Mahlzeit ausfällt? Die »Berg- und Talfahrt« des Blutzuckerspiegels

Ursache sind meist Störungen im Kohlenhydratstoffwechsel. Normalerweise ist der Zuckerspiegel im Blut konstant. Fehlernährung mit zuviel Weißbrot, Süßigkeiten, Nudeln, Kuchen, Semmeln oder Torten wirbeln diesen fein abgestimmten Regulationsmechanismus durcheinander. Es kommt buchstäblich zur Berg- und Talfahrt des Blutzuckerspiegels. Nach jedem Essen schnellt der Zuckerspiegel nach oben. Die Gegenregulation durch das Hormon Insulin versucht dies zu verhindern und setzt ebenso abrupt ein. Jetzt fällt der Zuckerspiegel nach unten. Es ist der Unterzucker (= Hypoglykämie), der Ihnen einige Stunden nach den Mahlzeiten zu schaffen macht. Müdigkeit, Benommenheit, Nervosität, schlechte Laune setzen Ihnen zu. Erst wenn Sie erneut einen Kuchen essen, werden Sie diese lähmenden Beschwerden los. Sie fühlen sich wohler bis zur nächsten Talfahrt. Einige Patienten beschreiben es als himmelhochjauchzend und zu Tode betrübt, andere fühlen sich ganz einfach mies. Wenn Sie sich bereits in diesem Auf und Ab befinden, wird es für Sie Zeit, etwas in Ihrer Ernährung zu ändern.

Werden Sie nach dem Essen regelmäßig müde? Müdigkeit – ein Zeichen von Fehlernährung!

Wenn Sie nach dem Essen immer müde sind, dann ist das ein Zeichen, daß Sie die Nahrung nicht richtig verwerten (verdauen) können. *Es entsteht ein Mangelzustand!* Zudem bilden sich *hochgiftige Darmgase* (Symptom: Blähbauch), welche unseren Organismus belasten. *Dies ist oft die Ursache chronischer Müdigkeit.* Wenn Sie immer müde sind, kam Ihnen vielleicht schon manchmal der Verdacht, daß mit Ihrer Ernährung etwas nicht stimmt.

Die Verwertung der Nahrung ist auch davon abhängig, *wie wir unsere Speisen verzehren.* Sicher erging es Ihnen auch schon so, daß Sie in einem Lokal saßen und Ihr Gegenüber mit so einem Tempo aß, daß Ihnen der Appetit verging. Viele Menschen essen, als ob Sie jeglichen Instinkt verloren hätten. Um es ganz deutlich zu formulieren: *Tiere hören zu fressen auf, wenn sie satt sind. Und wir Menschen* – ruinieren uns selbst, essen uns kaputt! Dieses Ernährungsprogramm wird Ihnen helfen, Ihr Eßverhalten unter Kontrolle zu bekommen.

Werden Sie von Völlegefühl oder Blähungen geplagt?

Essen auch Sie gerne Brot? Deutschland kann sich rühmen, die meisten Brotsorten zu besitzen. Es werden angeboten: Holzofenbrote, Bauernbrote mit und ohne Kümmel, Graham, Hafer oder Vierkorn; Brezeln, Semmeln, Weißbrot in den verschiedensten Variationen. Wer kann da schon widerstehen? Dieser Überkonsum an Brot kann schaden. Denn Brot enthält Hefe – und die täglichen Hefeportionen können leicht unser Immunsystem sensibilisieren. *Das gereizte Immunsystem setzt Histamin frei, ein Stoff, der Verkrampfungen und Entzündungen im Darm verursacht.* Dies ist das Völlegefühl oder Druckgefühl im Bauch, das viele kennen. Kommt der Faktor Streß hinzu, können sich die Überreaktion des Immunsystems verstärken und die Beschwerden verschlimmern.

Zudem ist das als »gesund« geltende Vollkornbrot nicht für jeden gesund. Vollkornbrot ist schwer verdaulich und oft die Ursache des Blähbauchs. Vollkornbrot kann zu verstärkten Gärprozessen mit der Bildung giftiger Gase im Darm führen. Blähungen nach dem Genuß von Vollkornbrot sind ein typisches Zeichen. So kann man für das Vollkornbrot wie auch für viele andere Lebensmittel eines sagen: Die gesündeste Nahrung ist schädlich, wenn sie von Ihrem Verdauungssystem nicht verdaut und somit nicht verwertet werden kann.

Unverdaute Nährstoffe werden zu Giftstoffen, gelangen in Ihr Blut und provozieren Ihr Immunsystem.

Auf wieviel Volt sind Sie gereizt?

Nach Schätzungen der amerikanischen Food and Drug Administration (FDA) nimmt jeder Bürger in den Industrienationen jedes Jahr etwa 5 Pfund Chemikalien mit der Nahrung auf! Und diese 5 Pfund sind die Summe kleinster, gerade noch meßbarer Rückstände an Schadstoffen in der Nahrung, welche weit unterhalb des toxischen (= giftigen) Bereichs liegen. Bedenken Sie, daß die Industrienahrungsmittel mit Unkraut- und Insektenvertilgungsmitteln gespritzt, mit Farbstoffen, Phosphaten, Eindickungs- und Entspannungsmitteln angereichert, gepökelt oder geräuchert, mit Blei, Cadmium oder Quecksilber belastet, in Aluminium, Plastik verpackt sind; andere sind mit Antibiotika, Hormonen oder anderen chemischen Substanzen versetzt. Alles dies reizt Ihr Abwehrsystem!

Je mehr Sie Ihr Immunsystem mit Schadstoffen und Giften belasten, desto nervöser, reizbarer und streßanfälliger werden Sie. Denn es ist Ihr überfordertes Immunsystem, das Sie in Spannung hält.

Selbst die massiven Steinmauern des Kölner Doms bröckeln unter den Abgasen! Der Wald stirbt im sauren Regen! Und der Mensch? Wann platzt die Zeitbombe Chemie in uns? Welche Krankheiten bringt sie zum Ausbruch? *Entgiften und stärken Sie sich, ehe es zu spät ist!* Beachten Sie dazu das 28-Tage-Programm der JUTTA-POSCHET-IMMUN-DIÄT auf Seite 79.

Allergien – leiden Sie auch darunter?

Allergien nehmen immer mehr zu. Bereits mehr als 30 Prozent der Bundesbürger haben allergische Erscheinungen. Plötzlich wird die Sonne nicht mehr vertragen, die Nase läuft oder die Haut juckt.

Diese klassischen Allergien sind Zeichen, daß unser Immunsystem nicht mehr verträgt, womit wir unseren Organismus belasten. Allergien bei Kindern sind oft ein Rätsel für die Kinderärzte. Dabei bräuchte man nur nachzufragen, was die Kinder so am liebsten essen. Bekommt man dann zum Beispiel die Antwort »Hamburger« oder »Pommes frites mit Ketchup«, so werden Sie sehr schnell verstehen, wieso es zur Allergie kommen konnte. Überlegen Sie, was alles in einem Hamburger enthalten ist. Im Hackfleisch können Konservierungs- und Bindemittel, Phosphate, Aromastoffe, Schweine- und Rindfleisch, Gewürze, Eier, Soja enthalten sein. Das Brötchen enthält Hefe, Zucker, Weizen und Roggen. Und das Ketchup Tomaten, Essig, Zucker, Zwiebelpulver und Stärke.

Ein »simples« Essen wie ein Hamburger oder auch die Würstchen mit Pommes frites, welche in kürzester Zeit verschlungen werden, kann zwanzig und mehr unterschiedliche Nahrungsmittel und Chemiezusätze enthalten. Wie soll das Immunsystem diese erschreckende Vielzahl auf Dauer verkraften!

Gewichtsprobleme? Sie essen vom Richtigen zuwenig!

Waren es die verschiedenen Diätkuren . . .

Warum fällt es Ihnen so schwer, sich beim Essen zu beherrschen? Warum greifen Sie immer wieder nach Süßigkeiten, nach dem Kuchen oder nach den Nudeln – obwohl Sie wissen, daß sie dick machen! Es sind die beschriebenen *Suchtreaktionen des Immunsystems,* die uns immer wieder schwach machen. Wir können uns kaum dagegen wehren. Schon ein Bis-

sen kann die Reaktion entfachen: das unwiderstehliche Verlangen!
Nach einer Vielzahl nutzloser Diätkuren ist der Stoffwechsel schließlich so erlahmt, daß eine Gewichtsabnahme selbst mit Hungern kaum mehr möglich ist. Wasser sammelt sich im Körper an, geschwollene Augenlider, aufgedunsenes Aussehen, Schwellungen der Knöchel treten auf. Greifen Sie jetzt bitte nicht zu chemischen Entwässerungsmitteln! Diese beseitigen nicht die Ursache – Ihre falsche Ernährung –, sondern sie bringen Ihren Mineralhaushalt aus dem Gleichgewicht!
Ändern Sie Ihre Ernährung! Essen Sie, was für Sie richtig ist! Dieses Buch sagt Ihnen, wie! Mit der JUTTA-POSCHET-IMMUN-DIÄT nehmen Sie Gewicht ab – ohne zu hungern! Diese Ernährung hat schon vielen geholfen, die einfach nicht abnehmen konnten und schon verzweifelt alle Hoffnungen begraben hatten. *Mit diesem Ernährungsprogramm entblockieren Sie Ihren Stoffwechsel!* Ihr Körpersystem kommt wieder auf Hochtouren – durch Stärkung des Immunsystems!

Durch Erkenntnis zum Wandel

Sicher haben Sie noch nie ein Buch über *Ernährung und Immunsystem* in Händen gehabt. Denn es sind neueste, hochaktuelle wissenschaftliche Erkenntnisse, die wir Ihnen in diesem Buch vorstellen. Amerikanische Wissenschaftler sind der Ansicht, daß diese Zusammenhänge die Medizin in den nächsten Jahren maßgeblich beeinflussen werden.
Noch vor kurzem wurde Ernährung in der Medizin belächelt. Man war der Ansicht, alle Krankheiten mit Hilfe der Rezepte- und Apparatemedizin in den Griff zu bekommen. Ein gewaltiger Irrtum!

Pillen beseitigen nur Symptome

Es ist erschreckend, wieviel Chemie der Bundesbürger im Lauf eines Lebens schluckt. Doch werden Sie gesünder? Pillen werden geschluckt jeweils gegen das Symptom, das gerade aktuell ist. Ist ein Symptom beseitigt, dann dauert es meist nicht lange, bis das nächste kommt. Denn durch die chemischen Medikamente wird der Gesundheitszustand nicht verbessert, die Krankheitsanfälligkeit bleibt bzw. wird im Lauf der Jahre immer schlimmer.
Durch den enormen Aufschwung der *Ernährungs-Immunologie* haben Sie jetzt die Chance, Ihr Immunsystem und Ihre Gesundheit allein durch die Ernährung aufzubauen und selbst schwere Krankheiten auszuheilen – ohne chemische Medikamente.
Diesen Weg können Sie aber mit Überzeugung und Erfolg nur gehen, wenn Sie die Zusammenhänge zwischen Ernährung, Immunsystem und Gesundheit verstehen und erkennen.
Deshalb werden wir Ihnen zunächst schildern, wie die Erkenntnis Gestalt annahm, daß körperfremde, chemi-

sche Medikamente nicht gesund machen, sondern nur vorübergehend Symptome zum Verschwinden bringen – oft mit gravierenden Nebenwirkungen. Wir werden Ihnen aufzeigen, wie wir auf das aufregend neue Gebiet der Ernährungs-Immunologie stießen und feststellen, welche spektakulären Erfolge durch die Regulation und Stärkung des Immunsystems erzielt wurden. Anhand eines persönlichen Falls ist im folgenden dargestellt, wie allein durch Anwendung dieses Ernährungsprogramms zahlreiche Beschwerden verschwanden und sich eine bisher nicht gekannte Leistungsfähigkeit einstellte.

Die Wirkung dieses Ernährungsprogramms

DR. MED. JÜRGEN K. JUCHHEIM über seine persönlichen Erfahrungen:

„Ich studierte sechs Jahre an der Münchner Universität Medizin und habe vier Jahre an Kliniken als Assistenzarzt gearbeitet. In diesen zehn Jahren erfuhr ich nichts darüber, wie der Arzt die Gesundheit des Patienten erhalten oder wie er ihn zur Gesundheit führen kann, wenn er bereits an chronischen Beschwerden und Krankheiten leidet. Meine Erfahrungen haben mich zu der Überzeugung gebracht, daß das als allerstes den jungen Medizinern beigebracht werden muß!

Dort an den Kliniken lernte ich, wie hoher Blutdruck, Asthma oder Rheuma mit x-verschiedenen Medikamenten eingestellt, Symptome und Beschwerden wegrezeptiert werden. Nur – die Krankheit selbst wird dadurch kaum positiv beeinflußt. Ich konnte jedenfalls nicht feststellen, daß meine damaligen Patienten gesünder wurden. Eher das Gegenteil war der Fall; denn wurden die Tabletten weggelassen, war das Leiden wieder da und in vielen Fällen schlimmer als vorher.

In den Chirurgievorlesungen hörte ich stundenlang über komplizierte Operationsvarianten bei Leberversagen. Vorteil der einen Operationsmethode war eine Lebensverlängerung des ohnehin schon hirngeschädigten Patienten um zwei Monate. Das Wichtigste aber, nämlich wie so schwere chronische Krankheiten vermieden und wie sie rechtzeitig ausgeheilt werden können oder was die Ursachen sind, wurde mir vorenthalten; oder die Erklärung bestand meist nur aus einem Wort: »Alkohol.«

Auch über das Immunsystem wurde ich unterrichtet: Ich lernte, wie Immunreaktionen ablaufen, wie die Antikörper die Antigene an sich koppeln und unschädlich machen, wie die weißen Blutkörperchen funktionieren und die Freßzellen sich die Gifte, die in den Körper gelangen, einverleiben, und welche verheerenden Folgen Fehlreaktionen dieses lebensnotwendigen Systems für den gesamten Organismus haben. Wenn es um die Therapie ging, dann wurde eigentlich nur von zwei Medikamenten gesprochen

– nämlich von Antibiotika und Cortison! Daß man aber durch Änderung der Ernährung und der Lebensweise das Immunsystem beeinflussen und stärken kann, das wurde damals mit keinem einzigen Wort erwähnt!

Obwohl hin und wieder durchklang, daß einseitige Ernährung und moderne Lebensweise die wesentlichen Ursachen für die meisten chronischen Krankheiten dieser Zeit sind, wurde keine einzige Debatte darüber geführt oder erklärt, wie man sich ernähren soll, in welcher Weise die Lebensweise umzustellen ist, um Gesundheit und Leistungsfähigkeit zu erhalten und um Krankheiten auszuheilen.

Natürlich hatte ich auch einige Vorlesungen in Diätetik. Hier wurden aber ausschließlich Spezialernährungen besprochen, die bei schwersten Krankheiten zur Anwendung kommen sollen, zum Beispiel die Ernährung von Patienten nach Nierentransplantation. Das Wesentliche erfuhr ich aber auch hier nicht, nämlich was man tun kann, um nicht krank zu werden, um nicht jahrelang chemische Medikamente schlucken zu müssen, die die Nieren und andere Organe schädigen oder ganz zerstören, so daß schließlich nur noch eine risikoreiche Operation – wenn überhaupt – helfen kann. Und wenn in den Kliniken von Vitaminen gesprochen wurde, dann nur von schwersten, akuten Mangelkrankheiten, die der Vergangenheit angehören und bei uns keine Rolle mehr spielen.

Zuwenig Vitamin C? Skorbut.

Zuwenig Vitamin B_1? Beri-Beri.

Weltweit sind sich aber die führenden Experten einig: »Die chronischen Krankheiten unserer Zeit sind durch die Zivilisation verursacht – durch die moderne Ernährung, Lebensweise und die Umweltgifte.« Und bei diesen Ursachen muß die moderne Medizin zu allererst beginnen. Dann können zahlreiche Krankheiten vermieden und enorme Kosten gespart werden! Und vor allem den Menschen kann wirklich geholfen werden!

Nachdem ich meine Zeit an den Kliniken in Deutschland beendet hatte, erfuhr ich in einem medizinischen Zentrum für Ernährung in den USA eine völlig neue Welt der Medizin.

Ich lernte kennen, wieso die schädlichen Einflüsse unserer Zivilisation wie Ernährung, Streß und Bewegungsmangel krank machen und was man dagegen tun kann. Es war für mich einer der faszinierendsten Augenblicke, als ich zum ersten Mal Laborteste sah, die aufzeigten, wie das, was wir unbedacht täglich in uns hineinstopfen, unser Immunsystem stören und unsere Gesundheit ruinieren kann. Solche Laboruntersuchungen gab es tatsächlich bereits! Ein Tausend-Meilen-Fortschritt! Es kann genau untersucht werden, welche Nahrungsmittel uns krank machen! Das öffnet ja den Weg zu ganz neuen Behandlungen – ohne chemische Medikamente!

Ich erfuhr, daß große Teile unserer Bevölkerung an schleichenden, schwer erkennbaren Mangelkrankheiten leiden. Und das Erstaunliche: Die Mangelkrankheiten entstehen nicht, weil

zuwenig gegessen wird, sondern weil zuviel gegessen wird und weil es an regelmäßiger Bewegung fehlt.
Warum? Weil die Unmengen an Pommes frites, Süßigkeiten, Brot, Knödeln, Nudeln oder Hamburgern vom Organismus, vom Darmtrakt nicht verwertet werden können und Sie deshalb die Mineralstoffe nicht aus der Nahrung bekommen. Aber noch viel schlimmer: *Die schlecht verwertete Nahrung gärt und fault im Darm und bringt nach und nach unser Immunsystem und den gesamten Organismus aus dem Gleichgewicht.*
Und wie sah die Behandlung aus? Zunächst nicht viel anders, als ich es schon kannte: Befragung (Anamnese) – Untersuchung – Blutuntersuchung . . . Aber dann das Erstaunliche: Allen Patienten wurden einige Haarsträhnen abgeschnitten und in ein Speziallabor eingeschickt. »Aus dem Haar werden die Mineralien im Körper getestet. Ein wesentlicher Test in unserem Programm«, erklärte mir die Leiterin des Zentrums. »Anhand dieses Tests kann leicht festgestellt werden, ob die Nahrung einseitig ist oder nicht verwertet werden kann. Die fehlenden Mineralstoffe werden dann in Verbindung mit den entsprechenden Vitaminen verordnet, und die Ernährung wird umgestellt.«
Die Mineralstoffe sind ganz besonders für unsere Abwehrkräfte notwendig. Können die Mineralstoffe nicht verwertet werden, kann das einen Teufelskreis in Gang bringen. Sie werden schleichend krank und immer kränker, und kaum einer weiß, warum!
Zur gleichen Zeit hatte ich die Möglichkeit, Kontakte in den USA zu knüpfen, die es mir heute ermöglichen, mit Nährstoffen zu therapieren. Bislang war es in Deutschland unmöglich, die Mineral-Kombinationen in den Dosierungen zu bekommen, wie wir sie benötigen. Die Mineralstoffanalyse, auf die wir auf Seite 62 zu sprechen kommen, muß aber immer Grundlage einer Nährstofftherapie sein!
So viel zu den Nährstoffen – ein hochinteressantes Gebiet! Und wißbegierig, wie ich schon immer war (und immer noch bin), stieß ich täglich auf Neues. So auch eines Tages, als ich zum ersten Mal von der »Food Allergy« hörte. »Nahrungsmittelallergie«, na ja, das kannte ich doch. Wenn einer Erdbeeren ißt und einen Hautausschlag bekommt, dann ist das eine Erdbeerallergie.
Doch dann wurde ich stutzig. Nicht von diesen Allergien war hier in der US-Klinik die Rede, sondern von Nahrungsallergien, die schleichend und versteckt in uns ihr Unwesen treiben. Und fast jeder, der das Zivilisationsleben führt, sei davon mehr oder weniger bedroht!
Es wurde mir klargemacht, daß derartige Allergien mit unserem angeschlagenen Immunsystem zu tun haben. Und ich erfuhr mehr über die Zusammenhänge zwischen Immunsystem und Darm, und was für eine Hauptrolle unsere Ernährung dabei

unweigerlich spielt! Einseitige Nahrung, jeden Tag das gleiche, schnelles Essen, Streß stören die Verwertung der Nahrung, bringen unser Immunsystem aus dem Gleichgewicht und schwächen es. Ein wahrer Teufelskreis an Krankheitsauslösern! Wenn Sie müde sind oder unter Migräne leiden, denken Sie doch mal an das, was Sie jeden Tag verschlingen. Aber bitte, bedenken Sie, die Nahrung sammelt sich in Ihnen an und kann noch tagelang nachwirken!

Es gibt bei diesen versteckten Nahrungsallergien ein Zauberwort: *die Rotationsernährung.*

So lernte ich die Rotationsernährung kennen, die Entgiftung des Darmes, die Behandlung der Candida, den Nahrungsallergietest. Und ich hörte zum ersten Mal, daß bereits etwa jeder Dritte an einer mehr oder weniger ausgeprägten Immunschwäche leidet! Ich sah, wie Patienten mit Migräne, Allergien, Gelenkschmerzen, Hautkrankheiten, hohem Blutdruck, Darmstörungen ihre oft jahrzehntelangen Beschwerden völlig loswurden und überhaupt keine Medikamente mehr einnehmen mußten – und war begeistert.

Ich ließ mein Leben Revue passieren

Alles, was ich in den USA an Neuem kennenlernte, gab mir selbst zu denken. Zum ersten Mal in meinem Leben stellte ich mir die Frage: »Bist du eigentlich selbst gesund?«

Wie war das in meiner Kindheit?

Ich erinnerte mich plötzlich, daß ich als Kind mit Vorliebe zum Frühstück und Abendessen Marmeladenbrote aß, meine Zähne waren im Kindesalter bereits kariös. Ich mußte nun auch daran denken, daß ich als Schulkind häufig unter Bauchkrämpfen zu leiden hatte. Meine Mutter verabreichte mir damals Einläufe – und dann war es immer wieder gut. Doch die Bauchkrämpfe traten auch in späteren Jahren immer wieder auf. Während der Studienzeit, bei geringsten Aufregungen oder als Begleiterscheinung bei Prüfungsängsten – immer wieder diese Bauchkrämpfe!!

Ein Arzt verordnete mir damals Zäpfchen. Es war ein Schmerzmittel, welches heute bereits aus dem Handel gezogen ist(!), und geholfen hatte es mir nicht! Wenn die Wirkung des Schmerzzäpfchens nachließ, waren auch meine Bauchkrämpfe wieder da. Ein anderer Arzt sprach von psychischer Belastung oder Anspannung, verursacht durch den Leistungsdruck. Doch diese Erklärung wollte ich nicht so einfach hinnehmen. Andere stehen doch auch unter Leistungsdruck und fühlen sich deshalb nicht so kaputt!

Ein paar Jahre später, während meiner Assistenzzeit als Arzt, mußte ich feststellen, daß sich die ersten Alterungsprozesse bemerkbar machten. Ich hatte dunkle Augenringe, richtige Falten – ich konnte es gar nicht glauben, wenn ich morgens in den Spiegel sah! Was war los mit mir? Mein Schlafbedürfnis war sehr groß, ich fühlte mich, mit einem Wort gesagt, einfach schlapp!

Der Weg der Erkenntnis: Falsche Ernährung macht krank!

Ich dachte darüber nach, wie ich mich in den letzten Jahren so ernährt hatte: sechs Jahre Mensakost während der Studentenzeit und vier Jahre Kantinenessen im Krankenhaus (eine furchtbar zerkochte Kost! Oft habe ich mich gefragt, wie Kranke bei dieser Kost gesund werden!).
Nun war es höchste Zeit, etwas für mich zu tun!

Ein neuer Lebensabschnitt

Ein neuer Lebensabschnitt begann für mich, als ich meine eigene Praxis gründete und somit auf meinen eigenen (damals sehr wackeligen) Beinen stehen mußte. In dieser Phase lernte ich Jutta Poschet kennen. Sie wurde aufgrund ihrer Erfahrung als Ernährungsexpertin – sie entwickelte die original JUTTA-POSCHET-IMMUN-DIÄT – und als Organisationstalent sehr schnell die ideale Partnerin zum Aufbau meiner Praxis. Wir bereisten gemeinsam die USA und schrieben unsere Erfahrungen in diesem Buch nieder. – Damals jedoch, in der harten Anfangszeit, erstellten wir zuerst einen Plan für mich selbst. Denn jetzt war der Zeitpunkt gekommen, wo ich mir selbst meine Therapie verordnete. Als erstes wollte ich wissen, wie es mit meinem Mineralbild stand. So ließ ich eine *Mineralstoffanalyse* aus dem Haar erstellen. Das Ergebnis war erschreckend! Welche Mängel! Ab sofort änderte ich meine Ernährung. Die JUTTA-POSCHET-IMMUN-DIÄT war meine persönliche »Wunderkur«. Ich fühlte zum ersten Mal am eigenen Leib, wie Nahrung den Organismus »regenerieren« kann. Außerdem nahm ich *Vitamine* und *Mineralstoffe* ein. Diese Vitamin-Mineralstoffkombination war aufgrund meiner Mineralstoffanalyse verordnet. Ich nahm sie täglich, denn ich wußte, ich hatte ein großes Defizit aufzufüllen!
Parallel zu meiner Ernährungsumstellung begann ich mit meinem persönlichen *Sportprogramm.* Ich zwang mich regelrecht, morgens aufzustehen, um täglich einen halbstündigen Dauerlauf zu machen. Doch diese Qual hat sich für mich gelohnt! Mit jedem Tag konnte ich eine kleine Leistungssteigerung beobachten, und das machte mich wiederum geradezu euphorisch! Nach 14 Tagen bereits war mein morgendlicher Dauerlauf keine Pflichtübung mehr, sondern eine liebgewonnene Gewohnheit, die ich nicht mehr missen wollte.

Eine weitere Erkenntnis brachte der IgG-Nahrungsantikörper-Bluttest

Vor nicht allzu langer Zeit hätte ich gelacht, wenn mir jemand gesagt hätte, daß ich an Allergien leide. Ich hätte es nie geglaubt, daß meine Müdigkeit, Schlappheit und meine Alterungserscheinungen durch versteckte Nahrungsallergien verursacht waren. Doch unsere USA-Erfahrungen hatten mich aufgeschlossen gemacht, hatten mir gezeigt, wie falsche Ernährung krank macht und was man dagegen tun kann.

Um mit meiner Gesundung weiterzukommen, ließ ich daher den brandneuen *IgG-Test auf versteckte Nahrungsantikörper* durchführen. Das Ergebnis erstaunte mich nicht wenig: Ich litt an versteckten Allergien gegen Bananen, Pfeffer, Lamm, Milch und Hefe. Diese Allergien hatten jahrelang mein Immunsystem verschlissen!

Unter Ausschluß der erkannten IgG-Nahrungsantikörper über sechs Monate konnte nun mein persönliches Ernährungsprogramm noch optimiert werden. Der Erfolg war umwerfend!

Obwohl der Anfang einer eigenen Praxis hart ist, bekam ich von Tag zu Tag immer mehr das Gefühl, daß es mit mir persönlich bergauf ging. Und dieses Gefühl gab mir den Auftrieb und die Energie, welche ich heute wieder zu 100 Prozent besitze. Ich hatte nun wieder die nötige Kraft, anderen zu helfen.

Früher und heute . . .

Früher fuhr ich bei der geringsten Gelegenheit aus der Haut. Ich war ständig überreizt. Heute bringt mich so schnell nichts mehr aus der Ruhe; ich fühle mich wohl und bin ausgeglichen. Früher hatte ich immer das Gefühl, ich müsse ständig etwas in mich hineinschaufeln, immer dieses Verlangen nach Süßem! Heute brauche ich das nicht mehr, ich weiß, was meinem Körper gut tut, ohne ihn zu belasten. Früher war ich eigentlich nicht ich selbst! Ich war innerlich aufgepeitscht von der Allergie. Heute habe ich meinen inneren Pol wiedergefunden, ich bin mit mir und der Welt zufrieden.

Sicherheit ist die Devise

Ich selbst habe die original JUTTA-POSCHET-IMMUN-DIÄT strikt durchgeführt und halte mich auch heute noch an das Rotationsprinzip. Ich habe diese Diät zahlreichen Patienten verordnet – ohne schädliche Nebenwirkungen. *Deshalb kann ich mit Überzeugung sagen, daß die 4-Tage-Rotation nicht nur die gesündeste Ernährungsform ist, die es gibt, sie ist die Ernährungsform der Zukunft!*

Im Gegensatz zu anderen, stark einschränkenden Diäten sind in dieser Ernährung keine Nährstoffgruppen ausgeschlossen, sondern die Verwertung sämtlicher Nährstoffe wird optimiert. Sie erhalten ein Maximum an Nährstoffen aus Ihrer Nahrung und regulieren gleichzeitig Ihr Immunsystem. Das ist es, was Ihnen den Erfolg garantiert und was diese Ernährung so sicher macht.

Noch ein paar Schritte, bevor es losgeht

Es ist außerordentlich wichtig für Sie, die Zusammenhänge zwischen Ernährung, Verdauung und Immunsystem richtig zu verstehen. Deshalb möchte ich sie Ihnen im folgenden Abschnitt erklären. Sie werden zu einer neuen Erkenntnis gelangen und mit großer Überzeugung das Immunprogramm durchführen wollen!

Wissen Sie wirklich, was Ernährung ist?

Ernährung ist die Versorgung unseres Organismus mit allen lebensnotwendigen pflanzlichen und tierischen Stoffen (= Nährstoffen), welche jede einzelne Zelle braucht, um leben, arbeiten und sich regenerieren zu können. Die Ernährung hängt nicht nur vom Nährstoffgehalt der Nahrung ab, sondern auch davon, wie der Verdauungstrakt funktioniert, ob die Nährstoffe richtig aus der Nahrung herausgelöst werden und ausreichend in die Blut- und Lymphbahn gelangen. Denn nur wenn die Nährstoffe ins Blut kommen, können sie allen Zellen im Organismus zur Verfügung gestellt werden. Und deshalb ist die Verdauung genauso wichtig wie die Nahrung. *Die beste Nahrung hilft nicht viel, wenn sie nicht verdaut, sprich: verwertet werden kann.*

Dies ist auch der Grund, weshalb trotz allen Überflusses in der heutigen Zivilisation ein Mangel an Vitaminen und Mineralstoffen weit verbreitet ist.“

Nährstoffe, Vitamine, Mineralstoffe

Die Grundnährstoffe

Die drei Grundnährstoffe sind: *Kohlenhydrate, Eiweiß und Fett.* Diese müssen wir täglich in bestimmten Mengen mit der Nahrung zuführen. Grundsätzlich sollten in jeder Ernährung immer alle drei Grundnährstoffe enthalten sein. Jede Diät, bei der ein Nährstoff völlig weggelassen wird, ist auf Dauer schädlich. *Bei der original* JUTTA-POSCHET-IMMUN-DIÄT *erhalten Sie diese Grundstoffe in einem ausgewogenen Verhältnis.*

Kohlenhydrate, Eiweiß und Fett liefern die Energie (= Kalorien/Joule), die unser Körper täglich braucht. Zum zweiten werden sie vom Körper als Material benötigt zum Bau von Enzymen, Zellen und Organen.

Grundnährstoff 1: Kohlenhydrate

Kohlenhydrate bestehen aus einem oder mehreren Bausteinen. Der einzelne Baustein ist ein Molekül aus Kohlenstoff, Wasserstoff und Sauerstoff.

Es ist ganz einfach: Je nach Anzahl der Bausteine unterscheidet man Einfach-, Zweifach- oder Vielfachzucker (= Mono-, Di- oder Polysaccharide).

Wir alle brauchen Kohlenhydrate, damit unser Stoffwechsel funktioniert, hormonelles Gleichgewicht herrscht und wir energiereich und tatkräftig sind. Doch es gibt erhebliche Unterschiede – Kohlenhydrate sind nicht gleich Kohlenhydrate.

Unser Organismus braucht die *natürlichen Kohlenhydrate.* Dies sind Kohlenhydrate in naturbelassenen Lebensmitteln, welche zusätzlich reichlich Vitamine, Mineralien und Faserstoffe enthalten. Das ist deshalb so wichtig, weil Kohlenhydrate nur optimal im Stoffwechsel verarbeitet werden können, wenn gleichzeitig genügend Vitamine und Mineralien mitgeliefert werden. Und Naturkohlenhydrate sind für uns wesentlich bekömmlicher. Sie werden von unserem Immunsystem besser toleriert als Kunstprodukte. Natürliche Kohlenhydrate sind vor allem in folgenden naturbelassenen Lebensmitteln enthalten – in Lebensmitteln also, die nicht durch Industriemaschinen gelaufen sind:

- Naturgetreideflocken,
- brauner Reis (Naturreis),

- Kartoffeln,
- Gemüse,
- Honig, Getreidekeime.

Diese Grundlebensmittel spielen in unserem Ernährungsprogramm eine große Rolle.

Leere Kohlenhydrate sind schädlich – vor allem, wenn sie in diesen Unmengen verzehrt werden, wie es heute üblich ist. Wenn Sie mit offenen Augen durch einen Supermarkt gehen, sehen Sie Kohlenhydrate über Kohlenhydrate – 70 Prozent und mehr! Aber es sind nicht die natürlichen Kohlenhydrate, es sind die, welche von Industriemaschinen verarbeitet, verfeinert und mit Chemikalien, Farbstoffen, Konservierungs-, Eindickungs- und Entspannungsmitteln vermischt werden. Im Kapitel »Haben Sie sich bereits halb krank gegessen?« (Seite 19) haben wir die negativen Auswirkungen dieser leeren Kohlenhydrate ausführlich dargestellt.

Kohlenhydrate in der Sporternährung

Wieviel Kohlenhydrate der Mensch essen soll, hängt ganz von seinem Energieverbrauch ab. In diesem Kapitel meine ich mit Kohlenhydraten selbstverständlich nur die natürlichen. Diese sind die besten Energielieferanten. Wenn viel Energie verbraucht wird, zum Beispiel beim Hochleistungssport oder bei schwerer körperlicher Arbeit, dann werden die Kohlenhydrate sofort vom Organismus verbrannt und in Energie umgewandelt. Die Kohlenhydratenergie ist sauberste Energie. Es entstehen Kohlenstoff und Wasser. Das Wasser wird vom Körper sofort weiterverwendet. Der Kohlenstoff wird mit jedem Atemzug über die Lungen ausgeschieden. Hochleistungssportler sollen daher den Großteil ihres täglichen Energiebedarfs mit Kohlenhydraten decken. Das entspricht einem Kohlenhydratanteil von 60 bis 80 Prozent.

Hochleistungssportler benötigen 60 bis 80 Prozent Kohlenhydrate, der Normalbürger braucht nur 30 bis 40 Prozent!

Ganz anders sieht es bei »Otto Normalverbraucher« aus, der überwiegend im Büro sitzt und *viel zuwenig Bewegung* hat. Hier ist der tägliche Energieverbrauch wesentlich geringer, und deshalb ist auch der Kohlenhydratbedarf entsprechend niedriger. Werden trotzdem die üblichen Portionen verzehrt (der Kohlenhydratverzehr liegt im Durchschnitt bei 70 Prozent, und davon allein mindestens 50 bis 60 Prozent chemische Kohlenhydrate!), dann werden die Kohlenhydrate nicht in Energie umgewandelt, sondern lösen die überschießende Insulin- und Säurebildung aus, was die gesamte Nährstoffverwertung, den Stoffwechsel und das Immunsystem stört.

Grundnährstoff 2: Eiweiß

Eiweiß und seine erstaunlichen Leistungen

Eiweiß (Protein) ist für den Menschen lebensnotwendig. Eigentlich wird nicht das Eiweiß benötigt, sondern die Bausteine, aus denen es besteht. Diese Bausteine werden Aminosäuren genannt. Sie bestehen aus Kohlenstoff, Sauerstoff, Wasserstoff und Stickstoff.

> Die Aminosäuren sind die Bausteine, aus denen alles Eiweiß aufgebaut ist. Es sind 22 unterschiedliche Aminosäuren bekannt, welche Tausende von unterschiedlichen Eiweißen bilden.

Alles Eiweiß, das Sie zu sich nehmen (vorausgesetzt, Sie essen nicht zuviel), wird in Ihrem Darmtrakt in einzelne Aminosäuren zerlegt, welche dann ins Blut aufgenommen werden. In Ihrem Körper werden die Aminosäuren zu neuen Proteinen zusammengesetzt, welche Ihr Organismus benötigt (= körpereigenes Eiweiß).

> Eiweiß ist für Ihre Immunzellen lebensnotwendig!

Dieses körpereigene Eiweiß vollbringt für Sie erstaunliche Leistungen. Jedes Hormon, jedes Enzym, jeder Zellbestandteil, jede Zelle, das Immunsystem und alle Organe des Körpers werden aus Protein aufgebaut. Mit den Aminosäuren Ihrer täglichen Nahrung lassen Sie Ihren Körper also für Ihre Gesundheit arbeiten. Abwehr und Schutz vor Krankheiten, Wachstum, Regeneration und Wartung Ihres Organismus hängen vom Eiweiß ab.

Dies geschieht im natürlichen Zusammenwirken mit allen anderen Nährstoffen, inbesondere mit Vitaminen und Mineralstoffen. Damit der Körper das Eiweiß richtig verwerten und zusammenbauen kann, müssen nicht nur alle lebensnotwendigen Aminosäuren mit der Nahrung zugeführt werden, sondern auch alle Vitamine und Mineralstoffe. *Ein Mangel an nur einer Aminosäure oder nur einem Vitamin kann die Eiweißsynthese und damit den gesamten Organismus einschließlich des Stoffwechsels beeinträchtigen und durcheinanderbringen.*

Und es ist in der Tat eine der revolutionärsten Erkenntnisse: *Wird nur ein einziger lebensnotwendiger Nährstoff dem Organismus nicht ausreichend mit der Nahrung zugeführt, lähmt das die Verwertung und Verarbeitung vieler anderer Nährstoffe und bereitet den Boden für viele Krankheiten.* Die Schwächung des Immunsystems steht dabei an erster Stelle. Die optimale Ernährung muß deshalb ausgewogen sein, das heißt, sie muß alle Nährstoffe in einem natürlichen Verhältnis enthalten. Dies ist aber nur dann zu erreichen, wenn der Großteil der Nahrung naturbelassen ist. Industrienahrungsmittel dagegen können, wenn sie längere Zeit konsumiert werden, zu einem erheblichen Nährstoffungleichgewicht führen. Fleisch oder Fisch aus der Büchse, Wurst, mit einer Menge an Phosphaten und Konservierungsmitteln angereichert, Dosensahne und andere Kunstprodukte sind deshalb keine geeigneten Proteinlieferanten. *Deshalb ist dieses Ernährungsprogramm zur Stärkung des Immunsystems auf natürlichen Nahrungsmitteln aufgebaut.*

Wann spricht man von essentiellen Aminosäuren?

Von den 22 Aminosäuren sind 8 essentiell, das heißt, diese 8 Aminosäuren können nicht vom Körper selbst hergestellt werden. Sie müssen also täglich mit der Nahrung in bestimmten Mengen zugeführt werden. Die übrigen 14 Aminosäuren können vom Organismus zur Not selbst hergestellt werden. Sie sollten jedoch ebenfalls ausreichend in der Nahrung vorhanden sein.

Wo ist Eiweiß enthalten?

Alle Nahrungsmittel kann man grundsätzlich in zwei Typen einteilen: tierisches Protein und pflanzliches Protein. Das tierische Protein enthält immer alle 8 essentiellen Aminosäuren. Es kommt in Nahrungsmitteln wie Fisch, Fleisch, Geflügel, Milchprodukten, Eiern und Käse vor.
Das pflanzliche Protein enthält nicht immer alle essentiellen Aminosäuren. Gute Nahrungsquellen sind Getreideflocken, Nüsse, Hülsenfrüchte, Reis. Wenn Sie tierisches und pflanzliches Eiweiß mischen, ernähren Sie sich besser, als wenn Sie eines von beiden allein zu sich nehmen.

Wieviel Eiweiß brauchen Sie täglich?

Bei Ihrer Eiweißernährung werden Sie ein bißchen umdenken müssen. Denn der normale Bürger in unserer Zivilisation ißt nicht nur zuviel Kohlenhydrate, sondern meist auch zuviel Eiweiß, insbesondere Fleisch und Wurst. Und so viel brauchen Sie gar nicht.
Der durchschnittliche Eiweißbedarf liegt etwa bei 50 Gramm pro Tag. Ein Steak von 100 Gramm versorgt Sie mit etwa 25 Gramm Eiweiß. Und das ist bereits etwa die Hälfte Ihres täglichen Eiweißbedarfs. Sie müssen also eher darauf achten, nicht zuviel Eiweiß zu essen. Allerdings hängt der Eiweißbedarf auch vom Körpergewicht ab. Kinder brauchen mehr Eiweiß – etwa doppelt soviel wie Erwachsene.
Mit folgender Formel können Sie Ihren täglichen Eiweißbedarf leicht abschätzen:

Körpergewicht in Kilogramm = Eiweißbedarf in Gramm

Wenn Sie also 60 Kilogramm wiegen, dann liegt Ihr täglicher Eiweißbedarf bei etwa 60 Gramm.

Auch ein Zuviel an Eiweiß ist ungesund! Essen Sie keine übergroßen Fleischportionen!

Jedesmal, wenn in einem Restaurant die riesigen Fleisch- und Knödelberge aufgetischt werden, taucht für manchen die Frage auf, wie der Mensch das alles überlebt. Denn überschüssiges Eiweiß kann von unserem Organismus nicht gespeichert werden. Deshalb wird alles Eiweiß, das nicht gebraucht wird, in Zucker und Fett umgebaut. Was aber zuviel Zucker unserem Körper antut, haben wir bereits dargestellt.

Zudem gerät die Verdauung im Darm durch die Eiweißmassen außer Kontrolle. Ein Teil des Eiweißes wird einfach nicht verarbeitet, bleibt im Darm liegen und geht in Fäulnis über. Große Mengen an Giftgasen entstehen – stellen Sie sich verwesendes Fleisch vor, das von Bakterien zersetzt wird! – und das in Ihrem Bauch! Eine immense Belastung für Ihr Immunsystem!

> Eiweiß ist für unser Immunsystem und unsere Gesundheit sehr wichtig, aber bitte in Maßen!

Die Ausgewogenheit von Kohlenhydraten und Eiweiß

Mit dem Ernährungsprogramm bekommen Sie Kohlenhydrate und Eiweiß im richtigen Verhältnis! Die Regeneration für Ihr Immunsystem!

Denn das Immunsystem wird durch Kohlenhydrate und Eiweiß beeinflußt. Kohlenhydrate stimulieren die Hormonausschüttung in der Nebenniere. Diese Hormone dämpfen überschießende und allergische Reaktionen des Immunsystems. Deshalb müssen bei allen Allergien und immunologischen Überreaktionen Kohlenhydrate ausreichend zugeführt werden! Selbstverständlich sollen nur natürliche Kohlenhydrate gegessen werden, zum Beispiel Getreideflocken, brauner Reis, Kartoffeln.

Eiweiß stärkt und baut das Immunsystem auf. Eiweiß regt die Bildung des Wachstumshormons, auch STH genannt, an. Das wiederum stimuliert und stärkt das Immunsystem. Besonders die Aminosäure Ornithin übt eine stark anregende Wirkung auf das Immunsystem aus.

Um überschießende Reaktionen des Immunsystems einzudämmen, müssen in der Nahrung ausreichend natürliche Kohlenhydrate enthalten sein – in einem ausgewogenen Verhältnis zu Eiweiß. Dann wird das Immunsystem gestärkt und harmonisiert, was letztlich Ihre Gesundheit garantiert.

Grundnährstoff 3: Fett

Auch Fett hat seine zwei Seiten! Was Sie schon immer über Fette wissen wollten!

Fette seien schlecht. Fette enthielten zuviel Cholesterin – und Cholesterin könne krank machen, Herzinfarkt, Schlaganfall und Durchblutungsstörungen verursachen. Diese weit verbreitete Pauschalmeinung ist falsch. Denn auch Fett hat seine zwei Seiten. Fett ist nicht gleich Fett!

Cholesterin ist ein Nährstoff, den wir dringend brauchen. Cholesterin wird nicht nur mit der Nahrung zugeführt, es wird auch in unserer Leber hergestellt. Denn Cholesterin erfüllt wichtige Aufgaben. Es ist Grundbaustein sämtlicher Nebennieren- und Geschlechtshormone. Unter Sonneneinwirkung wird es in der Haut zum Vitamin D aufgebaut, das für die Verwertung des Calciums notwendig ist. Cholesterin wirkt mit bei der Knochenbildung, der Nerven- und Herztätigkeit, beim Haut- und Kohlenhydratstoffwechsel.

Wie schadet was?

Neue Forschungen haben es ans Licht gebracht: In unserem Organismus wirkt Cholesterin ganz unterschiedlich, je nachdem, an welches Eiweiß es beim Transport im Blut gebunden wird. Das HDL-Eiweiß (= großes Transportprotein) ist für uns nützlich und sehr wichtig. Wenn das LDL-Eiweiß (= kleines Transportprotein) dagegen überhandnimmt, dann wird Cholesterin zum Aggressor und kann an den Blutgefäßen Schaden anrichten. Bei der Ernährung ist es daher wichtig, sich so zu ernähren, daß das HDL-Cholesterin möglichst hoch ist und das LDL-Cholesterin gesenkt wird.

Dabei spielen aber wiederum bestimmte Fettsäuren (= Bausteine des Fetts) eine wichtige Rolle. Es sind die *mehrfach ungesättigten Fettsäuren* aus kaltgepreßten, pflanzlichen Ölen. Kaltgepreßt oder erstgepreßt sind alle Pflanzenöle, die bei der Herstellung nicht erhitzt wurden (zum Beispiel Olivenöl, Maisöl, Sonnenblumenöl). Auch in Fischölen sind ungesättigte Fettsäuren enthalten. Diese Fettsäuren (= Linolsäure, Linolensäure, Arachidonsäure) senken den Cholesterinspiegel – im Gegensatz zu gesättigten Fetten tierischen Ursprungs!

> Die mehrfach ungesättigten Fettsäuren stimulieren unser Immunsystem.

Die ungesättigten Fettsäuren sind auch wichtig für unser Immunsystem. Sie steigern die Abwehrkraft unserer Immunzellen gegen Bakterien und andere krankmachende Mikroorganismen.

Führende Immunologen haben aber ebenfalls festgestellt, daß ein Zuviel an gesättigten Fetten, zum Beispiel fettes Fleisch, das Schrumpfen der Thymusdrüse beschleunigt. Die Thymusdrüse ist ein ungeheuer wichtiges Organ für unser Immunsystem. Sie ist an der Entwicklung des gesamten Immunsystems beteiligt, steuert und reguliert unsere Immunzellen. *Deshalb enthält diese Ernährung zur Stärkung des Immunsystems einen geringen Anteil an gesättigten Fettsäuren* (= mageres Fleisch), *dagegen einen hohen Anteil an ungesättigten Fettsäuren* (= kaltgepreßte Pflanzenöle und Fischöle).

Ein weiterer wichtiger Stoff ist *Lecithin.* Unter dem Einfluß von Methionin, Cholin und Inositol wird es auch in der Leber selbst synthetisiert. Bei vielen Menschen ist die Leber durch Giftstoffe überlastet. Deshalb sollten Sie auf genügend Lecithin in Ihrer Nahrung achten! Es ist vor allem in Soja enthalten.

Methionin, Cholin, Inositol und Lecithin (man nennt sie auch lipotrope Nährstoffe) sind für das Immunsystem von großer Bedeutung! Sie stimulieren die Antikörperbildung und unterstützen die Freßzellen des Immunsystems bei ihrem Kampf gegen eindringende Viren, Pilze und Parasiten. Außerdem helfen sie gegen Allergien! Aber das werden wir in diesem Buch noch ausführlich erläutern. Und in der Leber wirken Methionin und Cholin bei der Entgiftung der Amine mit, den Abfallprodukten aus dem Eiweißstoffwechsel.

Wasser – das Energiegetränk Nummer 1

Obwohl Wasser dem Organismus keine Energie (= Kalorine/Joule) liefert, ist es doch das Energiegetränk Nummer 1. Denn mit wenig oder ohne Wasser läuft in Ihrem Organismus nichts. Alle Milliarden Stoffwechselreaktionen im Körper laufen ausschließlich im Wasser ab. Mit Ausnahme vom Sauerstoff macht sich kein Mangel an irgendeinem Nährstoff so schnell bemerkbar wie der Mangel an Wasser – Sie fühlen sich energielos, müde und erschlagen, wenn Sie nur wenige Stunden kein Wasser trinken. Und wenn Sie nur wenige Tage nichts trinken, dann sind Sie bereits tot. Ohne Nahrung dagegen können Sie Wochen überleben.

Wasser ist der Ursprung allen Lebens! Und Wasser ist allen Limonaden, allen Säften, allen Drinks hauchhoch überlegen! Jede Mixtur können Sie gegen Wasser vergessen!

> Trinken Sie täglich wenigstens 6 bis 8 Gläser Wasser!

Die meisten Menschen in den Zivilisationsländern leiden unter chronischem Wassermangel! Der normale Durstreflex degeneriert. »Ich habe keinen Durst!« – ein häufiger Ausspruch. Durch chronischen Wassermangel erlischt der natürliche Durstreflex. Es kommt zur Eindickung des Blutes, die Nieren sind überlastet, die Zellen beginnen zu schrumpfen und Schaden zu nehmen. Müdigkeit, Leistungsminderung sind die ersten Folgen!

Wann soll man trinken?

> Trinken Sie nicht während des Essens, sondern davor und danach!

Wenn Sie während einer Mahlzeit trinken, verdünnen Sie dadurch Ihre Verdauungssäfte und beeinträchtigen somit deren Wirksamkeit. Die Zerlegung (= Verdauung) der Nahrung im Darm wird gestört.

Vitamine – und was Sie darüber wissen müssen

»Vitaminmangel ist in der heutigen Wohlstandsgesellschaft ein seltenes Problem.«

»Vitaminpillen können die Ernährung ersetzen.«

Beide Ansichten sind weit verbreitet. Beide Ansichten sind falsch. Sie werden dies verstehen, wenn Sie lesen, was Vitamine sind und was Vitamine nicht sind.

Vitamine gehören ebenfalls zu den Nährstoffen, das heißt, wir müssen Vitamine täglich zuführen, damit wir überhaupt leben können. Vitamine sind in winzigen Spuren vor allem in der natürlichen Nahrung enthalten. Man unterscheidet:

- Fettlösliche Vitamine: Vitamin A, D, E und K. Diese können im Organismus gespeichert werden. Deshalb Vorsicht! Bei hoher Dosierung kann es zu Vergiftungen kommen.
- Wasserlösliche Vitamine: die Vitamine des B-Komplexes, Vitamin C, Bioflavonoide und Biotin.

Die ungesättigten Fettsäuren werden auch als Vitamin F bezeichnet. Sicher gibt es noch zahlreiche weitere Vitamine, welche aber noch nicht näher bekannt sind.

Wie Vitamine wirken

Im Gegensatz zu Kohlenhydraten, Eiweiß und Fett liefern die Vitamine keine Kalorien. Vitamine sorgen für das Funktionieren unseres Organismus – sie steuern die Stoffwechselreaktionen. So wirken sie mit bei der Verbrennung der Kohlenhydrate, beim Bau von Zellen aus Aminosäuren, beim Fetttransport oder bei der Muskelarbeit. Man nennt die Vitamine auch die »Zündkerzen« unseres Körpers, die alles zum Laufen bringen.

Ein Mangel an nur einem einzigen Vitamin kann den gesamten Stoffwechsel und die Gesundheit beeinträchtigen!

Wieso wir oft zusätzlich Vitamine brauchen

Vitaminmangel ist in der heutigen Wohlstandsgesellschaft weit verbreitet. Doch es ist nicht der massive Mangel an einem einzigen Vitamin, sondern es sind schleichende Mängel an vielen Vitaminen.

Ein Grund sind die vitaminarmen Industrienahrungsmittel, die etwa zwei Drittel der durchschnittlichen Nahrung ausmachen. Vitamine sind nur ausreichend in naturbelassenen Lebensmitteln enthalten! Das Gemüse wird oft zerkocht; dabei werden mindestens 25 Prozent des Vitamins C, 70 Prozent des Vitamins B_1, 50 Prozent der Vitamine B_2 und A zerstört!

Ein weiterer Grund sind alle Umweltgifte, die in die Nahrung gelangen und dem Körper Vitamine (zum Beispiel Vitamin E) entziehen. Und einer der wesentlichsten Faktoren: die bereits angesprochene Überernährung, welche unser Verdauungsapparat nicht mehr bewältigen kann. Das Immunsystem reagiert überempfindlich – Verwertungsstörungen und Allergien sind die Folge! Und Allergien verbrauchen wiederum vermehrt Vitamine! Dann sind es der tägliche Streß, Alkohol oder tägliches Fernsehen, was uns die Vitamine entzieht. Und so weiter und so weiter.

Jeder, der oft auswärts ißt oder in der Eile zur Fertignahrung greift und Süßigkeiten nimmt, sich streßt oder Alkohol trinkt, braucht zusätzlich Vitamine!

Wieso Vitaminpillen die Nahrung nicht ersetzen können

Unser Organismus braucht alle Nährstoffe, wie sie in richtiger Nahrung enthalten sind. Dazu zählen: Mineralstoffe, Aminosäuren, Kohlenhydrate, Fettsäuren und Vitamine. Fehlt nur ein einziger lebensnotwendiger Stoff, kann keine Stoffwechselreaktion ablaufen. Vitaminpillen sind also kein »Ersatz« für die tägliche Nahrung, sie sollten lediglich als *Nahrungsergänzung* eingesetzt werden, um Mangelerscheinungen zu beheben.

Mineralstoffe – Bausteine und Wirkstoffe in einem

Mineralstoffe sind weitere lebensnotwendige Nährstoffe. Sie kommen in relativ großen Mengen in unserem Körper vor und erfüllen gleich zwei Funktionen:

- Sie sind Bausteine. So ist Calcium Baustein des Knochens. 1,2 kg Calcium sind in den Knochen unseres Körpers enthalten!
- Sie sind Wirkstoffe und arbeiten mit den Vitaminen eng zusammen. Die enge Zusammenarbeit zwischen Calcium und Vitamin D ist schon lange bekannt.

Weitere lebensnotwendige (= essentielle) Mineralstoffe sind Magnesium, Natrium, Kalium, Phosphor, Chlor, Schwefel, Eisen, Silizium. Die meisten Mineralstoffe sind in frischen, naturbelassenen Nahrungsmitteln enthalten: Fisch, Milchprodukte, Fleisch, Gemüse, Salate, Butter und Öle.

Spurenelemente – die Neuentdeckung

Nur in ganz geringen Mengen – in Spuren – kommen diese im Organismus vor. Doch sie sind genauso wichtig und lebensnotwendig für unseren Körper wie die Vitamine. *Der Körper kann kein einziges Spurenelement selbst herstellen. Deshalb müssen auch die Spurenelemente täglich in bestimmten Mengen mit der Nahrung zugeführt werden.* Dies ist eine

Neuentdeckung – lebensnotwendig und von unschätzbarem Wert für unsere Gesundheit.
Die bisher bekannten essentiellen Spurenelemente sind Jod, Kupfer, Mangan, Zink, Kobalt, Molybdän, Selen, Chrom, Vanadium.

Unser Körper – eine große Fabrik

Stellen Sie sich unseren Körper wie eine große Fabrik vor. Die Kohlenhydrate und Fette liefern die Energie, Eiweiß und Mineralstoffe sind die Baustoffe, aus denen die ganze Fabrik zusammengebaut ist, Vitamine und Mineralstoffe sind die Werkzeuge, und die Spurenelemente sind die Schlüssel. Mit diesem Modell kommen Sie der Wirklichkeit sehr nahe. Alle diese Nährstoffe stehen in enger Zusammenarbeit. Kein Vitamin kann die Aufgaben eines anderen Vitamins oder eines Mineralstoffs übernehmen. Deshalb darf kein Nährstoff zuwenig zugeführt werden.

Einige Fakten über die heutige Ernährung

Streß steigert die Ausscheidung von Vitamin B, Magnesium, Chrom über die Niere.

Regelmäßig einige Gläschen Alkohol rauben dem Körper B-Vitamine, Bioflavonoide, Magnesium, Zink, Kalium, Chrom.

Viele Nahrungsmittel haben zuwenig Zink und Selen, weil die Ackerböden ausgelaugt sind.

Orangen verlieren nach 1 Woche fast ihren ganzen Vitamin-C-Gehalt.

Millionen Menschen nehmen Medikamente für den Magen, für den Blutdruck oder zur Entwässerung. Viele entziehen Kalium oder Magnesium oder stören ihr Gleichgewicht.

Die Anti-Baby-Pille stört die Verwertung von Vitamin B_6, Folsäure und Vitamin C.

Aspirin verdreifacht den Vitamin-C-Verbrauch.

1 Zigarette zerstört fast den gesamten Tagesbedarf an Vitamin C (75 Milligramm).

Nahrung und Verdauung – das wichtige Zusammenspiel

Immuncomputer Darm

Der Darm hat die Aufgabe, unsere Nahrung in einzelne Bestandteile (Makromoleküle) zu zerlegen. Bei diesem Verdauungsprozeß werden aus der Nahrung nicht nur die Kohlenhydrate, Eiweiße und Fette aufgeschlossen, sondern auch alle lebensnotwendigen Mineralstoffe und Vitamine.

Die Resorption, d. h. die Aufnahme dieser wichtigen Stoffe, erfolgt über die Darmwand in die Blutbahn. *Die Immunzellen stehen mit dem Darm in enger Zusammenarbeit und bilden einen riesigen Immuncomputer.* Sämtliche Nährstoffe, alle Vitamine und Mineralstoffe müssen erkannt und durch das »Sicherheitsnetz Darmwand« in die Blutbahn geleitet werden. Alle schädlichen Stoffe der Nahrung müssen abgesondert, bekämpft und ausgeschieden werden. Und täglich gelangt eine riesige Menge an Schadstoffen mit der Nahrung in den Darm. Es gibt kein anderes Organ, in dem das Immunsystem solche Mengen abwehren muß. *Deshalb können Sie allein durch Ernährung Ihr Immunsystem so effektiv beeinflussen!*

Wissen Sie, daß Ihr Darm im Inneren einer Gebirgslandschaft gleicht mit Milliarden Vorsprüngen und Vertiefungen? Daß er, auf volle Länge ausge-

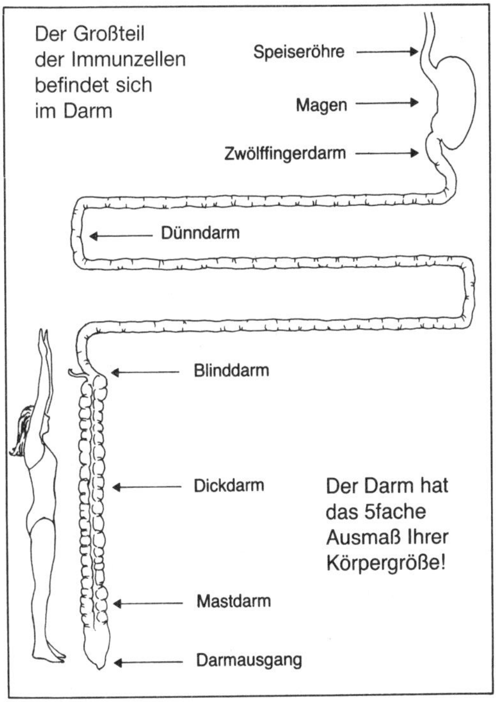

dehnt, eine Oberfläche erreicht, die *so groß* ist *wie ein Tennisplatz* – fast 150 Quadratmeter?
Und jetzt machen Sie sich bewußt, daß diese riesige Fläche von den Zellen Ihres Immunsystems permanent bewacht und verteidigt werden muß. Der einzelne Lymphozyt ist aber so klein, daß Sie ihn mit bloßem Auge überhaupt nicht sehen können. Um jeden tausendstel Millimeter der 150 Quadratmeter erfolgreich zu verteidigen, ist daher eine Armee von Milliarden von Immunkämpfern notwendig.

150 Quadratmeter Darm benötigen Milliarden von Lymphozyten zur Abwehr gegen Schadstoffe und Bakterien!

Der Großteil der Immunzellen befindet sich im Verdauungssystem und verteidigt unseren Organismus gegen alle schädlichen Stoffe, welche wir mit jeder Mahlzeit in unseren Darmtrakt aufnehmen.
Werden die Lymphozyten vernichtet und zerrieben im Kampf gegen die feindlichen Eindringlinge, zum Beispiel Bakterien, oder werden durch allergische Reaktionen Antikörper – IgG-Antikörper – gebildet, so kann das der auslösende Faktor sein, der eine Kettenreaktion entstehen läßt. Lymphozyten gehen zugrunde, Zellen können entarten, eine Krankheit nimmt ihren Lauf . . .

Immunschwäche beginnt im Darm

Zivilisationskrankheit Nr. 1: schlechte Verdauung

Schätzungsweise 20 Millionen Bundesbürger leiden an Störungen im Magen-Darmbereich, an Blähungen, Bauchschmerzen, Stuhlunregelmäßigkeiten, schlechter Verdauung – verursacht durch falsche Ernährung. 20 Millionen leiden somit an Immunschwäche oder sind in Gefahr, ihr Immunsystem zu überfordern.
Allein für Abführmittel werden in der Bundesrepublik jährlich etwa 150 Millionen DM ausgegeben. Es gibt eine Unzahl an Abführtees, Früchtewürfeln und pflanzlichen oder chemischen Abführpräparaten. Hinzu kommen Unsummen für Antisäure-, Antiblähmittel, Enzympräparate, Säureblocker oder andere Verdauungspillen.
Halten Sie sich immer vor Augen: Schlechte Verdauung hat Folgen! Lernen Sie Ihr Verdauungssystem kennen. Es lohnt sich für Ihre Gesundheit!

Schlechte Verdauung stört und schwächt Ihr gesamtes Immunsystem.

Die 4 Stationen der Nahrungspassage

1. Mund und Zähne

Im Mund wird die Nahrung durchs Kauen mechanisch zerkleinert. Bei schnellen Essern entfällt dieser wichtige Verdauungsprozeß. Die nachfolgende »chemische« Zerlegung durch die Verdauungsenzyme kann diesen Ausfall nicht ersetzen! Über die Speiseröhre wird der Nahrungsbrei in den Magen transportiert. Die ersten wichtigen Immunzentren des Verdauungstraktes liegen im Mund. Es sind dies die Mandeln. Sie haben die Aufgabe, die ärgsten Schädlinge der Nahrung aufzuspüren, soweit möglich abzufangen und die Immunzentren des Darmes zu warnen. Wenn die Mandeln ständig entzündet sind, dann ist dies ein wichtiges Alarmzeichen! Das Immunsystem ist überfordert.
Wichtig: Wenn Sie gegen Nickel allergisch sind, sollten Sie Amalgam-Zahnfüllungen oder Nickellegierungen auswechseln lassen.

2. Magen

Der Magen liegt zum Großteil unter den Rippen, der untere Teil in der Mitte des Oberbauches. Im Magen wird die aufgenommene Nahrung gesammelt und mit Säure und Enzymen zur Eiweißverdauung vermischt.

3. Dünndarm

Im Dünndarm erfolgt die eigentliche Verdauung. Sowie die mit Säure durchtränkte Nahrung aus dem Magen ankommt, sondert die Bauchspeicheldrüse ihre neutralisierenden Säfte ab (= Natriumbikarbonat). Erst dann können die eigentlichen Verdauungsenzyme mit der Arbeit beginnen und die Nahrung in ihre Einzelbausteine – in Kohlenhydrat-, Eiweiß- und Fettbausteine, in Vitamine und Mineralstoffe – zerlegen. Diese werden durch die Darmwand aufgenommen (= resorbiert). Ihr Dünndarm ist ständig in Bewegung (= Peristaltik). Die Nahrung wird permanent mit den Verdauungsenzymen vermischt, die Nahrungsreste weitertransportiert. Wenn der »Magen knurrt«, dann kommt das vom Dünndarm durch den Weitertransport des verflüssigten Nahrungsbreis.

> Der Dünndarm ist auf voller Länge (5 bis 7 Meter) mit Immunzellen besetzt.

Werden Sie von Giftgasen geplagt? Wenn Ihre Verdauung schlecht ist und sich vermehrt Gifte ansammeln, wird Ihr Immunsystem überfordert und geschwächt. Blähungen strapazieren durch die hochgiftigen Gase das Immunsystem. Zudem werden Vitamine und Mineralstoffe, welche das Immunsystem braucht, schlechter aufgenommen. Ein Mangel kann sich einschleichen!

4. Dickdarm (= Colon)

Der Dickdarm hat zwei Bewegungen: einmal die permanenten Mischbewegungen, mit denen der Nahrungsbrei mit der Schleimhaut in Kontakt gebracht wird, dann die Transportbewegungen. Diese werden als große Colonbewegungen bezeichnet. Sie erfolgen nur zwei- bis dreimal am Tag – morgens nach dem Aufstehen und abends vor dem Schlafen. Diese schieben die Nahrungsabfälle durch den gesamten Dickdarm, verursachen den Stuhldrang und führen zum Stuhlgang.

Aufgabe des Dickdarms ist es, die Nahrungsabfälle auszuscheiden und das Immunsystem zu trainieren.

Aus dem Speisebrei werden bei seinem 8- bis 13stündigen Weg durch den Dickdarm wichtige Mineralstoffe, Vitamine und Wasser ins Blut aufgenommen. Faserstoffe (= Ballaststoffe) in der Nahrung sind für die natürlichen Darmbakterien sehr wichtig. Denn diese bestreiten daraus ihren Stoffwechsel.

Die Darmbakterien erfüllen wichtige Aufgaben! Sie synthetisieren Vitamine – wie Biotin, Folsäure, Nicotinsäure und Vitamin K – und helfen dem Immunsystem bei der Abwehr krankmachender Keime (Bakterien, Viren, Parasiten). Zusätzlich trainieren die Darmbakterien das Immunsystem! Das sind neueste, revolutionäre Ansichten in der Immunologie. Sie beruhen auf Erfahrungswerten zahlreicher Kliniker und machen deutlich, daß Funktionsstörungen des Darmes das Immunsystem auf Dauer überfordern und schwächen.

Es gibt Untersuchungen, die darauf hinweisen, daß Störungen der natürlichen Darmflora die Ursache dafür sind, daß das Immunsystem entgleist und Antikörper gegen die tägliche Nahrung bildet. Bereits Nobelpreisträger Metschnikoff vertrat die Ansicht, daß chronische Krankheiten und der Alterungsprozeß durch Störungen der Darmflora und giftige Zersetzungsprozesse im Dickdarm verursacht würden. Bei schlechter Verdauung stauen sich die Nahrungsabfälle und bilden eine Brutstätte für krankmachende Bakterien.

Stellen Sie sich eine Stadt vor, in der die Müllabfuhr streikt. Die Abfälle stauen sich, Giftstoffe, Ungeziefer und krankmachende Keime sammeln sich an und verursachen Krankheiten. Ähnliches könnte Ihnen passieren, wenn Ihr »Abflußkanal Darm« verstopft ist.

Die Leber – Ihr großes Chemielabor

Die Leber ist ein großes und ganz wichtiges Organ. Sie liegt im rechten und mittleren Oberbauch. Die Leberzellen vollbringen unvorstellbare Leistungen. Fast jeden Stoff können sie umbauen (= Stoffwechsel) und Hunderte Giftstoffe unschädlich machen.

Die Leber unterstützt das Immunsystem bei der Entgiftung.

Alle Nährstoffe, aber auch die Giftstoffe der täglichen Nahrung werden aus dem gesamten Darm über die Pfortader in die Leber transportiert. Aus den Nährstoffen synthetisiert die Leber lebensnotwendige Bausteine für alle Organe. Es sind Tausende unterschiedliche Eiweiße und Enzyme, ferner Stoffe für die Blutgerinnung und Cholesterin.
Die Giftstoffe, welche aus dem Darm in die Leber geschwemmt werden, werden entgiftet. Das gefährliche Ammoniak beispielsweise, das im Darm durch Eiweißfäulnis entsteht, wird in unschädlichen Harnstoff umgewandelt, der dann über die Nieren ausgeschieden wird. Außerdem wird in der Leber der Gallensaft gebildet, der für die Verdauung und Verwertung der Fette notwendig ist. Über die Gallenblase – den Speicher des Gallensaftes – und den Gallengang erfolgt die Abgabe des Gallensaftes in den Darm.

Bauchspeicheldrüse und Enzyme

Die Bauchspeicheldrüse liegt im mittleren und linken Oberbauch. Sie bildet die wichtigen Verdauungsenzyme, welche in den Darm abgesondert werden, die Nahrung aufspalten und in resorbierbare Einzelteile zerlegen. Ferner gibt es spezielle Zellen, welche das Hormon Insulin produzieren und direkt ins Blut abgeben (wichtig für die Blutzuckerregulierung). Bei Fehlreaktionen des Immunsystems werden körpereigene Entzündungsstoffe freigesetzt (Histamin usw.), welche Entzündungen der Bauchspeicheldrüse hervorrufen können!

Der Verlauf des Nahrungsbreis bei optimaler Verdauungstätigkeit ist auf den folgenden Seiten grafisch dargestellt.

Die optimale Verdauung – so sollte sie aussehen

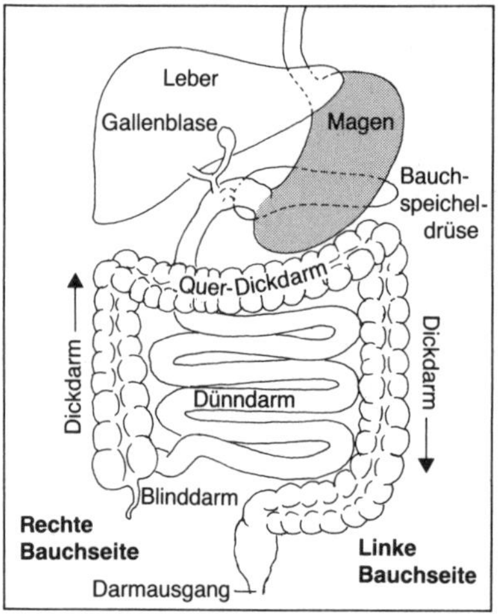

❶ 7.30 Uhr

Das Frühstück befindet sich im Magen.

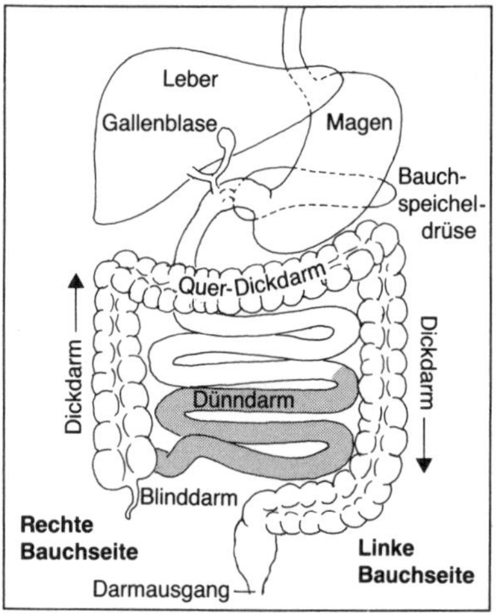

❷ 12.30 Uhr

Die Verdauung des Frühstücks im Dünndarm ist abgeschlossen. Es hat die Dünn-Dickdarm-Klappe (= Ileocoecalklappe) erreicht.

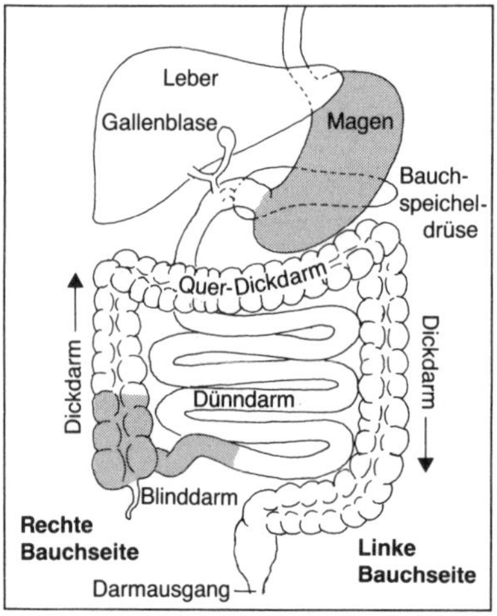

❸ 14.00 Uhr

Das Mittagessen befindet sich im Magen. Das Frühstück tritt in den Dickdarm über.

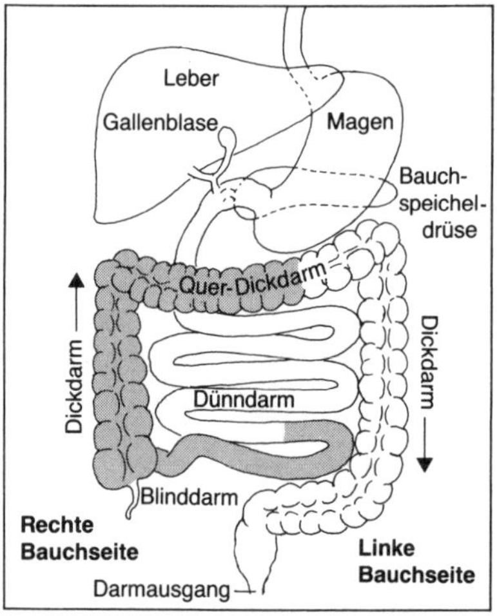

❹ 18.00 Uhr

Das Mittagessen ist vor der Dünn-Dickdarm-Klappe.
Das Frühstück ist im Quer-Dickdarm.

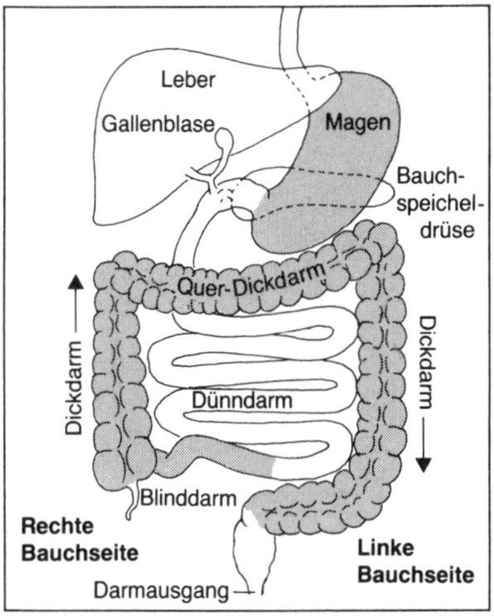

❺ 19.00 Uhr

Das Abendessen ist im Magen.
Das Mittagessen tritt in den Dickdarm über.
Das Frühstück verteilt sich im Dickdarm.

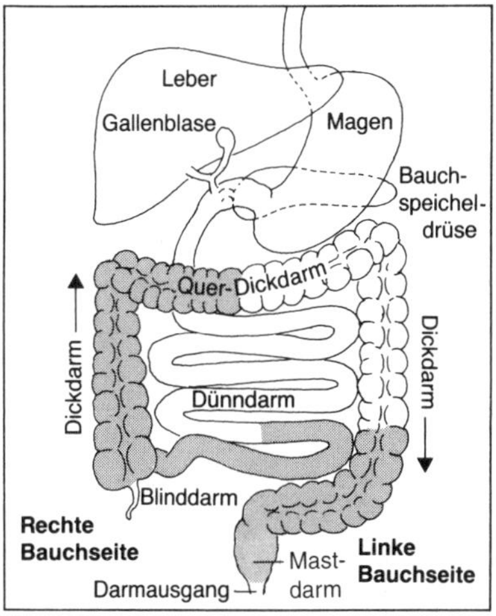

❻ 22.00 Uhr

Das Abendessen ist im Dünndarm.
Die große Colonbewegung am Abend schiebt die Abfälle des Frühstücks und des Mittagessens in den Mastdarm.

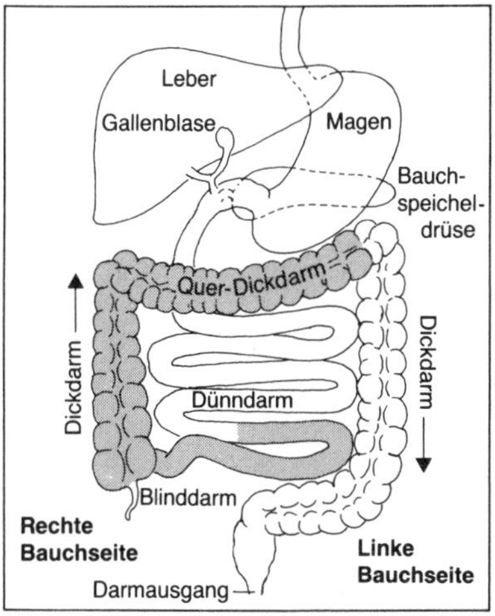

❼ 22.30 Uhr

Das Abendessen erreicht die Dünn-Dickdarm-Klappe.
Mit dem Stuhlgang vor dem Abendessen werden die Abfälle des Frühstücks und des Mittagessens teilweise ausgeschieden.

Der folgende Tag

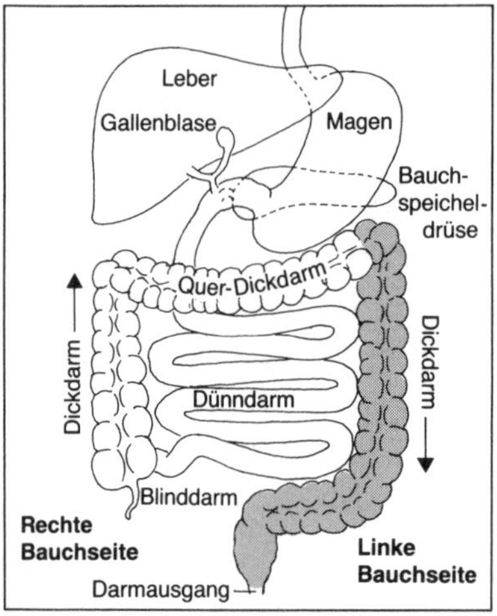

❽ 6.30 Uhr

Die gesamten Nahrungsabfälle des vorausgegangenen Tages sind im absteigenden Dickdarm und im Mastdarm.

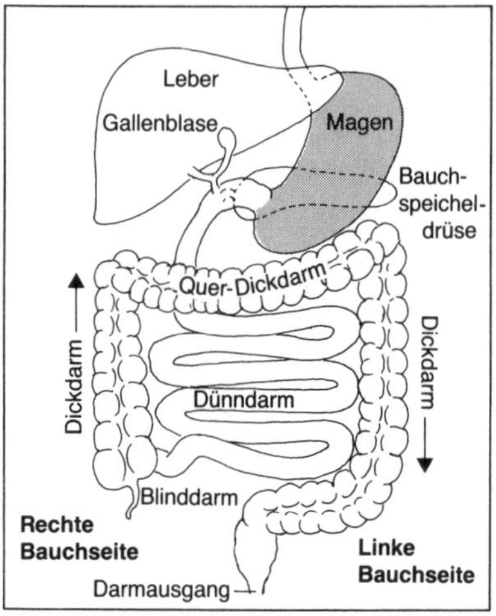

❾ 7.30 Uhr

Das Frühstück des neuen Tages befindet sich im Magen.
Mit dem morgendlichen Stuhlgang werden alle Nahrungsabfälle des vorausgegangenen Tages ausgeschieden.

Was falsche Ernährung dem Darm antut

Einseitige oder eintönige Ernährung, hastiges Essen oder gar Schlingen, unkontrolliertes Essen, häufiges Naschen, große Portionen, schwere Mahlzeiten, zuwenig Ballaststoffe, zuviel Semmeln, Brot und Kuchen oder Teigwaren, zuviel konservierte Nahrungsmittel, zuwenig Rohkost führen zu »Deformierungen« des Darmtrakts und somit zu Verdauungsstörungen. Diese ziehen den gesamten Organismus in Mitleidenschaft. Denn bedenken Sie: *Verdauung = Verwertung!*

Bild 1
»Schlechte Verdauung«: Stuhlgang nur jeden zweiten oder dritten Tag oder gar nur einmal in der Woche

Die Nahrungsabfälle von zehn und mehr Mahlzeiten stauen sich tagelang im Dickdarm. Es entwickeln sich massive Fäulnis- und Gärgifte, welche den Dickdarm permanent überblähen (Blähbauch).

Häufige Folgen: Reizung der Darmschleimhaut; Giftstoffbelastung der Leber und des gesamten Organismus; Schwächung des Immunsystems.

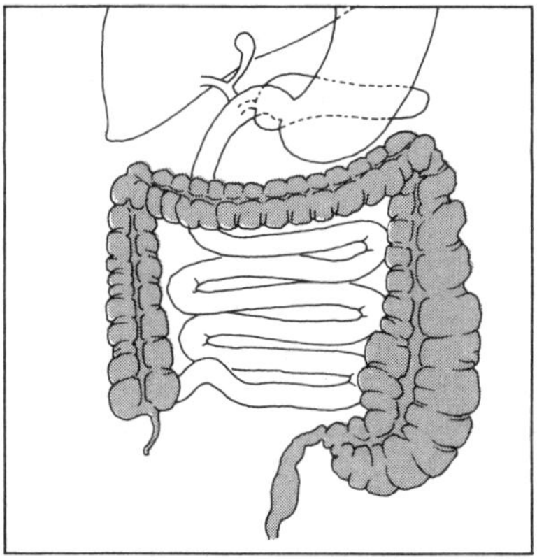

❶ »Schlechte Verdauung«

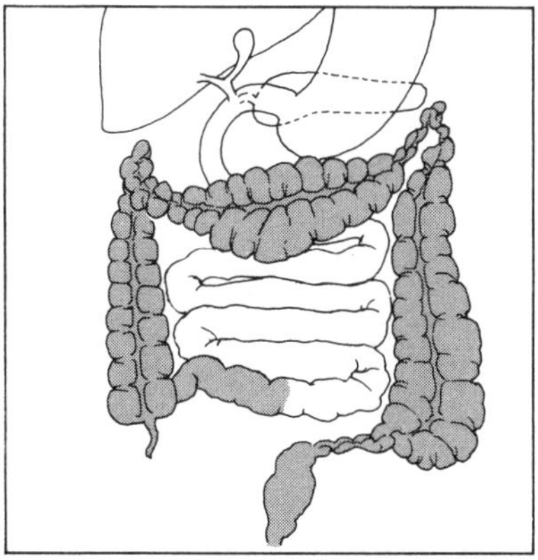

❷ Der typische Zivilisationsdarm

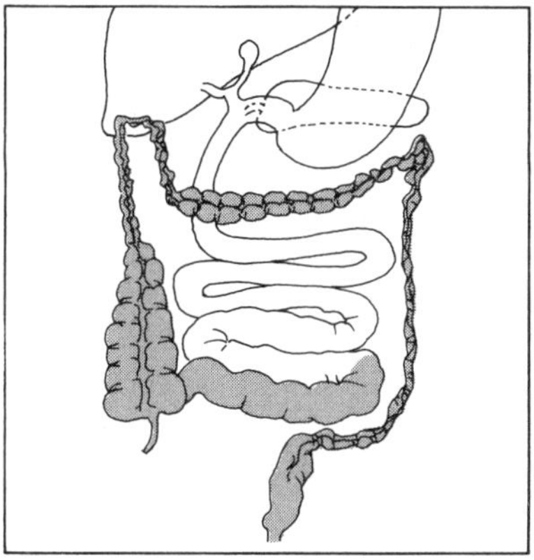

❸ Verkrampfter Dickdarm

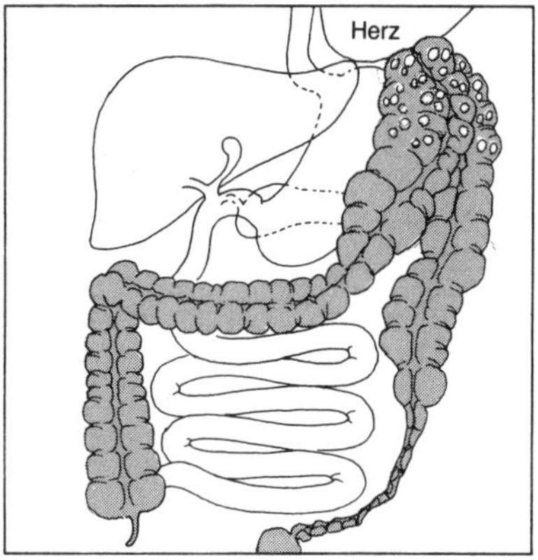

❹ Blähdarm

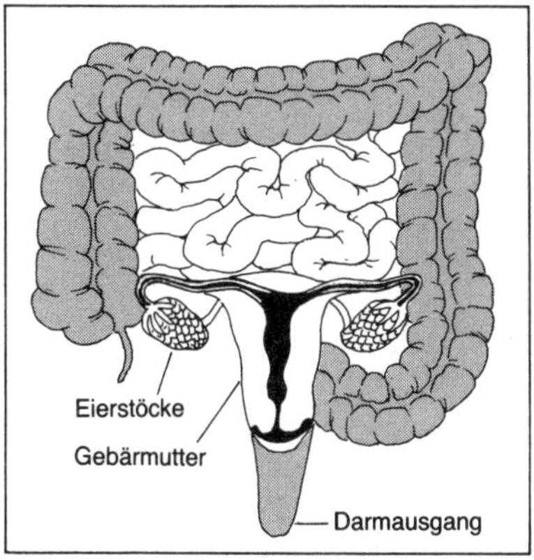

❺ Normaler Dickdarm

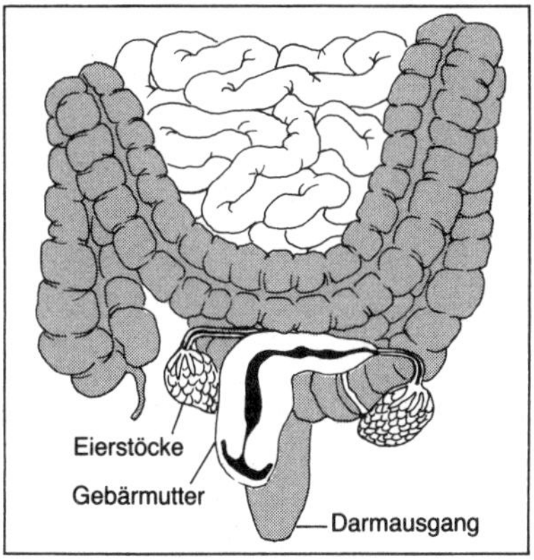

❻ Senkung des Querdickdarms

Bild 2
Der typische Zivilisationsdarm

Dies ist eine häufige Ursache zahlreicher Beschwerden. Die Klappe zwischen Dünn- und Dickdarm (= Ileocoecalklappe) im rechten Unterbauch ist äußerst wichtig. Sie soll verhindern, daß bakterienhaltiger Speisebrei aus dem Dickdarm in den Dünndarm zurückfließt.
Streß und Verkrampfungen im Dickdarm können die Funktion dieses wichtigen Klappenventils beeinträchtigen. Es kommt zum Rückfluß aggressiver Dickdarmbakterien (= Colibakterien) in den Dünndarm.
Häufige Folgen: Im Dünndarm können die Bakterien mit ihren Giften leicht resorbiert werden. Sie können das Immunsystem überfordern und schwächen, Infektionen – meist der Blase und Nieren – verursachen und zahlreiche weitere Krankheiten wie Allergien, Kopfschmerzen, Gelenkbeschwerden, Depressionen hervorrufen.

Bild 3
Verkrampfter Dickdarm mit Rückfluß in den Dünndarm

So sieht der Darm bei vielen aus, *und die wenigsten merken etwas davon.* Im Dünndarm stauen sich toxische Blähgase. Im Dickdarm wechseln verkrampfte Abschnitte mit überblähten Darmbereichen. Stuhlreste lagern sich ab und gehen in Fäulnis über.
Häufige Folgen: Giftstoffbelastung, Mangelkrankheiten, Immunschwäche.

Bild 4
Blähdarm mit breiigem Stuhl oder Wechsel zwischen Verstopfung und Durchfall

Das Sigma (= S-förmiger Teil des Enddarms) ist stark verkrampft. Im Quercolon findet sich eine massive Überblähung, welche Herz und Brustkorb irritiert.
Häufige Folgen: Herzbeschwerden, Blutdruckerhöhung, Atembeschwerden, Völlegefühl, Unwohlsein.

Bild 5
Normaler Dickdarm

Bild 6
Senkung des Querdickdarms mit Druck auf die Unterleibsorgane

Häufige Folgen: Entzündungen des Unterleibs (Eierstöcke, Eileiter, Gebärmuttersenkung, Störungen beim Wasserlassen bei der Frau; Prostataprobleme beim Mann).

Darmfunktionsstörungen und ihre Auswirkungen

Die schleichende Mangelkrankheit

Tausende Mineralstoffanalysen (Seite 62) haben gezeigt, daß Mangelzustände an lebensnotwendigen Mineralstoffen und Vitaminen weit verbreitet sind. Vor allem *Mangel an Calcium, Magnesium, Kupfer, Eisen, Chrom und Selen* sind an der Tagesordnung. Wichtigste Ursache sind die Funktionsstörungen des Darmes, die Sie gesehen haben. Der Darm ist nicht mehr in der Lage, die Mineralstoffe und Vitamine der Nahrung ausreichend zu verwerten und dem Körper zuzuführen.

Es entsteht dabei aber nicht eine gravierende Mangelkrankheit durch Defizit eines Mineralstoffs, sondern es sind schleichende Mängel einer Vielzahl von Mineralstoffen und Vitaminen. Zudem zehren einseitige Ernährung, Streß und Umweltgifte an den Mineralvorräten. Ernährungsstudien haben erbracht, daß in jedem dritten Haushalt die Nahrung zuwenig Calcium und Vitamin B_6 enthält, in jedem fünften zuwenig Magnesium, Chrom und Vitamin A. Die Nahrung weiblicher Teenager war bedenklich arm an Eisen.

Ein Mangel an Vitaminen und Mineralstoffen schwächt schleichend das Immunsystem.

Mineralstoffe, die das Immunsystem braucht

Calcium – hilft gegen allergische Entgleisungen

Daß Calcium mit dem Immunsystem zu tun hat, ist Ihnen vielleicht schon bekannt. Bei allen allergischen Fehlreaktionen des Immunsystems hilft Calcium. Gerne wird es von Ärzten verschrieben, wenn die Haut allergische Erscheinungen zeigt, da die Wirkung meist prompt eintritt.

Bei allen Reaktionen des Immunsystems ist Calcium notwendig. Ist das Immunsystem aufgrund von Darmstörungen nach jedem Essen überaktiv, werden große Mengen Calcium verbraucht. Bei Calciummangel holt sich das Immunsystem das Calcium aus den Knochen. Das kann den gesamten Calciumhaushalt stören. Als Folge davon können sich Knochen- und Gelenkkrankheiten entwickeln. Auch kann Calcium als Ablagerung zur Gefäßverkalkung führen.

Diese Störungen spiegeln sich in der Mineralstoffanalyse aus dem Haar. Meist zeigt sich ein erhöhter Calciumspiegel, da Calcium über die Haare dem Organismus in erhöhtem Maß verloren geht (siehe S. 62).

Magnesium – schützt vor Überreaktion des Immunsystems

Magnesium ist ein ganz wichtiges Schutzmittel. Es kann die Auswirkungen des entgleisten Immunsystems auf die Organe abschwächen: Bei Bauch- oder Muskelkrämpfen, Angstzuständen, Schlafstörungen, Herzklopfen oder Kopfschmerzen kann Magnesium rasch helfen. In der Arztpraxis wird Magnesium bei den unterschiedlichsten Symptomen mit Erfolg eingesetzt. Zudem stärkt Magnesium das Immunsystem und beugt der Krebsentstehung vor.
Magnesiummangel kann durch die Mineralstoffanalyse aufgedeckt werden.

Kupfer – der geheimnisvolle Immunbaustein

Kupfer ist immer noch wenig erforscht. Die Wissenschaft hat große Schwierigkeiten, die Geheimnisse des Kupfers zu lüften. Denn Kupfer ist immens wichtig für unser Immunsystem. Eine, Gott sei Dank, seltene Krankheit – das Menkes-Kinky-Haar-Syndrom –, bei der Kupfer vom Darm nicht aufgenommen werden kann, hat gezeigt, daß Kupfermangel das Immunsystem erlahmen läßt und der Tod innerhalb weniger Monate durch nicht beherrschbare Infektionen eintritt. Kupfermangel schwächt nicht nur die Abwehrkraft der Immunzellen, sondern sorgt auch dafür, daß uns immer weniger davon zur Verfügung stehen.
Kupfermangel kann durch die Mineralstoffanalyse aufgedeckt werden.

Zink – macht das Immunsystem potent

Zink ist der potenteste Immunmineralstoff. Zink stärkt das gesamte Immunsystem, gibt Thymusdrüse und Lymphknoten Kraft und macht die Immunzellen aggressiver. Mit ausreichend Zink versorgt, können Ihre Immunzellen länger und ausdauernder gegen Schädlinge kämpfen. Infektanfälligkeit, Gelenkprobleme, Hautkrankheiten, Blasen- sowie Prostatainfekte können durch Zink gebessert werden. Wenn das Immunsystem sich an der täglichen Nahrung verschleißt, geht Zink Ihrem Körper verloren und das Immunsystem wird weiter geschwächt.
Erkennen Sie rechtzeitig diese verhängnisvolle Situation und füllen Sie Ihre Zinkvorräte auf. Die Mineralstoffanalyse aus dem Haar ist die Methode, mit der sich frühzeitig diese Störungen aufdecken lassen.

Eisen – die eiserne Gesundheit

Eisen ist einer der am besten erforschten Mineralstoffe. Es ist schon lange bekannt, daß Eisen die körpereigenen Abwehrkräfte stärkt und uns wider-

standsfähig gegen Krankheiten macht. Frauen verlieren aufgrund der monatlichen Blutung doppelt soviel Eisen wie Männer. Es ist deshalb kein Wunder, daß etwa jede zweite Frau im gebärfähigen Alter einen Eisenmangel hat. Fast jede Frau sollte daher von Zeit zu Zeit ihren Eisenvorrat überprüfen lassen. Eisen unterstützt zudem das Immunsystem bei der Abwehr giftiger Schwermetalle.
Doch mit Eisen muß man auch vorsichtig sein. Denn zuviel Eisen fördert die Bildung von Terrorelementen (= freie Radikale) im Körper, welche dem Immunsystem schwer zusetzen können. Störungen im Eisenhaushalt können am besten aus dem Blut diagnostiziert werden (durch die Mineralstoffanalyse nur bedingt möglich).

Selen – Schutzgarantie für Ihre Zellen

Für das Spurenelement Selen interessierte man sich zuerst in China. In der Keshan-Region wurden jahrelang Hunderte von einer geheimnisvollen Virusinfektion dahingerafft, welche Herz und Gelenk befiel. Aus unerfindlichen Gründen war in dieser Region das Immunsystem nicht in der Lage, diesen Virusinfekt abzuwehren.
Findige Forscher kamen schließlich darauf, daß mit der Nahrung in diesem Gebiet etwas nicht stimmte. Die Nahrung enthielt zuwenig Selen – das war des Rätsels Lösung. Nachdem dem Trinkwasser Selen zugesetzt worden war, verschwand diese tödliche Krankheit.

Selen ist ein unersätzlicher Baustein für Ihr Immunsystem. Selenmangel ist weit verbreitet. Ausreichende Selenzufuhr vermindert das Risiko, an Krebs, Allergien, Herzinfarkt und Immunschwäche zu erkranken. Selen zählt zu den Antioxidantien, das heißt, es schützt Ihre Zellen vor den freien Radikalen. Dies sind die Terrorelemente, die im eigenen Körper entstehen und im Laufe des Lebens immer mehr zunehmen. Die Mineralstoffanalyse kann frühzeitig einen Selenmangel aufdecken.

Mangan und Chrom – die Stoffwechselaktivatoren

Diese Spurenelemente sind für zahlreiche Stoffwechselreaktionen äußerst wichtig. Mangan schützt die Energiefabrik, welche in jeder Zelle enthalten ist, vor der Zerstörung durch schädliche Stoffe. Es ist damit ein wirkungsvoller Helfer Ihres Immunsystems. Manganmangel kann verzögerte Knochenheilung, Abnützung der Wirbelsäule oder Krebserkrankungen zur Folge haben. Mangan hilft gegen allergisches Asthma bronchiale.
Ohne Chrom würde der gesamte Kohlenhydratstoffwechsel zusammenbrechen mit verheerenden Folgen für den gesamten Organismus. Denn das Hormon Insulin kann seine blutzuckersenkende Wirkung nur entfalten, wenn genügend Chrom vorhanden ist. Chrommangel kann zum Unterzucker (Hypoglykämie), zur Zuckerkrankheit und damit zur Schwächung

des Immunsystems beitragen. Durch die Mineralstoffanalyse aus dem Haar können Defizite dieser lebensnotwendigen Spurenelemente erkannt werden.

Das Zusammenwirken von Mineralstoffen, Vitaminen und Immunsystem

Jeder Mineralstoff entfaltet seine Wirkung nicht für sich allein. Alle Mineralstoffe stehen mit Vitaminen und den anderen Nährstoffen in engster Zusammenarbeit. Damit Ihr Immunsystem Sie optimal schützen kann, müssen Sie die Mineralstoffe in ausgewogenem Verhältnis mit Vitaminen Ihrem Körper zuführen!

> Auf das ausgewogene Verhältnis von Vitaminen und Mineralstoffen kommt es an, damit Ihr Immunsystem Sie optimal schützen kann!

Die Abwehrkraft der T-Lymphozyten, den Soldaten des Immunsystems, ist abhängig von V*itamin C.* Werden durch falsche Ernährung millionenweise Lymphozyten zerstört, geht Vitamin C in hohem Maße dem Organismus verloren. Dies beeinträchtigt die Eisenverwertung. Eisen wiederum steht in Zusammenarbeit mit den *B-Vitaminen,* die ebenfalls zusammenwirken. Deshalb werden sie auch als Vitamin-B-Komplex bezeichnet. Ein Mangel an B-Vitaminen beeinträchtigt die Fähigkeit des Immunsystems, Antikörper gegen Bakterien, Pilze oder Viren zu bilden. Das Immunsystem wird einer wichtigen Waffe beraubt!

Der häufigste Vitaminmangel in der Bundesrepublik ist der Folsäuremangel. Folsäure wird normalerweise von den natürlichen Darmbakterien produziert. Bei den weit verbreiteten Verdauungsstörungen ist diese Versorgung unzureichend. Untersuchungen haben ergeben, daß Millionen Bundesbürger an schleichendem Folsäuremangel leiden. Folsäuremangel vermindert die Bildung der weißen Blutkörperchen für ein intaktes Immunsystem im Extremfall um bis zu 80 Prozent! Chronische bakterielle und virale Infekte können die Folge sein. Der Selbstverschleiß des geschwächten Immunsystems kann seinen Lauf nehmen.

Ein ganz wichtiges Immunvitamin ist Vitamin E. Es steht in engster Zusammenarbeit mit Selen und zählt ebenfalls zur Nährstoffgruppe der Antioxidantien. Vitamin E hilft unseren Immunkräften bei der Abwehr von Schadstoffen. Es wirkt damit Allergien, der Bildung von Blutgerinnseln und dem Alterungsprozeß entgegen.

Wann Sie welche Mineralstoffe und Vitamine für Ihr Immunsystem zusätzlich zu diesem Ernährungsprogramm einsetzen sollten und wie Sie die Nährstoffe bekommen, darüber kann Ihnen die Mineralstoffanalyse Auskunft geben.

Und die toxischen (= giftigen) Mineralstoffe

> Die toxischen (= giftigen) Mineralstoffe schwächen das Immunsystem.

Zu diesen toxischen Mineralstoffen zählen Blei, Cadmium, Quecksilber, Aluminium – die Umweltgifte, die wir »mitessen« oder einatmen.

Sie sind besonders gefährdet, wenn Sie

- sich einseitig ernähren und Nährstoffmängel haben, da sich dann die giftigen Mineralstoffe um so leichter im Körper festsetzen können;
- Raucher sind;
- in der Großstadt und in unmittelbarer Nähe eines Industriegebiets leben;
- an einer verkehrsreichen Straße wohnen oder arbeiten;
- sich öfter aus der Dose ernähren;
- Amalgam-Zahnfüllungen haben;
- aluminiumhaltige Mittel gegen zuviel Magensäure schlucken;
- als Geschirr Aluminiumtöpfe oder Keramikteller verwenden.

Die schädlichen Auswirkungen dieser Gifte

- *Blei* schwächt das Immunsystem, ist an der Entstehung von Allergien beteiligt, schädigt Knochen und Gelenke. Bei Kindern lagert es sich vor allem im Gehirn ab und kann zu Konzentrationsstörungen führen.
- *Cadmium* kann die Nieren und die Leber schädigen.
- *Quecksilber* zerstört die Zellmembran der Immunzellen und kann zahlreiche Enzyme inaktivieren.
- *Aluminium* schädigt das Gehirn. Verhaltensstörungen, Depressionen, Nervosität können daraus resultieren.

Alarm – Selbstvergiftung!

Von der schleichenden Selbstvergiftung aus dem Darm sind Millionen Bundesbürger betroffen! Und nur die wenigsten wissen es.

Viele glauben, gesund zu sein. Wenn dann aber Röntgenbilder vom Darm gemacht werden und ein völlig verdrehter, geknickter oder erschlaffter Darm zur Darstellung kommt – der typische Zivilisationsdarm –, werden sie schlagartig ihrer Illusionen beraubt. Ein bekannter Bauchchirurg hat einmal gesagt: »Bei den 22000 Operationen, die ich mitgemacht oder durchgeführt habe, habe ich bei nur 6 Prozent einen normalen Darm gesehen.«

Diese Störungen machen den Darm zu einem riesigen Infektionsherd, voller krankmachender Bakterien, welche aus der schlecht verdauten Nahrung permanent Fäulnis- und Gärgifte (= Toxine) freisetzen. Diese können permanent in den Körper eindringen, Leber und Niere belasten und das Immunsystem schwächen.

Fäulnisgifte

Fäulnisgifte entstehen durch bakterielle Zersetzung von schlecht verdautem Eiweiß. Häufigste Ursache ist die Überernährung mit Eiweiß.
Zu den Fäulnisgiften zählen Cadaverin oder Putreszin, denen eine krebserzeugende (carcinogene) Wirkung zugeschrieben wird. Indol, Skatol, Phenol, Cresol oder Ammoniak sind weitere Toxine, deren Produktion bei Darmstörungen ansteigt.
Insgesamt sind bisher über 50 unterschiedliche Fäulnisgifte bekannt.
Histamin ist die körpereigene, hochwirksame Substanz, die bei allergischen Reaktionen des Immunsystems überall im Körper freigesetzt wird und schwere Schäden anrichten kann. Neueste Forschungen haben gezeigt, daß Fäulnisgifte den Abbau von Histamin im Körper verzögern und somit die schädlichen Wirkungen von Histamin verlängern und verstärken. Ein fataler Mechanismus!
Hydrogen-Sulfide werden beim bakteriellen Abbau der Aminosäuren Cystein und Cystin gebildet und können bereits in geringen Mengen Kopfschmerzen und Depressionen verursachen. In höheren Konzentrationen schädigen sie die roten Blutkörperchen und rufen Blutarmut hervor.

Gärungsgifte

Die Gärungsgifte entstehen durch bakterielle Gärung aus Kohlenhydraten und sind die Hauptverursacher des Blähbauchs. Sie können leicht über die Darmschleimhaut in den Körper eindringen.
Wasserstoff und Methan werden vor allem über die Lunge ausgeatmet und entgiftet. Höherwertige Alkohole können zur chronischen Alkoholbelastung aus dem Darm mit Schädigung der Leber und des Nervensystems führen – ohne daß man Alkohol trinkt! Wenn Sie zu vermehrten Gärgasen neigen und am Abend Vollkornkost oder Rohkost essen, dann fühlen Sie sich am Morgen oft völlig benommen. Im Blut können sogar die Leberwerte wie bei einem Trinker erhöht sein, und nicht wenige wundern sich, wenn sie vom Arzt mit der Frage »Alkohol?« konfrontiert werden.

Bakterielle Gifte

Von den Darmbakterien werden noch zahlreiche weitere Toxine (= Endotoxine) produziert, mit denen unser Immunsystem fertig werden muß. Wenn das Immunsystem Schwächen zeigt, können auch diese Bakterien samt ihren Giften in die Blutbahn eindringen und chronische Entzündungen der Nasennebenhöhlen, der Atemwege, der Nieren, der Blase oder der Zähne verursachen.

Lebensmittelzusatzstoffe und Umweltgifte

Hinzu kommen die Lebensmittelzusatzstoffe und Umweltgifte, welche bereits in der Nahrung enthalten sind. Wenn Sie sich durchschnittlich ernähren, dann führen Sie sich täglich geringe Mengen an Nitriten, Polyphosphaten, Azofarbstoffen, Cyclamat, Cadmium, Blei, Quecksilber, Insektiziden, Pestiziden und vielen anderen Umweltgiften zu. Täglich sind es kaum meßbare Quantitäten, doch es ist nicht der einzelne Giftstoff, sondern es ist die tägliche Summierung kleiner Giftstoffmengen, welche im Lauf von Jahren unser Immunsystem und unseren Organismus schädigen. In unserer Umwelt gibt es bereits Millionen verschiedener, schädlicher Chemikalien, und jeden Tag kommen 1000 neue hinzu!

Alle diese Gifte führen zur Selbstvergiftung und Schwächung des Immunsystems.

Besonders gefährlich sind die Ausdünstungen und Abstrahlungen von Holzdecken, Möbeln, Teppichböden und Wandanstrichen, welche Kohlenwasserstoffe enthalten. Diese atmen wir in den meisten Räumen ein. Wegen ihrer guten Löslichkeit können sie sich im Körper anreichern und somit chronische Schäden anrichten. Auch mit jedem Zug an der Zigarette gelangen diese giftigen Chemikalien in unseren Körper.

Das Immunsystem nimmt Schaden

Die Fehlentscheidungen des Immunsystems

Das überforderte und geschwächte Immunsystem trifft Fehlentscheidungen. Es beginnt, Antikörper nicht nur gegen Schadstoffe, sondern auch gegen Nahrungsmittel zu bilden. Es sind dies vor allem die Nahrungsmittel,

- die am meisten mit Chemikalien angereichert sind oder von der Lebensmittelindustrie auf chemischem Wege produziert werden,
- die am häufigsten gegessen oder am schlechtesten verdaut werden.

Wenn die betreffenden Nahrungsmittel verzehrt werden und in den Darm und ins Blut gelangen, koppeln sich die entsprechenden (= spezifischen) Antikörper an die Nahrungsbausteine (= Moleküle) an und bilden Immunkomplexe. *Auf diese Weise bekämpft das Immunsystem die tägliche Nahrung. Millionen Immunzellen gehen* bei diesen Immunreaktionen in Bruchteilen von Sekunden *zugrunde.*
Dies ist der Mechanismus, wie falsche Ernährung und Darmstörungen das Immunsystem verschleißen. Immunologen sprechen auch vom »Ausbluten« des Immunsystems.
Und der Teufelskreis der Zivilisationskrankheiten dreht sich: Je schwächer das Immunsystem wird, desto heftiger

versucht es, sich zu wehren. Dabei werden neben den Antikörpern weitere Abwehrmechanismen zu Hilfe gerufen. Besonders körpereigene Entzündungssubstanzen wie das bereits erwähnte Histamin werden in immer größeren Mengen freigesetzt. Dies heizt die allergischen Reaktionen an, und die Auswirkungen auf den gesamten Organismus werden immer gravierender.

Viele wissen nicht, daß das Immunsystem dahintersteckt

»Ich vertrage alles! Ich habe keine Allergie!« protestierte eine Patientin, die seit zwanzig Jahren an unerträglichen Kopfschmerzen und Migräne litt. »Vom Essen kommen meine Kopfschmerzen nicht! Ich kann keinen Zusammenhang feststellen.« Doch sie unterlag einem gewaltigen Irrtum – ein Irrtum, der ihr das Leben zwanzig Jahre zur Qual gemacht hatte. Denn im Gegensatz zur viel selteneren akuten Allergie, bei der die Symptome innerhalb einer Stunde nach Verzehr des Nahrungsmittels auftreten, entwickeln sich die Symptome bei der versteckten Allergie schleichend mit oft tagelanger Verzögerung. Die auslösenden Nahrungsmittel bleiben fast immer verborgen!

Wie versteckte Allergien krank machen

Histamin macht die Symptome

Histamin ist der Stoff im Körper, der Entzündungen auslöst, zum Beispiel bei einem Insektenstich. Schmerzen, Schwellungen und Entzündungen treten auf. Das gleiche kann sich überall im Körper abspielen, wenn Histamin durch Nahrungsmittel permanent freigesetzt wird. Histamin kann dann in praktisch allen Organen Schmerzen, Entzündungen, Verkrampfungen, Schwellungen auslösen. Dies erklärt, weshalb bei den maskierten Nahrungsallergien die Beschwerden häufig wechseln und vielfältige Symptome auftreten.

Die *Histaminwirkung auf Magen und Darm* ist von besonderer Bedeutung. Es kommt zu Entzündungen der Darmschleimhaut und zu Verkrampfungen der Muskulatur – zu den Störungen also, die Sie auf den Bildern (Seite 49) gesehen haben. Damit dreht sich der Teufelskreis, denn die Funktionsstörungen des Darms werden durch die Histamineinwirkung verstärkt und damit auch die Folgen (Mangelkrankheiten, Darmgifte, Verschleiß des Immunsystems). Dies ist der Grund, wieso sich Darmstörungen kaum bessern, solange sich die Ernährung nicht grundlegend ändert.

Die *cerebralen Allergien* sind eine besondere Folge versteckter Nahrungsallergien. Hier ist das Gehirn vom allergischen Geschehen betroffen. Psychische Symptome wie Depressionen,

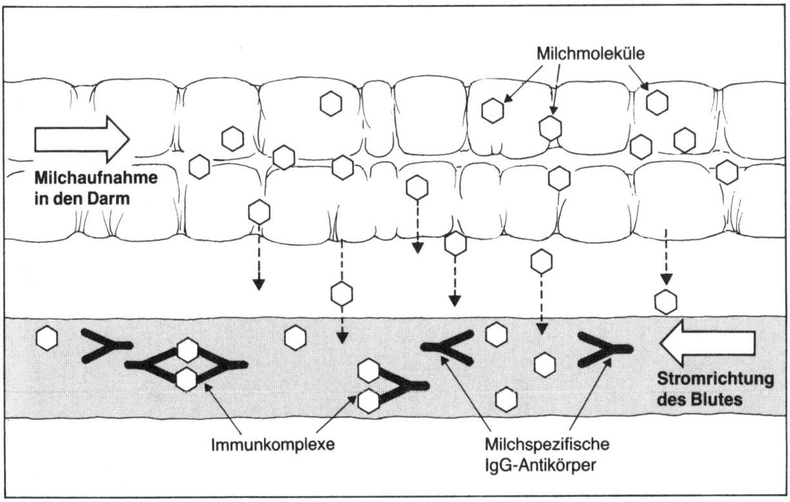

Versteckte Milchallergien: Nachweis durch den IgG-Antikörpertest im Blut.

Unlust, Antriebsarmut, Verhaltensstörungen, mangelndes Selbstbewußtsein, Konzentrationsstörungen, innere Unruhe sind Folgen dieser cerebralen Allergien.

Wir haben viele Patienten, die schon mehrfach psychiatrisch behandelt wurden – erfolglos –, von ihren quälenden Beschwerden durch diese Ernährung befreien können. Die Ernährung muß bei diesen Patienten durch die Hauttests (Provokation) und die Behandlung mit den entsprechenden homöopathischen Verdünnungen (= Neutralisation) verfeinert und ergänzt werden. Diese spezielle Ernährungsbehandlung wird im Teil III dieses Buches ausführlich behandelt.

Der IgG-Nahrungs-Antikörpertest bringt die Lösung

Beispiel: Versteckte Milchallergie.

Das Immunsystem bildet Antikörper gegen Milch. Immer, wenn Milch getrunken wird und die einzelnen Milchbausteine (= Moleküle) über den Darm ins Blut gelangen, koppeln sich die Antikörper an die Milchmoleküle und bilden *Immunkomplexe.* Diese Immunkomplexe können sich überall im Körper – in den Gelenken, den Bronchien, den Blutgefäßen beispielsweise – ablagern, Histamin freisetzen und Entzündungen sowie Abnützungen verursachen.

Mit dem IgG-Antikörpertest können die Antikörper und Immunkomplexe nachgewiesen werden (Seite 67). *Somit lassen sich auf diesem Weg die Nahrungsmittel identifizieren, die krank machen!*

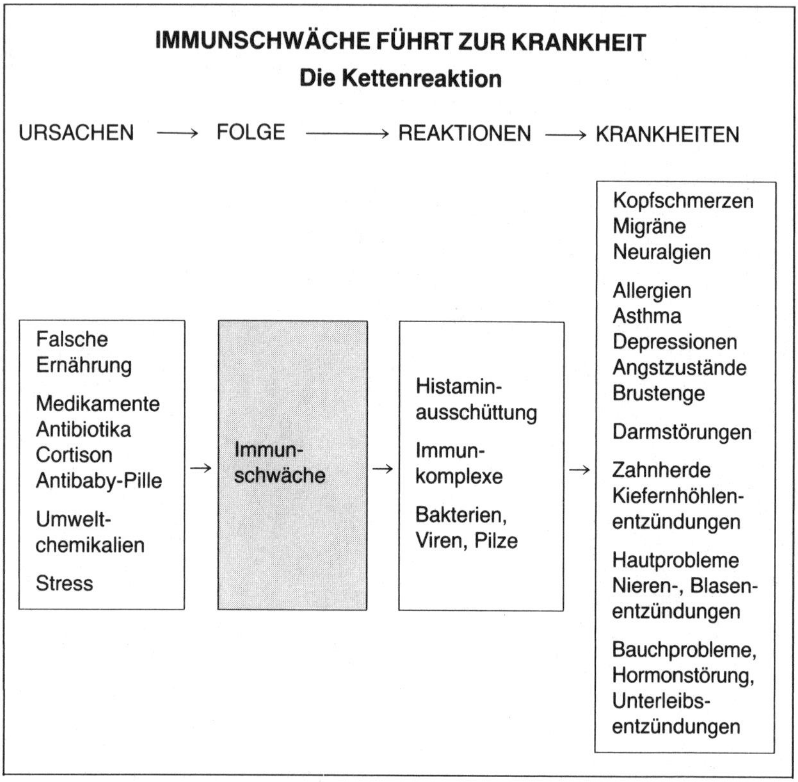

Bakterien, Viren, Pilze nutzen die Schwächung des Immunsystems

Wenn Sie an immer wiederkehrenden Infektionen, Herpesbläschen oder Pilzbefall leiden, dann ist dies oft ein Zeichen, daß das Immunsystem durch die Ernährung verschlissen wird. Ein typisches Beispiel: Candida albicans (Pilzbefall). Das geschwächte Immunsystem kann uns nicht mehr wirksam gegen diese Erreger verteidigen. Und diese Infektionen fördern die weitere Schwächung des Immunsystems!

Welche Symptome durch »maskierte« Allergien ausgelöst sein können

Kopf, Augen, Nase, Ohren: Kopfschmerzen, Benommenheit, Konzentrationsstörungen, Müdigkeit, Druck auf den Augen, wechselnde Sehkraft. Verschnupfte Nase. Kieferhöhlenentzündungen. Juckreiz im Hals. Trockene Kehle.

Herz und Lunge: Herzklopfen, Zusammenschnüren des Brustkorbs, Atembeschwerden, Kurzatmigkeit. Blutdruckdifferenzen an beiden Armen. Niedriger oder hoher Blutdruck, Bronchitis, Asthma.

Bauch: Druck- und Wundgefühl im Bauch, Sodbrennen, Unverträglichkeit von Speisen, Bauchkrämpfe, Blähungen und Blähbauch, Stuhlunregelmäßigkeiten, Übelkeit, Brechreiz.

Haut: Dunkle Augenringe, Akne, fahle und welke Haut, Hautfalten, Cellulite, starkes Schwitzen, geschwollene Augenlider, Haarausfall, allergische Hautkrankheiten, Psoriasis (Schuppenflechte), gerötete Augenlider.

Gelenke: Steifigkeit der Finger, Gelenkschmerzen, Muskelschwäche.

Psyche: Depressionen, Antriebs- und Lustlosigkeit, Stottern, mangelndes Selbstbewußtsein, Überaktivität, Verhaltensstörungen, zittriges Schriftbild.

Allgemein: Wasserspeicherung, Gewichtszunahme, Untergewicht, Unterzucker, häufiges Wasserlassen, Schmerzen im Genitalbereich, zwanghaftes Essen, Heißhunger nach Süßigkeiten oder Brot.

Check-up für Ihre Gesundheit: Mineralstoffanalyse aus dem Haar, IgG-Nahrungs-Antikörpertest

Diese beiden wichtigen Tests sollten Sie unbedingt für Ihre Gesundheit machen. Sie werden im folgenden näher beschrieben.

Die Mineralstoffanalyse aus dem Haar – testen Sie Ihren Mineralstoffhaushalt

Die Mineralstoffanalyse aus dem Haar zeigt Ihren derzeitigen Mineralstoffhaushalt auf und gibt Aufschluß über die giftigen Metalle. Die Analyse ist ein Test zur Früherkennung von Mangelzuständen, um Krankheiten zu vermeiden oder zu behandeln.
Warum untersucht man das Haar – und nicht das Blut? Der Unterschied zur Blutuntersuchung liegt darin, daß die Blutspiegel der Mineralstoffe Tagesschwankungen unterliegen. Bei der Mineralstoffanalyse aus dem Haar kann das nicht der Fall sein. Hier erhält man einen Querschnitt des Mineralbildes von vier Monaten.

Was ist zu beachten? Und wie wird es gemacht?

Zu beachten ist, daß nur ungefärbtes und nicht dauergewelltes Haar verwendet werden kann. Ansonsten muß ein Wartezeitraum von vier Monaten eingehalten werden, bis einige Zentimeter unbehandeltes Haar nachgewachsen sind. Entnommen werden die Haarsträhnen immer am unteren Hinterkopfbereich. Wo Sie Information und Versandunterlagen für die Durchführung der Mineralstoffanalyse aus dem Haar mit Beschreibung der Haarentnahme anfordern können, erfahren Sie auf Seite 197.
Die MINERALMED GmbH, Labor für Ernährungsanalytik, erstellt nicht nur präzise Analysen, sie bietet auch eine exakte und gut verständliche Auswertung. Jede Testperson erhält einen Computerausdruck, auf dem die Werte der untersuchten Mineralstoffe graphisch dargestellt sind. So kann leicht anhand der Auswertung festgestellt werden, welche Mineralstoffwerte in der Norm (= Optimalbereich) liegen, welche zu tief (= Tief) oder zu hoch (= Hoch) sind. *Hohe Haarwerte von Calcium, Magnesium oder Zink be-*

deuten dabei in den meisten Fällen nicht, daß ein Überschuß dieser Mineralstoffe im Körper vorliegt, sondern daß zuviel von den Mineralstoffen ausgeschieden wird. Zu jeder Analyse wird ein Rotations-Ernährungsplan nach den Richtlinien der original JUTTA-POSCHET-IMMUN-DIÄT mitgeliefert. Außerdem kann ein Testergebnis der Mineralstoffanalyse auch aufzeigen, ob Mineralstoffverschiebungen vorliegen (oft bei Allergien). Dann ist ein Ausgleich mit Nährstoffen angezeigt.

Ernährungsumstellung + Substitution von Mineralstoffen und Vitaminen = Erfolg

Die Auswertung – einige Fallbeispiele aus der Praxis

Beispiel 1: Ein Idealfall (S. 64)

Diese Mineralstoffanalyse ist ein »Musterbeispiel«. Solche Analysen sind äußerst selten. Meistens sieht das Mineralbild ganz anders aus, etwa so, wie das nächste Beispiel einer 30jährigen Frau zeigt, die seit zehn Jahren an Kopfschmerzen und Migräne leidet.

Beispiel 2: Kopfschmerzen, Migräne (S. 65)

In dieser Mineralstoffanalyse sind besonders die massiv erhöhten Calcium- und Zinkspiegel auffällig. Das ist ein Hinweis auf schleichende Überreaktionen des Immunsystems (= versteckte Nahrungsallergien), bei denen dem Körper Calcium und Zink über die Haare verloren gehen. In diesem Fall müssen also Calcium und Zink vermehrt eingenommen werden.
Nach Durchführung dieses Ernährungsprogramms und Einnahme der Multi-Mineral-Kombination in Verbindung mit Calcium und Zink verschwanden Kopfschmerzen und Migräne, sie sind bis heute nicht wieder aufgetreten.

Beispiel 3: Müdigkeit, Lustlosigkeit (S. 66)

Herr N., 44 Jahre, fühlte sich immer müde und lustlos. Morgens kam er nur mit Einsatz aller Energie auf die Beine, und seine Leistungskraft ließ immer mehr nach. An den Händen hatte er Ekzeme, und Juckreiz am ganzen Körper.
Das Mineralbild zeigte erhebliche Mängel an Calcium, Magnesium, Kupfer, Mangan, Chrom und Selen.
Nach Durchführung dieses Ernährungsprogramms, Testung der Nahrungsmittel und Einnahme der Basis-Vitamin-Mineral-Kapseln verschwanden die Beschwerden. Der Patient fühlte sich so leistungskräftig wie noch nie.
Die *Kontrollanalyse* zeigte ein erheblich gebessertes Mineralbild.

Beispiel 1: Ein Idealfall

MINERALSTOFFANALYSE AUS DEM HAAR

abweichend unter dem Durchschnitt ◀ ESSENTIELLE MINERALSTOFFE ▶ abweichend über dem Durchschnitt

MINERAL	Meßwert	Tief – Abweichung stark	Tief – Abweichung leicht	Durchschnittlicher Bereich – OPTIMAL	Hoch – Abweichung leicht	Hoch – Abweichung stark	Durchschn.-Ber.
Calcium	420.00						340- 780
Magnesium	40.00						35- 140
Natrium	60.00						20- 125
Kalium	25.00						10- 85
Kupfer	45.00						12- 60
Zink	154.00						140- 210
Eisen	7.00						6- 23
Mangan	0.32						0.30-2.00
Chrom	0.80						0.60-1.10
Kobalt	0.28						0.10-0.35
Lithium	0.10						0.01-0.45
Molybdän	0.53						0.25-1.65
Phosphor	121.00						100- 180
Selen	0.55						0.40-0.60
Silizium	4.20						4- 10
Vanadium	0.42						0.40-0.83

* Die Berechnung der Vergleichsbereiche beruht auf langjährigen Untersuchungen an gesunden Patienten :
* Bei 95 % aller gesunden Personen befindet sich der Haarspiegel im normalen oder leicht abweichenden Bereich,
* bei 68 % aller gesunden Personen im normalen Bereich

MINERALQUOTIENTEN

Ca/Mg	10.50	4 - 17
Ca/P	3.47	2 - 9
Ca/Mn	1312.50	200 - 2400
Mg/K	1.60	0.6 - 10
Na/K	2.40	1.0 - 5.7
Zn/Cu	3.42	4.0 - 13.0

Magnesium	40.00	Die Auswertung dieser Angaben
Kupfer	45.00	im Hinblick auf das Herzinfarkt-Risiko
Barium	0.08	erfolgt durch Ihren Hausarzt.
Strontium	0.07	
Ca / Mg	10.50	

TOXISCHE MINERALSTOFFE

Toxisches Mineral	Meßwert	→	Mittel	Hoch
Blei	2.000			
Arsen	0.400			
Quecksilber	0.500			
Cadmium	0.100			
Aluminium	1.000			
Nickel	0.400			
Beryllium	0.020			
Total Toxics				

Allgemeiner Hinweis - Toxischer Bereich : Blei (15), Arsen (7), Quecksilber (2.5), Cadmium (1.0), Aluminium (20), Nickel (2.0), Beryllium (0.1). Alle Zahlenangaben in ppm (parts per million)

Ausgeglichenes Mineralbild.

Beispiel 2: Kopfschmerzen, Migräne

MINERALSTOFFANALYSE AUS DEM HAAR

abweichend unter dem Durchschnitt — ESSENTIELLE MINERALSTOFFE — abweichend uber dem Durchschnitt

MINERAL	Meßwert	Tief: Abweichung stark	Tief: Abweichung leicht	Durchschnittlicher Bereich: OPTIMAL	Hoch: Abweichung leicht	Hoch: Abweichung stark	Durchschn.-Ber.
Calcium	2544.00						340- 780
Magnesium	125.00						35- 140
Natrium	21.00						20- 125
Kalium	11.00						10- 85
Kupfer	35.00						12- 60
Zink	364.00						140- 210
Eisen	5.00						6- 23
Mangan	0.70						0.30-2.00
Chrom	0.35						0.60-1.10
Kobalt	0.06						0.10-0.35
Lithium	0.06						0.01-0.45
Molybdän	0.85						0.25-1.65
Phosphor	121.00						100- 180
Selen	0.08						0.40-0.60
Silizium	2.00						4- 10
Vanadium	0.23						0.40-0.83

* Die Berechnung der Vergleichsbereiche beruht auf langjährigen Untersuchungen an gesunden Patienten :
* Bei 95 % aller gesunden Personen befindet sich der Haarspiegel im normalen oder leicht abweichenden Bereich,
* bei 68 % aller gesunden Personen im normalen Bereich

MINERALQUOTIENTEN

Ca/Mg	20.35	4 - 17
Ca/P	21.02	2 - 9
Ca/Mn	3634.29	200 - 2400
Mg/K	11.36	0.6 - 10
Na/K	1.91	1.0 - 5.7
Zn/Cu	10.40	4.0 - 13.0

Magnesium	125.00	Die Auswertung dieser Angaben
Kupfer	35.00	im Hinblick auf das Herzinfarkt-Risiko
Barium	2.00	erfolgt durch Ihren Hausarzt.
Strontium	2.00	
Ca / Mg	20.35	

TOXISCHE MINERALSTOFFE

Toxisches Mineral	Meßwert	→	Mittel	Hoch
Blei	2.000			
Arsen	0.400			
Quecksilber	1.300			
Cadmium	0.100			
Aluminium	1.000			
Nickel	1.600			
Beryllium	0.030			
Total Toxics				

Allgemeiner Hinweis - Toxischer Bereich : Blei (15), Arsen (7), Quecksilber (2.5), Cadmium (1.0), Aluminium (20), Nickel (2.0), Beryllium (0.1). Alle Zahlenangaben in ppm (parts per million)

Auffällig:

Hohes Calcium und Zink.

Mangan, Chrom, Kobalt, Selen erniedrigt.

Mäßig erhöhte (mittel-)toxische Gesamtbelastung (Total Toxies).

Beispiel 3: Müdigkeit, Lustlosigkeit

MINERALSTOFFANALYSE AUS DEM HAAR

abweichend unter dem Durchschnitt ◂ ESSENTIELLE MINERALSTOFFE ▸ abweichend über dem Durchschnitt

Tief ← | Durchschnittlicher Bereich | Hoch →

MINERAL	Meßwert	Abweichung stark	Abweichung leicht	OPTIMAL	Abweichung leicht	Abweichung stark	Durchschn.-Ber.
Calcium	200.00						340- 780
Magnesium	20.00						35- 140
Natrium	60.00						20- 125
Kalium	20.00						10- 85
Kupfer	6.00						12- 60
Zink	135.00						140- 210
Eisen	6.00						6- 23
Mangan	0.08						0.30-2.00
Chrom	0.40						0.60-1.10
Kobalt	0.26						0.10-0.35
Lithium	0.01						0.01-0.45
Molybdän	1.25						0.25-1.65
Phosphor	136.00						100- 180
Selen	0.30						0.40-0.60
Silizium	4.00						4- 10
Vanadium	0.07						0.40-0.83

* Die Berechnung der Vergleichsbereiche beruht auf langjährigen Untersuchungen an gesunden Patienten :
* Bei 95 % aller gesunden Personen befindet sich der Haarspiegel im normalen oder leicht abweichenden Bereich,
* bei 68 % aller gesunden Personen im normalen Bereich

MINERALQUOTIENTEN

Ca/Mg	10.00	4 - 17	
Ca/P	1.47	2 - 9	Magnesium 20.00 Die Auswertung dieser Angaben
Ca/Mn	2500.00	200 - 2400	Kupfer 6.00 im Hinblick auf das Herzinfarkt-Risiko
Mg/K	1.00	0.6 - 10	Barium 25.00 erfolgt durch Ihren Hausarzt.
Na/K	3.00	1.0 - 5.7	Strontium 25.00
Zn/Cu	22.50	4.0 - 13.0	Ca / Mg 10.00

TOXISCHE MINERALSTOFFE

Toxisches Mineral	Meßwert	→	Mittel	Hoch
Blei	4.000			
Arsen	1.200			
Quecksilber	0.200			
Cadmium	0.100			
Aluminium	3.000			
Nickel	0.500			
Beryllium	0.010			
Total Toxics				

Allgemeiner Hinweis - Toxischer Bereich : Blei (15),Arsen (7), Quecksilber (2.5), Cadmium (1.0),Aluminium (20),Nickel (2.0), Beryllium (0.1).Alle Zahlenangaben in ppm (parts per million)

Starke Mineralstoffdefizite.

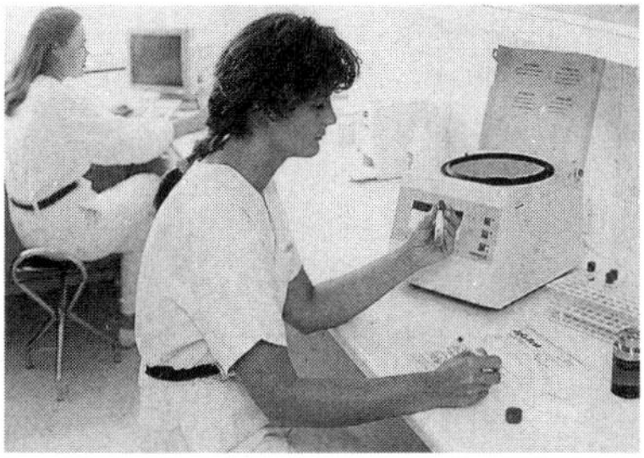

Ein Blick in den Betrieb der Mineralmed GmbH, Labor für Ernährungsanalytik (siehe Kontaktadresse S. 197). Hier ist das Zentrifugieren einer Blutprobe für den IgG-NAHRUNGS-ANTIKÖRPERTEST zu sehen.

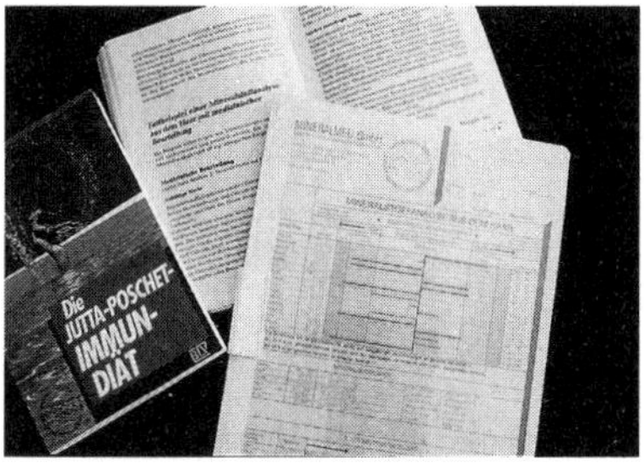

Die Haaranalyse wird ausführlich interpretiert (s. Computerausdruck) und sie enthält ebenso Ernährungsrichtlinien nach dem JUTTA-POSCHET-IMMUN-DIÄT-System.

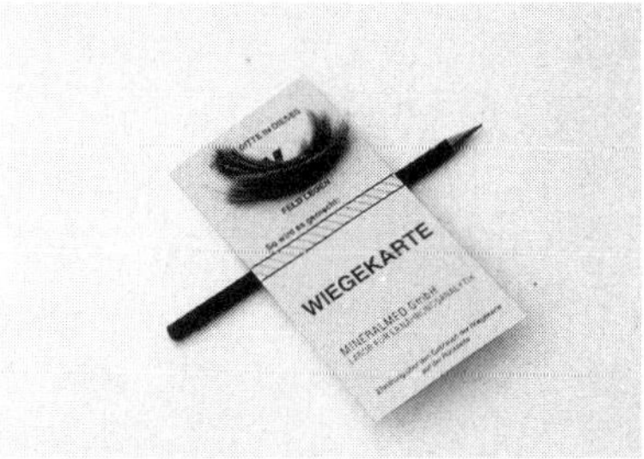

Das Abwiegen einer Haarprobe für eine MINERALSTOFFANALYSE AUS DEM HAAR (Materialanforderung S. 197).

Der IgG-Nahrungs-Antikörpertest – wenn Nahrung krank macht

Dieser *Blut-Test* ist der neueste Durchbruch auf dem Gebiet der Ernährungsimmunologie. Damit können die Nahrungsmittel getestet werden, die Ihnen ganz persönlich schaden oder die Sie krank machen. Es sind die Nahrungsmittel, gegen die sich in Ihrem Blut Antikörper gebildet haben.

Was heißt IgG?

IgG ist die Bezeichnung für Immunglobulin G. Immunglobuline sind Antikörper im Blut, welche auf Befehl des Immunsystems gegen »unerwünschte Eindringlinge« gebildet werden. Wenn wir uns mit bestimmten Nahrungsmitteln überfüttern, so will uns das Immunsystem davor schützen und bildet Antikörper (= Immunglobuline) der Klasse G gegen diese Nahrungsmittel. Im Gegensatz zu Antikörpern der Klasse E, welche akute Allergien sofort nach dem Essen auslösen, führen die IgG-Antikörper zu schleichenden, chronischen Schäden im Organismus, solange die betreffenden Nahrungsmittel gegessen werden.

Mit diesem Test beugen Sie Krankheiten vor

Wenn Sie diesen Test durchführen lassen, können Sie das Ernährungsprogramm noch effektiver für sich arbei-

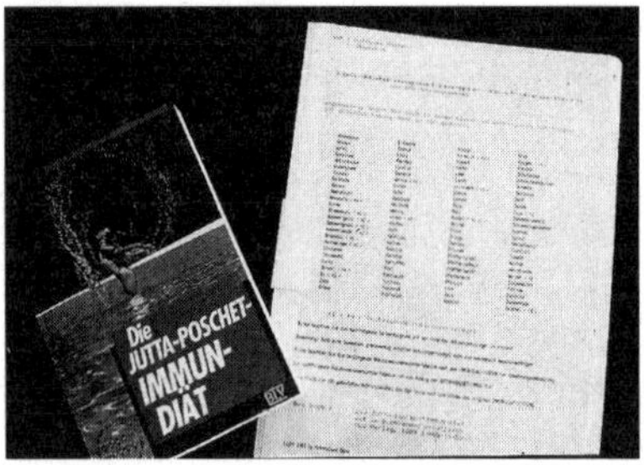

Das Testergebnis aus 100 Nahrungsmitteln des IgG-Nahrungs-Antikörpertests. Therapie: Ernährungsumstellung nach dem Jutta-Poschet-Immun-Diät-System unter Ausschluß der erkannten Nahrungsantikörper.

ten lassen. In einem speziellen Ausdruck erhalten Sie Ihren Ernährungsplan; rot markiert sind die Nahrungs-Antikörper, die Sie meiden müssen. Dieser Test ist ideal zur Vorbeugung von Immunschwäche und chronischen Krankheiten, denn Sie wissen, gegen welche Nahrungsmittel Sie bereits Antikörper in Ihrem Blut haben und die daher für einige Monate von Ihrem Speiseplan gestrichen oder drastisch reduziert werden sollten, damit sich Ihr Immunsystem erholen und regenerieren kann.

Mineralstoffanalyse und IgG-Nahrungs-Antikörpertest sind die modernen Nachweisverfahren, mit denen Sie frühzeitig und wirksam etwas gegen die Entstehung der chronischen Zivilisationskrankheiten tun können, nämlich gegen Mangelkrankheiten und Nahrungsmittelschäden. In der modernen Medizin gehen die Meinungen dahin, daß diese beiden Faktoren zu den wichtigsten Auslösern der Alltagsbeschwerden und chronischen Krankheiten zählen.

IgG-Nahrungs-Antikörpertest contra Rheuma und Hautekzeme

Erst kürzlich konnten Zusammenhänge zwischen hohen Spiegeln nahrungsspezifischer IgG-Antikörper und zahlreichen, chronischen Krankheitsbildern entdeckt werden. Dazu zählen Rheuma, Hautekzeme, Migräne, chronische Bronchitis, Magen-Darm-Beschwerden und chronische Entzündungen.

Bei vielen unserer Klienten mit diesen Krankheiten konnten hohe Antikörper-Spiegel im Blut gegen zahlreiche Nahrungsmittel nachgewiesen werden. Durch Weglassen (= Elimination) dieser krankmachenden Nahrungsmittel und Durchführung dieses Ernährungsprogramms konnten erstaunliche und spektakuläre Erfolge erzielt werden. Viele Patienten wurden von jahre- und jahrzehntelangen Beschwerden geheilt. Dieses moderne Wissen können Sie jetzt auch für Ihre Gesundheit einsetzen.

Der Unterschied zu den bisher üblichen Blut-Tests

Bei den bisher üblichen Blut-Tests werden nicht die IgG-, sondern die *IgE-Antikörper* bestimmt. Diese sind aber *nur bei akuten Nahrungsallergien* aussagekräftig, wenn also beispielsweise

Erdbeeren gegessen werden und innerhalb einer Stunde die Symptome (Hautausschlag usw.) auftreten. Diese akuten Allergien sind wesentlich seltener als die schleichenden, heimtückischen Immunreaktionen, welche durch die IgG-Antikörper ausgelöst werden.

Wenn Nahrung krank macht . . .

Die schleichende Immunreaktion – ausgelöst durch IgG-Nahrungs-Antikörper im Blut.

Wenn Sie an sehr schweren, chronischen Beschwerden leiden, empfehlen wir Ihnen, den IgG-Nahrungs-Antikörpertest mit dem Provokations-Neutralisations-Hauttest zu kombinieren.

Der IgG-Nahrungs-Antikörpertest ist zur Durchführung der original JUTTA-POSCHET-IMMUN-DIÄT mit Kalorienbegrenzung zur Gewichtsabnahme unbedingt empfehlenswert, denn *IgG-Nahrungs-Antikörper sind auch Stoffwechselblockaden.* Sie zu erkennen und auszuschalten heißt, schneller an Gewicht zu verlieren.

Die Entwicklung des IgG-Nahrungs-Antikörpertests

Der enorme immunologische Aufschwung, angestachelt durch die AIDS-Krise, hat zur Entwicklung des neuen Antikörpertests geführt. Dieses Nachweisverfahren wird *Elisa-Test* genannt (= Enzyme-Linked Immunosorbent Assay) und wurde zunächst für den AIDS-Test verwendet.

Doch dann haben Wissenschaftler herausgefunden, daß dieser Test auch hervorragend geeignet ist, um Antikörper gegen Nahrungsmittel nachzuweisen. Im Labor werden die 100 häufigsten Nahrungsmittel getestet. Der Test ist voll automatisiert. Elektronische Datenverarbeitung ermöglicht exakte, gut reproduzierbare Ergebnisse.

Ein zukunftweisendes Verfahren! *Erstmals kann für jeden persönlich festgestellt werden, welche Nahrungsmittel das Immunsystem schwächen. Jetzt können auch Sie Ihre Ernährung gezielt umstellen und zur Stärkung Ihres Immunsystems einsetzen!*

Mit dem IgG-Testergebnis erhalten Sie einen übersichtlichen, mehrfarbigen Ernährungsplan nach dem original JUTTA-POSCHET-IMMUN-DIÄT-SYSTEM sowie die Auswertung und Interpretation Ihrer persönlichen Nahrungs-Antikörper. Die Ernährungsumstellung unter Ausschluß Ihrer persönlichen IgG-Nahrungs-Antikörper ist doppelt wirksam!

Durchführung: Über Mineralmed GmbH, siehe S. 197. Material zur Blutabnahme (10 ml) wird auch zugesandt.

Das jährliche Check-up der Blutwerte

Worauf Ihre Blutwerte hinweisen können

Blutsenkung

Ist Ihre Blutsenkung (BKS) über 10/20 erhöht, ohne daß eine Ursache gefunden wird?
Dies kann ein Zeichen von Entzündungen im Darm sein, verursacht durch falsche Ernährung, Verdauungsstörungen oder Überreaktionen des Immunsystems.

Leberwerte

Erhöhte Leberwerte sind ein Zeichen, daß Leberzellen zerstört werden und zugrunde gehen. Diese Leberschädigung kann durch Darmgifte, allergische Prozesse und Umweltgifte verursacht sein.

Bauchspeicheldrüse

Sind die Werte (Amylase, Lipase) leicht erhöht?
Eine schleichende Immunreaktion gegen Nahrungsmittel kann die Bauchspeicheldrüse schädigen.

Blutzucker

Ist Ihr Blutzucker unter 60 mg% oder über 100 mg%?
Falsche Ernährung, Chrommangel können bei Blutzuckerschwankungen mitspielen.

Cholesterin

Ist Ihr Gesamtcholesterin höher als 200 und liegt Ihr HDL-Cholesterin unter 35?
Dann ist es höchste Zeit, mit diesem Ernährungsprogramm zu beginnen. Lesen Sie nach im Abschnitt »Fett« auf Seite 35.

Harnsäure

Ist Ihre Harnsäure über 6 mg% erhöht?
Vorsicht mit dem Eiweiß in Ihrer Nahrung! Harnsäure ist ein Abfallprodukt aus dem Eiweißstoffwechsel. Harnsäure kann Gicht und Nierensteine verursachen.

TEIL II

Ernährungs- und Bewegungsprogramm

Die Jutta-Poschet-Immun-Diät: das Ernährungsprogramm zur Stärkung des Immunsystems

Die original Jutta-Poschet-Immun-Diät basiert auf dem 4-Tage-Rotationsprinzip. Sie ist keine neue Diät, sie ist auch mehr als ein bloßer medizinischer Kunstgriff: *Die Rotationsernährung ist ein Lebensplan für alle, die gesund werden oder bleiben wollen!* So hat es Dr. Theron Randolph, der Begründer der modernen Allergologie, zitiert, und er weiß, wovon er spricht. Er hat vier Jahrzehnte Praxiserfahrung und Tausende Patienten allein mit Ernährung – ohne jegliche chemische Medikamente – erfolgreich behandelt.

Die Ernährung zur Stärkung des Immunsystems ist nicht zu verwechseln mit anderen heutzutage populären Diäten, welche uns wie folgt auffordern: »Essen Sie überwiegend Kohlenhydrate« oder »Essen Sie weniger Fleisch« oder »Werden Sie schlank mit Ananas«. Diese Diäten haben alle eines gemeinsam: Sie sind auf Dauer ungesund. Die Jutta-Poschet-Immun-Diät gilt dagegen als die gesündeste Ernährungsform auf lange Sicht.

Die Jutta-Poschet-Immun-Diät ist die abwechslungsreiche, ausgewogene Ernährung, mit der Sie Ihr Immunsystem stärken können! Der sensationelle Erfolg dieser Immun-Rotationsernährung liegt darin, daß es durch die Einhaltung des 4-Tage-Systems zur besseren Nahrungsverwertung, zur Entlastung des Immunsystems und dadurch zur Entgiftung des gesamten Organismus kommt. So stärken Sie Ihr Immunsystem!

10 Punkte, auf die es ankommt

1. Die Rotations-Übersichtstabelle

Der Diätplan besteht aus der Rotations-Übersichtstabelle und einem Rezeptteil. *Kombinieren Sie den Rezeptteil mit der Rotations-Übersichtstabelle!* Es ergeben sich daraus zahlreiche Variationsmöglichkeiten.

Die Tabelle auf Seite 77/78 enthält alle Nahrungsmittel, aufgeteilt in ein

4-Tage-Schema unter Berücksichtigung der Nahrungsfamilien. Dies ist unbedingt erforderlich, um das Immunsystem von versteckten Nahrungsallergien zu befreien und so eine 100prozentige Funktion des Stoffwechsels zu erreichen – damit das Immunsystem sich erholen und regenerieren kann.

Das Wirkprinzip

- Nahrungsmittel einer Familie dürfen nur jeden zweiten Tag,
- ein- und dasselbe Nahrungsmittel nur jeden vierten Tag verzehrt werden.

Das Anwendungsprinzip

Bitte wählen Sie an den Tagen 1, 2, 3 oder 4 unter den Nahrungsmitteln des jeweiligen Tages beliebig aus. *Sie dürfen zum Beispiel am Tag 1 alles essen, was in der Spalte unter Tag 1 zu finden ist.* Das bedeutet auch, daß Sie bei der Immun-Diät Alternativen aussuchen können. Wenn Sie also am 1. Tag abends Zucchini auf dem Speiseplan vorfinden und Sie keine Zucchini haben oder mögen, so wählen Sie ein anderes Gemüse von Tag 1. *Die Rotations-Übersichtstabelle dient Ihnen auch als Einkaufsliste für alle Grundnahrungsmittel* wie Getreideflocken, Fruchtsäfte, Ahornsirup usw. . . . Alle anderen Nahrungsmittel sollten Sie immer frisch kaufen!

2. Die Nahrungsmittelfamilien

Unter einer Nahrungsmittelfamilie versteht man Nahrungsmittel, die aus ähnlichen Bausteinen (Molekülen) aufgebaut sind. Die Nahrungsmittel sind – sowohl pflanzlich als auch tierischen Ursprungs – in Familien eingeteilt.

Um Ihnen nur einige zu nennen

- Kreuzblütler (*cruciferae*): Blumenkohl, Brokkoli, Brunnenkresse, Chinakohl, Gartenkresse, Grünkohl, Kohlrabi, Kopfkohl (Weißkohl, Rotkohl), Kohlrübe, Steckrübe, Mairübe, Weiße Rübe, Meerrettich, Radieschen, Raps, Rettich, Rosenkohl, Senf.
- Rosengewächse (*rosaceae*): Apfel, Birne, Mispel, Quitte, Hagebutte, Aprikose, Kirsche, Mandel, Pfirsich, Nektarine, Pflaume, Schlehe, Brombeere, Erdbeere, Himbeere.
- Leingewächse (*linaceae*): Leinsamen.

Warum diese Aufteilung?

Versteckte Nahrungsallergien wechseln oft innerhalb einer Familie von einem Nahrungsmittel zum anderen. Deshalb muß eine Anhäufung im Darm durch zu häufiges Essen aus einer Gruppe vermieden werden, um den Abbau der Allergene zu ermöglichen. *Die Rotationsernährung ist der sichere Führer aus dem Labyrinth der Gewohnheit.*

3. Das Ernährungsprogramm ist tausendfach getestet!

Zahlreiche Beispiele haben gezeigt, daß die original 4-Tage-Rotationsernährung die Ernährungsform ist, mit der wir gesund bleiben. Rotation ist für jeden durchführbar, für Kinder ebenso wie für Erwachsene. Auch für Vegetarier! Wenn Sie sich vegetarisch ernähren, so suchen Sie sich bitte in der Rotations-Übersichtstabelle unter den jeweiligen Tagen die Dinge aus, die Sie mögen. Sie müssen sich dann lediglich Ihre Rezepte selbst zusammenstellen. Das Buch Die JUTTA-POSCHET-IMMUN-DIÄT gibt wertvolle Ratschläge, auch für Vegetarier.

4. Das Rotationsprinzip

Sie essen nur alle 4 Tage dasselbe Nahrungsmittel. Das heißt: Wenn Sie am 1. Tag Weizen essen, dürfen Sie erst wieder am 5. Tag Weizen essen! Der Grund: Unser Körper benötigt einen Zeitraum von 4 Tagen, um ein Nahrungsmittel total auszuscheiden. Durch den 4tägigen Rotationszyklus wird verhindert, daß sich ein bestimmtes Nahrungsmittel im Darmtrakt anreichert und somit unser Immunsystem durch Bildung von Antikörpern belastet. Ein zweiter, wirkungsvoller Effekt: Der Stoffwechsel wird angeregt, es kommt zur besseren Verdauung der Nahrung und somit zur Entgiftung und Entschlackung!

5. Entzug

Ein Begriff, den man bisher nicht unbedingt mit Ernährung in Verbindung brachte. Kleinere Beschwerden wie zum Beispiel Kopfschmerzen oder vermehrtes Hungergefühl (Entzugssymptome) können kurzfristig auftreten und verschwinden meist nach wenigen Tagen.
Sie sind ein Zeichen, daß die Rotationsernährung »wirkt«! Ihr Körper läuft auf Hochtouren, die Verbrennung ist optimal, die Entgiftung ist im Gange!

Werden Sie bitte niemals schwach und verlassen Sie auf keinen Fall das Rotationsprinzip!

Diese Regel gilt auch, wenn Sie sich an die Energie-Angaben halten und abnehmen möchten. Es ist außerordentlich wichtig, daß Sie die Nahrungsmittel nicht vertauschen. Sie dürfen sie lediglich gegen die im Rotationsplan angegebenen des gleichen Tages austauschen (zum Beispiel saisonbedingte Früchte oder Gemüsesorten).

6. Die Zubereitung der Speisen

Bereiten Sie bitte alle Speisen »natur« zu (ohne Saucen und Panaden)! Sie werden bereits nach wenigen Tagen auf den »neuen Geschmack« gekommen sein und nicht mehr verstehen können, daß Sie bisher diese Bindemittel brauchten.
Durch den Verzehr von ausschließlich natürlich zubereiteten Gerichten

kommt auch der gewisse »Eßinstinkt« wieder in Gang. Sie werden feststellen, daß selbst das Sättigungsgefühl viel leichter zu definieren ist, wenn Sie sich nicht ständig den vielfältigsten Geschmacksreizen durch zu vielfältige Speisen unterziehen.

7. Es gibt kein Brot!

Verzichten Sie bitte wenigstens für 28 Tage auf Brot! Wir essen nämlich alle zuviel Brot. Brot enthält Hefe, und diese ist einer der häufigsten Allergieauslöser!

Ersatz sind die natürlichen Getreideflocken, welche täglich auf dem Speiseplan zum Frühstück zu finden sind. Getreideflocken mit frischem Obst und naturreinem Fruchtsaft sind die gesündeste Alternative zu Brot! Sie sollten auch nach den 28 Tagen diese Frühstücksform nach Möglichkeit beibehalten oder zumindest als Alternative zu Ihren üblichen Frühstücksgewohnheiten übernehmen.

8. Gewichtsreduktion

Es gibt keine besser funktionierende Diät als das original 4-Tage-Rotationsprinzip. Rotation, kombiniert als Diät – wie es beim 28-Tage-Programm möglich ist –, war für Tausende Patienten, die bisher vergebens ihr Gewicht bekämpft hatten, die einzige Lösung ihres Problems.

Der Rotationszyklus der Nahrungsaufnahme bewirkt eine bessere Nahrungsverwertung und schaltet Nahrungsallergene aus. Dadurch kommt es zur Entblockierung des Stoffwechsels (war er auch bisher lahm)! Das bedeutet auch Entgiftung, Schlackstoffe schwinden, Pfunde purzeln!

Die 28tägige Immun-Diät mit Kalorien-Einschränkung bringt garantiert einen Gewichtsverlust von 4–5 kg!

Wenn Sie schwer abnehmen, ist der IgG-Nahrungs-Antikörpertest (Ausschluß der Stoffwechselblockaden) unbedingt empfehlenswert (siehe S. 69).

9. Wer kein Gewicht verlieren möchte

Wer die Rotation ausschließlich zur Stärkung des Immunsystems durchführt, ißt uneingeschränkt bezüglich der Mengen. Doch Sie sollten immer nur so viel essen, bis Sie »satt« sind und nicht »voll«! Ein anfänglicher leichter Gewichtsverlust ist normal und gleicht sich bald aus.

Außerdem sei erwähnt – das gilt für beide Rotationsformen –, daß absichtlich auf Zwischenmahlzeiten verzichtet wurde, um den Stoffwechsel optimal anzuregen.

10. Bewegung – ein wichtiges Thema!

Bewegungsmangel läßt uns alle erlahmen. Wollen Sie lange jung bleiben? Dann ist es für Sie wichtig, das Bewegungsprogramm mitzumachen! Vielleicht wollten Sie schon lange anfangen, etwas für sich zu tun? Jetzt ist der richtige Zeitpunkt, damit zu beginnen!

An alle, die bisher bereits regelmäßig Sport betreiben, sei an dieser Stelle ein dickes Lob ausgesprochen! Sie wissen bereits, daß man sich »ganz anders« fühlt, wenn man sich körperlich bewegt.

Die JUTTA-POSCHET-IMMUN-DIÄT + Bewegung = Entgiftung, Entschlackung, Erfolg!

Die nachfolgende Rotations-Übersichtstabelle gibt Ihnen die Möglichkeit, Ihre eigene individuelle IMMUN-DIÄT zusammenzustellen! Das heißt mit anderen Worten: Wenn Sie die angegebenen Gerichte nicht mögen, oder wenn Sie beispielsweise Vegetarier sind und somit kein Fleisch und auch keinen Fisch essen, so gilt für Sie in erster Linie die ROTATIONS-ÜBERSICHTSTABELLE.
Kombinieren Sie Ihre eigenen Gerichte aus den jeweiligen Spalten des Tages. Die Beispiele in den Rezepten bringen Sie sicher auf neue Ideen!
Die Rotations-Übersichtstabelle sollte auch Ihr ständiger Begleiter in Restaurants werden. Mit Hilfe dieser Tabelle bestellen Sie sich Ihr individuelles IMMUN-MENÜ!

Anmerkung:
Die Dauer der Durchführung dieses Ernährungsprogramms sollte mindestens 28 Tage (als Kurprogramm ohne jeglichen Alkohol, Kaffee usw.) betragen.
Viele unserer Patienten »rotieren« nach dem JUTTA-POSCHET-IMMUN-DIÄT-SYSTEM jedoch schon seit Jahren sehr erfolgreich! Diese Ernährungsform ist die gesündeste Ernährungsumstellung auf lange Sicht.

Die große Rotations-Übersichtstabelle von Jutta Poschet

	TAG 1	TAG 2	TAG 3	TAG 4
leisch eflügel Vild ier	Kalb Rind Ochse Büffel	Schwein Pferd Hase Kaninchen Wildschwein	Lamm, Schaf, Ziege Huhn, Ente, Gans Truthahn, Pute, Perl- huhn, Wachtel, Fasan Reh, Hirsch, Elch Hühnerei, Wachtelei	Taube Sojafleisch
ische leeres- üchte chnecken	Aal Sardellen Tintenfisch (Oktopus) Austern Muscheln (Herz-, Jakobs-. Kamm-, Venus-, Miesmuscheln) Weinbergschnecken	Forelle Renke Makrele Karpfen Schleie Saibling Lachs Lachsforelle Seelachs Hering Thunfisch	Hecht Waller Marlin Seeteufel Schwertfisch	Meer-, Gold-, Rotbrassen Säge-, Zackenbarsch Gold-, Rot-, Blaubarsch Schellfisch, Kabeljau Dorsch, Zander Scholle Flunder, Seezunge Heilbutt, Steinbutt Meeres- u. Flußkrebse Krabben, Shrimps Garnelen, Scampi Hummer, Languste Echter Kaviar
etreide tärke- rodukte orn, Schrot locken rieß, Mehl	Weizen, Roggen Gerste Dinkel, Grünkern Grahammehl Weizenstärke Glutenmehl, Malz Hartweizengrießnudeln (ohne Ei!)	Buchweizen Perlsago Kartoffelstärke Pfeilwurzelmehl Agar-Agar	Hafer Hirse Mais Polenta Pop-Corn Maisstärke	Reis (poliert und Naturreis, Reisflocken) Sojamehl, Sojaflocken Yamswurzelmehl Glasnudeln (aus Mungobohne) Sojanudeln (ohne Ei!)
emüse ülsenfrüchte ilze	Artischocke Zucchini Lauch (Porree) Schwarzwurzel Kürbis Zwiebeln aller Art	Aubergine Fenchel Karotte, Möhre Knollensellerie Stangensellerie Blumenkohl Baumtomate Tomate Paprikaschote Batate (Süßkartoffel) Kartoffel Algen	Mais Rote Bete Spargel Avocado Spinat Mangold Palmherzen Champignons Pfifferlinge Steinpilz Austernpilze Morcheln Trüffeln	Brokkoli Grüne Bohnen Zuckerschoten Kohlrabi Rosenkohl, Grünkohl Wirsing, Sauerkraut Weißkohl, Rotkohl Kohlrübe, Steckrübe Weiße Rübchen Mehlbanane, Weiße Bohne, Adzukibohne Mungobohne, Lima- bohne, Feuerbohne Sojabohne Gelbe und grüne Erbsen, Kichererbsen Linsen aller Art
alate	Gurke Endivie, Chicorée Eichblattsalat Batavia Bambussprossen	Feldsalat Sauerampfer	Kopfsalat, Römersalat Eisbergsalat Friséesalat Radicchio, Lollo Rosso Löwenzahn	Chinakohl Radieschen, Rettich Sojasprossen Kresse (Garten-, Brun- nen-, Kapuzinerkresse)
rüchte	Apfel, Birne Erdbeere Himbeere Brombeere Aprikose Quitte Kiwi, Mango Melonen aller Art Sanddorn	Rhabarber Stachelbeere Johannisbeere Holunderbeere Orange, Mandarine Clementine, Grapefruit Tangelo, Kumquat Guave, Zitrone Zitronatzitrone	Pflaume, Zwetsche Mirabelle Reineclaude Kirschen Pfirsich, Nektarine Schlehen Ananas Dattel, Papaya Litschi, Kakipflaume	Blaubeere, Preisel- beere, Moosbeere Weintraube, Banane Zitrone, Limone Limette, Feige Kaktusfeige, Passions- frucht, Sternfrucht Granatapfel Rosinen, Sultaninen Korinthen

	TAG 1	TAG 2	TAG 3	TAG 4
Milch Milchprodukte	Trinkmilch und Milchprodukte von der Kuh (Dickmilch, Joghurt Quark, Frischkäse Molke, Buttermilch süße und saure Sahne Crème fraîche, Crème double, Käse aller Art Büffelkäse (Mozzarella)	! keine !	Trinkmilch und Milchprodukte von Schaf und Ziege (Dickmilch Joghurt, Quark Frischkäse Käse aller Art)	Sojamilch und Sojamilchprodukte Tofu
Fette Öle	Sauerrahmbutter Butterschmalz Olivenöl Kürbiskernöl	Schweineschmalz Erdnußöl Rizinusöl Leinöl	Süßrahmbutter Gänseschmalz Kokosnußfett Kokosnußöl Maiskeimöl Sonnenblumenöl Sonnenblumen-margarine (rein!)	Walnußöl Sesamöl Distelöl Sojaöl
Nüsse Samen	Mandel Pistazie Cashewnuß Pinienkerne Kürbiskerne	Erdnuß (frisch und geröstet), Erdnußmus Eßkastanie (Maroni) Leinsamen, Alfalfa Johannisbrot	Kokosnuß (frisch und geraspelt) Sonnenblumenkerne	Walnuß, Haselnuß Haselnußmus, Paranuß Pecanuß, Mohnsamen Sesam, Sesammus (Tahin)
Kräuter Gewürze Würzmittel	Schnittlauch Wacholder Wacholderbeere Salbei Zitronenmelisse Oliven aller Art Zwiebeln Schalotte Apfelessig Apfelweinessig Himbeeressig	Petersilie Liebstöckel Maggikraut Kerbel Borretsch Pfeffer schwarz und weiß Cayennepfeffer Paprikapulver Chili Kümmel Kreuzkümmel Gewürznelke Muskatnuß Piment Koriander Anis Kapern	Basilikum Bohnenkraut Thymian, Majoran Origano, Rosmarin Minze, Estragon Kardamon Lorbeerblatt Ingwer, Zimt Curry Knoblauch Waldmeister Estragonessig	Dill Meerettich Sesamsalz (Gomasio) Pfeffer grün und rosa Safran Vanilleschote Vanillepulver Sojasauce (Tamari) Weinessig Senf
Süßmittel	Ahornsirup Birnendicksaft Malzzucker	Blütenhonig	Zuckerrübensirup Ingwersirup Rohrzucker	Waldhonig Tannenhonig Kleehonig Grenadinesirup
Getränke	Apfelschalentee Hagebuttentee Brombeerblättertee Zitronenmelissentee Goldrutentee Malzkaffee Immer erlaubt: stilles Mineralwasser	Lindenblütentee Fencheltee Holunderbeerentee Mate-Tee (geröstet und grün) Immer erlaubt: stilles Mineralwasser	Pfefferminztee Kamillentee Zinnkrauttee Schafgarbentee Bohnenkaffee Immer erlaubt: stilles Mineralwasser	Malventee Brennesseltee Birkenblättertee Bärentraubentee (Nierentee) Schwarzer Tee Vanilletee, Grüner Tee Immer erlaubt: stilles Mineralwasser
Sonstiges	Kakaopulver Schokoladenpulver Weizenkeime Backhefe Bierhefe, Nährhefe	! nichts !	! nichts !	Carob Bier (Hopfen) Wein, Weinbrand Champagner

- ▶ Während des 28-Tage-Programms gibt es keinen Bohnenkaffee und keinen Alkohol.
- ▶ Schwarzer Tee – nur wenig!
- ▶ Aromatisierte Fruchtteesorten sind erlaubt.

Das 28-Tage-Programm der Jutta-Poschet-Immun-Diät

Einführung

Das folgende 28-Tage-Programm ist aus der großen Rotations-Übersichtstabelle zusammengestellt. Es ergeben sich 7 Rotationszyklen von je 4 Tagen (7 x 4 = 28). Ob Sie gerade den Zyklustag I, II, III oder IV einhalten, können Sie links oben auf dem jeweiligen Tagesplan ablesen.

So sind die Tagespläne zu verstehen:

I	TAG		
Frühstück	**Menge**	**kcal/kJ**	**Zubereitung**
Zutaten = Einkaufsliste	Menge je Zutat	Energie je Zutat	So wird das Gericht zubereitet. Lassen Sie sich von den Vorschlägen zu eigenen Rezepten anregen!
Mittagessen	**Menge**	**kcal/kJ**	**Zubereitung**
Abendessen	**Menge**	**kcal/kJ**	**Zubereitung**

Tägliche Energiezufuhr. Wichtig für alle, die abnehmen wollen.

Die Energiezufuhr schwankt zwischen 1026 kcal/4309 kJ und 1881 kcal/7900 kJ. So schläft Ihr Stoffwechsel nicht ein!

Noch einige Hinweise

Mengenangaben

Die angegebenen Mengen beziehen sich immer auf 1 Portion für 1 Person.

kcal/kJ-Angaben

Sie beziehen sich immer auf das Nettogewicht, also auf den eßbaren Anteil. Gewürze, Kräuter und geringe Mengen energiearmer Zutaten sind nicht berücksichtigt, da sie nicht ins Gewicht fallen.

Zutaten

- Ob Fleisch, Fisch, Gemüse, Obst oder Käse, alle Zutaten sollten immer frisch gekauft werden! Zum Beispiel ist geräucherter Fisch nur dann gut verträglich, wenn er wirklich frisch gekauft wird (nicht vakuumiert).
- Verwenden Sie keine in Plastik (Vakuum) haltbar gemachten Nahrungsmittel! Die einzig erlaubte Alternative ist Tiefkühlware.

Zubereitung

Alle Gerichte sind als Vorschläge zum selbständigen Nachmachen zu verstehen. Sie sind äußerst einfach und mit wenig Aufwand in kürzester Zeit herzustellen! Lassen Sie sich von den Vorschlägen anregen und denken Sie ein bißchen darüber nach, wie Sie einen Teller hübsch anrichten können. Das bringt einen noch größeren Genuß!

*** (Sternchen)**

Dieses Zeichen finden Sie öfter bei der Beschreibung der Zubereitung verschiedener Speisen. Es dient zur Beachtung der Fettzugabe für alle, die abnehmen möchten. Sie müssen sich bitte genau an die vorgeschriebene Fett- oder Ölzugabe halten. Es empfiehlt sich, Angebratenes mit Wasser aufzugießen und so zu Ende zu garen.

Salz

Sparsam verwenden! Besser viele frische Kräuter nehmen.

Süßstoff

Auf ihn wurde bewußt verzichtet! Sie sollten nur mit natürlichen Stoffen, zum Beispiel Honig oder Ahornsirup, süßen.

Obstsäfte

Verwenden Sie nur die naturreinen »Muttersäfte«. Sie bekommen sie in Ihrem Reformhaus.

Wieviel trinken?

Der Flüssigkeitsbedarf beträgt pro Tag mindestens 2 Liter, das entspricht pro Tag 6 bis 8 Gläser stilles Mineralwasser! Trinken Sie bitte zwischen den Mahlzeiten (nicht während), das ist günstiger für die Magensaftproduktion und somit für die Verdauung.

Denken Sie daran: Sie sollten ab sofort nur noch bewußt mit vollem Genuß essen!
Denn Nahrung ist Medizin!

I TAG 1

Frühstück	Menge	kcal/kJ	Zubereitung
Brombeerblättertee			
Müsli aus Roggenflocken,	4 EL	200/ 840	Frische Erdbeeren waschen, halbieren, in einen großen, tiefen Teller geben. Roggenflocken darüberstreuen, zuletzt den Naturjoghurt als Häubchen obenaufsetzen; mit einer Erdbeere dekorieren.
frischen Erdbeeren,	250 g	90/ 378	
Naturjoghurt (mager)	125 g	50/ 210	

Mittagessen	Menge	kcal/kJ	Zubereitung
Roastbeef	150 g	380/1596	Vom Chicorée den bitteren Keil entfernen, waschen und in schmale Streifen schneiden. In die Mitte eines großen, flachen Tellers geben und das Roastbeef, in dünne Scheiben geschnitten, um den Salat legen. Mäßig mit Meersalz salzen. Auf den Salat einen Klecks saure Sahne geben und das Ganze mit feingeschnittenem Schnittlauch bestreuen.
Chicorée	100 g	16/ 67	
saure Sahne	100 ml	126/ 529	
Schnittlauch			
Nachspeise			
Kiwi	2 Stück	90/ 378	Kiwi schälen, in Scheiben schneiden und unter den Joghurt heben.
Naturjoghurt (mager)	125 g	50/ 210	

Abendessen	Menge	kcal/kJ	Zubereitung
Zucchinisalat (aus 2 großen Zucchini)	400 g	44/ 185	Joghurtdressing: 1 Becher Naturjoghurt (mager) mit 1 EL Apfelessig, Salz und feingeschnittenem Schnittlauch verrühren. Salat: Zucchini waschen und in dünne Scheiben schneiden. Auf einen großen, flachen Teller verteilen und das Joghurtdressing darübergeben. Mit den Oliven belegen, mit Schnittlauch bestreuen.
mit grünen Oliven	6 Stück	34/ 143	
Joghurtdressing (mager)	125 g	50/ 210	
Schnittlauch			
Kalbsfilet mit Salbei,	150 g	200/ 840	Fleisch in Olivenöl* scharf anbraten, mit Salbei und Meersalz würzen.
in Olivenöl gebraten	1 EL	89/ 374	
		1419/5960	

Austauschmöglichkeiten siehe Rotations-Übersichtstabelle, Seite 77/78

II TAG 2

Frühstück	Menge	kcal/kJ	Zubereitung
Matetee			
Müsli aus Buchweizen-grütze,	4 EL	288/1210	Orange schälen, in kleine Scheiben schneiden und in einen großen, tiefen Teller geben. Buchweizengrütze darüberstreuen, mit frisch gepreßtem Orangensaft übergießen.
Orange,	1 Stück	70/ 294	
Orangensaft	200 ml	92/ 386	

Mittagessen	Menge	kcal/kJ	Zubereitung
Feldsalat	100 g	22/ 92	Salat: Feldsalat putzen, waschen, in eine kleine Schüssel geben. Tomaten in Spalten schneiden und über dem Feldsalat verteilen. Feingeschnittene Petersilie auf die Tomaten streuen. Den Salat mit schwarzem Pfeffer und Zitronensaft marinieren.
Tomaten	200 g	38/ 160	
Petersilie			
Zitrone	1 Stück	5/ 21	
Forelle	200 g	224/ 941	Forelle waschen, innen und außen leicht salzen. In den Bauch der Forelle 2 Zitronenscheiben und 1 Bund kleingeschnittene Petersilie stecken. In Folie wickeln, im Backofen ca. 20–25 Minuten garen.
Zitrone			
Petersilie			
Nachspeise			
Rosa Grapefruit mit	200 g	64/ 269	Grapefruit schälen, würfeln, in eine Schüssel geben, die Buchweizengrütze darüberstreuen.
Buchweizengrütze	3 EL	216/ 907	

Abendessen	Menge	kcal/kJ	Zubereitung
Eintopf aus Kartoffeln	300 g	210/ 882	Kartoffeln schälen, in Würfel schneiden, im geschlossenen Topf mit wenig Wasser garen. Nach der Hälfte der Garzeit die Tomaten (ebenfalls klein geschnitten) dazugeben und mit schwarzem Pfeffer, Salz und frischer Petersilie würzen. Fertig garen.
und Tomaten	200 g	40/ 168	
schwarzer Pfeffer			
Salz			
Petersilie			
Austauschmöglichkeiten siehe Rotations-Übersichtstabelle, Seite 77/78		1269/5330	

III TAG 3

Frühstück	Menge	kcal/kJ	Zubereitung
Pfefferminztee			
Müsli aus Haferflocken,	5 EL	200/ 840	Dörrpflaumen am Vorabend in Wasser einweichen. Morgens mit dem Saft in einen tiefen Teller geben und die Haferflocken einstreuen. Mit frischen Kokosraspeln garnieren.
Dörrpflaumen,	6 Stück	90/ 378	
Pflaumensaft	100 ml	100/ 420	
Kokosraspeln	2 EL	110/ 462	

Mittagessen	Menge	kcal/kJ	Zubereitung
Spargel	500 g	100/ 420	Spargel schälen. In einem großen Topf mit genügend Wasser ca. 15 Minuten kochen. Aus dem Wasser nehmen und mit Butterflocken* belegen. Zusammen mit der Putenbrust anrichten.
mit Butter	20 g	152/ 638	
und Putenbrust	150 g	180/ 756	
(gegrillt vom Metzger)			

Abendessen	Menge	kcal/kJ	Zubereitung
Avocadopüree	250 g	375/1575	Avocado (reif!) in der Mitte durchschneiden, Kern herausnehmen. Fruchtfleisch auslösen. Das Fruchtfleisch mit der Gabel zerdrücken, mit Salz, etwas Knoblauch, Estragon und 1 EL Estragonessig würzen. Alles gut durchrühren. Auf einem großen Teller anrichten, den Ziegenkäse (1 Scheibe) dazu servieren.
Salz			
Knoblauchgewürz			
Estragon			
Estragonessig			
Ziegenkäse	100 g	390/1638	

Austauschmöglichkeiten siehe Rotations-Übersichtstabelle, Seite 77/78

1697/7127

IV	TAG 4		
Frühstück	**Menge**	**kcal/kJ**	**Zubereitung**
Malventee			
Müsli aus Sojaflocken,	5 EL	235/ 987	In einen tiefen Teller zuerst die in Scheiben geschnittene Banane geben, Sojaflocken und Rosinen dazugeben und mit dem roten Johannisbeersaft übergießen.
Banane,	100 g	90/ 378	
Rosinen,	2 EL	30/ 126	
rotem Johannisbeersaft	100 ml	148/ 622	
Mittagessen	**Menge**	**kcal/kJ**	**Zubereitung**
Scampi auf	150 g	120/ 504	Brunnenkresse waschen und auf einen großen, flachen Teller verteilen, minimal salzen. Die Scampi (ausgelöst) auf der Kresse verteilen; mit dem Saft von 2 Zitronen beträufeln und mit getrocknetem rosa Pfeffer (zwischen den Fingern zerreiben) dekorieren.
Brunnenkresse	100 g	21/ 88	
Zitrone	2 Stück	10/ 42	
rosa Pfeffer			
Nachspeise			
Sojamilch mit	200 ml	76/ 319	Milch und Banane im Mixer aufschlagen. Sofort servieren.
Banane	200 g	180/ 756	
Abendessen	**Menge**	**kcal/kJ**	**Zubereitung**
Seezunge (filetiert),	300 g	270/1134	Zuerst die Erbsenschoten in wenig Wasser kurz blanchieren (5 Minuten), wenig salzen, warm stellen.
in Sesamöl gebraten	1 EL	89/ 374	
Zitrone	1 Stück	5/ 21	
Erbsenschoten	300 g	261/1096	Die Seezungenfilets mit Zitronensaft beträufeln und leicht salzen. Sesamöl* in der Pfanne erhitzen und den Fisch darin von beiden Seiten scharf anbraten. Hitze zurückdrehen und ca. 15 Minuten mit geschlossenem Deckel weiterdünsten lassen. Mit den Erbsenschoten anrichten.
Nachspeise			
Banane	100 g	90/ 378	Frisch essen.
		1625/6825	

Austauschmöglichkeiten siehe Rotations-Übersichtstabelle, Seite 77/78

I TAG 5

Frühstück	Menge	kcal/kJ	Zubereitung
Zitronenmelissentee			
Müsli aus Roggenflocken,	4 EL	200/ 840	Mango schälen und vom Kern schneiden. Mangostücke in kleine Würfel schneiden. In einen tiefen Teller zuerst die Roggenflocken geben, dann die Mangowürfel darauf verteilen, zum Schluß mit dem Brombeersaft übergießen. Mit Ahornsirup süßen.
Mango,	150 g	95/ 399	
Brombeersaft (Muttersaft),	100 ml	22/ 92	
Ahornsirup	1 EL	50/ 210	

Mittagessen	Menge	kcal/kJ	Zubereitung
Kalbsgeschnetzeltes vom Filet,	250 g	270/1134	Zuerst Zucchini waschen, in dünne Scheiben schneiden, in wenig Wasser unter Zugabe einer Prise Salz gar dünsten (ca. 15 Minuten). Filet in kleine Streifen schneiden, in Olivenöl* scharf anbraten, mit Salz und Salbei würzen. Zusammen mit den gedünsteten Zucchini anrichten, das Gemüse mit den Kürbiskernen bestreuen.
in Olivenöl gebraten	1 EL	89/ 374	
Salbei			
Zucchini	250 g	27/ 113	
Kürbiskerne	10 g	55/ 231	

Abendessen	Menge	kcal/kJ	Zubereitung
Chicorée	200 g	32/ 134	Chicorée durchschneiden und den bitteren Keil entfernen, die Blätter einzeln waschen. Chicoréeblätter auf einen großen, flachen Teller sternförmig verteilen und minimal salzen. $^1/_2$ Becher Hüttenkäse auf den Salat geben. Erdbeeren waschen, halbieren und ebenfalls auf dem Salat verteilen. Kiwi schälen, in Scheiben schneiden und dekorativ über den Salat verteilen. Den restlichen Hüttenkäse in die Mitte setzen.
Hüttenkäse	200 g	206/ 865	
Erdbeeren	300 g	111/ 466	
Kiwi	2 Stück	90/ 378	
		1247/5236	

Austauschmöglichkeiten siehe Rotations-Übersichtstabelle, Seite 77/78

II TAG 6

Frühstück	Menge	kcal/kJ	Zubereitung
Fencheltee			
Warmes Müsli aus Perlsago,	5 EL	280/1176	100 ml Wasser aufkochen lassen, den Perlsago unter ständigem Rühren einstreuen, Johannisbeersaft dazugeben und bei schwacher Hitze und geschlossenem Topf ca. 10 Minuten quellen lassen. In das fertige Müsli Beeren einrühren.
schwarzem Johannisbeersaft (Muttersaft),	200 ml	110/ 462	
schwarzen Johannisbeeren	100 g	46/ 193	

Mittagessen	Menge	kcal/kJ	Zubereitung
Haseneintopf	300 g	372/1562	Hasenfleisch in Würfel schneiden, in einem Schmortopf scharf anbraten, salzen, pfeffern (schwarz). Mit $^1/_4$ l Wasser aufgießen und die bereits geschälten und gewürfelten Kartoffeln dazugeben. Bei mäßiger Hitze schmoren lassen. Nach ca. 20 Minuten Auberginen, in Scheiben geschnitten, dazugeben und noch weitere 10 Minuten garen. Mit frischer Petersilie abschmecken.
mit Kartoffeln,	200 g	140/ 588	
Auberginen,	300 g	75/ 315	
Petersilie			

Abendessen	Menge	kcal/kJ	Zubereitung
Gedünsteter Blumenkohl	500 g	140/ 588	Blumenkohl waschen und in kleinere Stücke zerteilen. In Salzwasser ca. 20 Minuten garen. Mit Muskat und schwarzem Pfeffer abschmecken.
Nachspeise			
Grapefruit	200 g	64/ 269	Frisch essen.

Austauschmöglichkeiten siehe Rotations-Übersichtstabelle, Seite 77/78		1227/5153

III TAG 7

Frühstück	Menge	kcal/kJ	Zubereitung
Kamillentee			
Müsli aus Haferflocken,	5 EL	200/ 840	Kirschen waschen und in einen tiefen Teller geben, mit Haferflocken bestreuen und mit Kirschsaft übergießen.
Kirschen,	250 ml	160/ 672	
Kirschsaft (Muttersaft)	200 ml	132/ 554	

Mittagessen	Menge	kcal/kJ	Zubereitung
Putengeschnetzeltes,	200 g	350/1470	Putenfleisch in Streifen schneiden, in Kokosfett* scharf anbraten, mit Salz und Curry würzen. Frische Ananas, in Würfel geschnitten, dazugeben und weitere 5–8 Minuten garen.
in Kokosfett gebraten	1 EL	138/ 580	
Salz, Curry			
Ananas	150 g	84/ 353	

Abendessen	Menge	kcal/kJ	Zubereitung
Salat aus			Putenbrust (1 Scheibe) und Ananas würfeln. Kopfsalat waschen und auf einem großen, flachen Teller anrichten, etwas salzen und mit Estragonessig beträufeln. Putenbrust- und Ananaswürfel in die Mitte setzen.
geräucherter Putenbrust,	150 g	185/ 777	
Ananas,	250 g	140/ 588	
Kopfsalat	100 g	15/ 63	
Salz, Estragonessig			
		1404/5897	

Austauschmöglichkeiten siehe Rotations-Übersichtstabelle, Seite 77/78

IV **TAG 8**

Frühstück	Menge	kcal/kJ	Zubereitung
Brennesseltee			
Müsli aus Reisflocken, Heidelbeeren (TK), Heidelbeersaft (Muttersaft)	6 EL 200 g 200 ml	60/ 252 124/ 521 126/ 529	Heidelbeeren über Nacht im Kühlschrank auftauen lassen (wenn frische vorhanden, dann natürlich frische!). Vor dem Verzehr mit Reisflocken bestreuen und mit Heidelbeersaft übergießen.

Mittagessen	Menge	kcal/kJ	Zubereitung
Weißer Heilbutt, in Erdnußöl gebraten oder gegrillt 1/4 Knoblauchzehe Zitrone Brokkoli grüner Pfeffer	200 g 1 EL 1 Stück 200 g	250/1050 84/ 353 5/ 21 100/ 420	Heilbutt kurz unter fließendes Wasser halten und mit Küchenkrepp trockentupfen. Knoblauchzehe zerdrücken, den Fisch damit einreiben, Zitronensaft darauf-träufeln. Fisch in Alufolie packen und ca. 45 Minuten ziehen lassen. Inzwischen Brokkoli waschen, etwas zerpflücken und in wenig Wasser ca. 15 Minuten gar dünsten, leicht salzen. Heilbutt in Erdnußöl* von beiden Seiten scharf anbraten, Hitze zurückdrehen und ca. 15–20 Minuten unter mehrmaligem Wenden weiterbraten, grünen Pfeffer zugeben.
Nachspeise Passionsfrucht	200 g	100/ 420	Passionsfrucht halbieren, das Fruchtfleisch auslöffeln.

Abendessen	Menge	kcal/kJ	Zubereitung
Sojamilch Reis (Dr. Ritters Reistag) Banane Rosinen	200 ml 100 g 100 g 2 EL	76/ 319 380/1596 90/ 378 40/ 168	Sojamilch in einem Topf zum Kochen bringen, Reis unter Rühren einstreuen, bei zurückgedrehter Hitze nur 1 Minute kochen. Rosinen zugeben, Banane in Scheiben unterheben.
		1435/6027	

Austauschmöglichkeiten siehe Rotations-Übersichtstabelle, Seite 77/78

I TAG 9

Frühstück	Menge	kcal/kJ	Zubereitung
Apfelschalentee			
Müsli aus Roggenflocken,	4 EL	200/ 840	Melone quer durchschneiden, mit einem Löffel die Kerne entfernen. Die Melone in Spalten aufschneiden und die Schale entfernen. Filetierte Melonenstücke zu Würfeln zerkleinern, in einen tiefen Teller geben. Roggenflocken darüberstreuen und mit Himbeersaft übergießen. Falls vorhanden, mit frischen Himbeeren dekorieren.
½ Honigmelone,	300 g	78/ 328	
Himbeersaft (Muttersaft)	100 ml	37/ 155	

Mittagessen	Menge	kcal/kJ	Zubereitung
Kalbsfilet,	250 g	270/1134	Kalbsfilet am Stück in Olivenöl* scharf anbraten, mit Salz und Salbei würzen.
in Olivenöl gebraten	1 EL	89/ 374	
Salz, Salbei			
Mango	250 g	157/ 659	Mango schälen und in Scheiben schneiden, auf einem großen, flachen Teller verteilen. Das Kalbsfilet dazu servieren.

Abendessen	Menge	kcal/kJ	Zubereitung
Lauchgemüse	500 g	190/ 798	Lauch putzen, waschen und in Ringe schneiden. Ca. 20 Minuten in wenig Wasser garen. Wenig salzen und die saure Sahne unterheben.
mit saurer Sahne	100 ml	126/ 529	
Nachspeise			
½ Honigmelone	300 g	78/ 328	Honigmelone quer halbieren, die Kerne entfernen, mit einem Löffel aushöhlen. Das Fruchtfleisch zusammen mit dem Quark in die Melonenschale zurückfüllen und so servieren.
Quark (mager)	150 g	132/ 554	
		1357/5699	

Austauschmöglichkeiten siehe Rotations-Übersichtstabelle, Seite 77/78

II TAG 10

Frühstück	Menge	kcal/kJ	Zubereitung
Lindenblütentee			
Müsli aus Buchweizengrütze, rosa Grapefruit, Grapefruitsaft	4 EL 200 g 100 ml	288/1210 64/ 269 27/ 113	Grapefruit schälen, in Würfel aufschneiden und in einen tiefen Teller geben. Mit der Buchweizengrütze überstreuen. Mit dem frisch gepreßten Grapefruitsaft übergießen.

Mittagessen	Menge	kcal/kJ	Zubereitung
Paprikasalat (rot und grün) Salz, Pfeffer Zitrone	250 g 1 Stück	70/ 294 5/ 21	Salat: Paprika in der Mitte durchschneiden, Kerne entfernen, waschen, in feine Streifen schneiden. In einem Schüsselchen mit Salz, Pfeffer (weiß) und Zitronensaft marinieren.
Renke, in Folie gegart	200 g	216/ 907	Renke waschen, salzen und mit Zitronensaft und Petersilie (klein geschnitten) einreiben. In Folie im Backofen ca. 20 Minuten garen.
Nachspeise Grapefruit mit Honig	 150 g 1 EL	 100/ 420 30/ 126	Grapefruit schälen, in Spalten teilen und mit Honig beträufeln.

Abendessen	Menge	kcal/kJ	Zubereitung
Geräuchertes Forellenfilet auf Feldsalat und Tomaten Zitrone Salz, Pfeffer	200 g 150 g 200 g 1 Stück	260/1092 33/ 139 38/ 160 5/ 21	Feldsalat putzen und waschen. Tomaten in dünne Scheiben schneiden. Den Feldsalat auf einem großen, flachen Teller anrichten und die Tomatenscheiben fächerförmig um den Rand legen. Mit Zitronensaft, Salz, Pfeffer (weiß) marinieren. Forellenfilet in die Mitte des Tellers über den Salat legen und mit Zitronensaft beträufeln. Eine Scheibe Zitrone als Dekoration dazulegen.
		1136/4772	

Austauschmöglichkeiten siehe Rotations-Übersichtstabelle, Seite 77/78

III TAG 11

Frühstück	Menge	kcal/kJ	Zubereitung
Pfefferminztee			
Müsli aus Haferflocken,	5 EL	200/ 840	Haferflocken mit Kirschen zusammen in einen tiefen Teller geben, mit Kirschsaft übergießen und die frischen Kokosflocken darüberstreuen.
Kirschen,	250 g	160/ 672	
Kirschsaft (Muttersaft),	200 ml	132/ 554	
Kokosflocken	10 g	25/ 105	

Mittagessen	Menge	kcal/kJ	Zubereitung
Gegrilltes Huhn	½ Huhn	300/1260	Gegrillt gekauft oder selbst grillen (ca. 3 Minuten). Mit Salz und Majoran zuvor einreiben.
Salz, Majoran			
Löwenzahnsalat	150 g	70/ 294	Salat: Löwenzahnblätter waschen, salzen und mit Estragonessig marinieren.
Estragonessig			
Nachspeise			
Papaya	200 g	78/ 328	Papaya der Länge nach durchschneiden, schwarze Fruchtkerne entfernen, mit Zitronensaft beträufeln und auslöffeln.
Zitrone	½ Stück	3/ 13	

Abendessen	Menge	kcal/kJ	Zubereitung
Entenbrust,	100 g	280/1176	Entenbrust in Kokosfett* in der Pfanne scharf anbraten, Fleisch sollte innen rosa bleiben, aus der Pfanne nehmen und zum Warmhalten in Alufolie wickeln.
in Kokosfett gebraten	1 EL	138/ 580	
Blattspinat	300 g	70/ 294	Blattspinat in wenig Wasser blanchieren und leicht salzen. Auf einen großen Teller zuerst den Blattspinat geben, dann die in Scheiben geschnittene Entenbrust darauf anrichten.
		1456/6116	

Austauschmöglichkeiten siehe Rotations-Übersichtstabelle, Seite 77/78

IV TAG 12

Frühstück	Menge	kcal/kJ	Zubereitung
Vanilletee			
Müsli aus Sesamgranulat,	4 EL	208/ 874	Weintrauben waschen und in einen tiefen Teller geben. Sesamgranulat darüberstreuen und mit Saft übergießen.
blauen Weintrauben,	250 g	185/ 777	
Traubensaft (Muttersaft)	200 ml	148/ 622	

Mittagessen	Menge	kcal/kJ	Zubereitung
Brunnenkresse mit	100 g	21/ 88	Brunnenkresse waschen und auf einem großen, flachen Teller anrichten, leicht salzen. In einer Pfanne Sesamöl erhitzen, die Scampi dazugeben und mit Zitronensaft beträufeln. Mit geschlossenem Deckel bei mäßiger Hitze ca. 5–8 Minuten dünsten. Inzwischen den Lachs auf einer Seite des Salattellers anrichten, dann die gebratenen Scampi auf der anderen Hälfte des Salattellers verteilen. Nochmals Zitronensaft darüberträufeln und mit einer Zitronenscheibe dekorieren.
Scampi,	150 g	120/ 504	
gebraten in Sesamöl	1 EL	89/ 374	
Zitrone	1 Stück	5/ 21	
Lachs	100 g	217/ 911	

Abendessen	Menge	kcal/kJ	Zubereitung
Rosenkohl	400 g	208/ 874	Rosenkohl putzen und in ca. 30 Minuten gar dünsten. Mäßig salzen und etwas grünen Pfeffer zugeben.
grüner Pfeffer			
Nachspeise			
Weintrauben	150 g	111/ 466	Frisch essen.
		1312/5511	

Austauschmöglichkeiten siehe Rotations-Übersichtstabelle, Seite 77/78

I TAG 13

Frühstück	Menge	kcal/kJ	Zubereitung
Brombeerblättertee			
Müsli aus Roggenflocken,	5 EL	250/1050	Birne in kleine Würfel schneiden,
Birne,	150 g	85/ 357	Roggenflocken darüberstreuen und mit
Ahornsirup,	1 EL	50/ 210	Ahornsirup süßen. Mit Brombeersaft
Brombeersaft (Muttersaft)	200 ml	44/ 184	übergießen.

Mittagessen	Menge	kcal/kJ	Zubereitung
Hartweizennudeln (ohne Ei!)	100 g	337/1415	Nudeln in ca. 1 l kochendes Salzwasser geben, kurz aufkochen lassen und bei kleiner Hitze in 10–15 Minuten al dente kochen.
Zucchini	400 g	44/ 185	In der Zwischenzeit Zucchini waschen, in dünne Scheiben schneiden und in wenig Wasser blanchieren, nur wenig salzen.
Sauerrahmbutter in Flocken	10 g	77/ 323	Zucchini auf den Nudeln anrichten und mit Butterflöckchen belegen.

Abendessen	Menge	kcal/kJ	Zubereitung
Bündnerfleisch	100 g	264/1109	Melone zu Spalten filetieren und auf
Honigmelone	$^1/_2$ Stück	100/ 420	einen großen, flachen Teller geben. Das
Erdbeeren	250 g	93/ 391	hauchdünn geschnittene Bündnerfleisch darüber verteilen, mit halbierten Erdbeeren belegen.

Austauschmöglichkeiten siehe Rotations-Übersichtstabelle, Seite 77/78

1344/5644

II TAG 14

Frühstück	Menge	kcal/kJ	Zubereitung
Matetee			
Warmes Müsli aus Perlsago,	5 EL	280/1176	100 ml Wasser aufkochen, Perlsago unter ständigem Rühren einstreuen, den Johannisbeersaft zufügen und bei schwacher Hitze ca. 10 Minuten quellen lassen. In das fertige Müsli die Beeren einstreuen und den Honig darüberträufeln.
rotem Johannisbeersaft (Muttersaft),	200 ml	100/ 420	
		55/ 231	
roten Johannisbeeren,	150 g	60/ 252	
Honig	1 EL		

Mittagessen	Menge	kcal/kJ	Zubereitung
Frisch geräucherte Renke	200 g	248/1042	Feldsalat putzen, waschen und auf einen großen flachen Teller geben. Das Renkenfilet auf den Salat legen und mit Zitrone beträufeln.
auf Feldsalat	100 g	22/ 92	
Zitrone	1 Stück	5/ 21	
Nachspeise			
Stachelbeeren	200 g	88/ 370	Frisch essen.

Abendessen	Menge	kcal/kJ	Zubereitung
Tomatensuppe	500 g	95/ 399	Tomaten mit heißem Wasser überbrühen und die Haut abziehen. Tomaten in ca. $^1/_2$ l Wasser 15 Minuten dünsten, anschließend pürieren und mit Pfeffer (weiß), Kerbel und Salz würzen.
Pfeffer, Kerbel, Salz			
Nachspeise			
Rote und schwarze Johannisbeeren	300 g	126/ 529	<u>Beerenteller:</u> Beeren waschen und verlesen, Buchweizen dazugeben und mit dem Saft übergießen.
Buchweizen, geschrotet	4 EL	144/ 605	
Johannisbeersaft	200 ml	100/ 420	
		1323/5557	

Austauschmöglichkeiten siehe Rotations-Übersichtstabelle, Seite 77/78

III TAG 15

Frühstück	Menge	kcal/kJ	Zubereitung
Kamillentee			
Müsli aus Haferflocken,	5 EL	200/ 840	Trockenpflaumen über Nacht in Wasser quellen lassen. Am Morgen in einen tiefen Teller umfüllen, mit Haferflocken bestreuen und mit Pflaumensaft übergießen.
Dörrpflaumen,	6 Stück	90/ 378	
Pflaumensaft	100 ml	100/ 420	

Mittagessen	Menge	kcal/kJ	Zubereitung
Spinat (TK)	400 g	92/ 386	Spinat vorschriftsmäßig auftauen. Eier kochen (4 Minuten). Den Spinat in einen tiefen Teller geben, nur mäßig salzen und die halbierten Eier darauf anrichten.
mit			
Ei	2 Stück	174/ 731	

Abendessen	Menge	kcal/kJ	Zubereitung
Maisschmarren aus			Polenta (Maisgrieß): $^{1}/_{4}$ l Wasser mit einer kleinen Prise Salz aufkochen. Den Grieß unter ständigem Rühren einstreuen, aufkochen lassen, die Hitze zurücknehmen und so lange weiterrühren, bis sich die Polenta vom Topf löst. Ca. 15 Minuten abkühlen lassen und portionsweise im heißen Kokosfett* ausbacken. Die Masse immer wieder auseinanderzupfen, bis sich goldgelb angebratene Stückchen (Schmarren) ergeben.
Maisgrieß,	60 g	228/ 958	
in Kokosfett ausgebacken	2 EL	276/1159	
Kirschkompott aus			Mit dem Kirschkompott (Kirschen in 1 l Wasser kochen, mit Honig und Zimt abschmecken) servieren.
Kirschen	500 g	320/1344	
Honig	1 EL	60/ 252	
Zimt			
		1540/6468	

Austauschmöglichkeiten siehe Rotations-Übersichtstabelle, Seite 77/78

IV TAG 16

Frühstück	Menge	kcal/kJ	Zubereitung
Malventee			
Müsli aus Sojaflocken,	4 EL	188/ 790	Banane in Scheiben schneiden, in tiefen Teller geben und mit Sojaflocken bestreuen. Rosinen dazugeben, mit Heidelbeersaft übergießen.
Banane,	100 g	90/ 378	
Rosinen,	2 EL	30/ 126	
Heidelbeersaft (Muttersaft)	200 ml	126/ 529	

Mittagessen	Menge	kcal/kJ	Zubereitung
Bohnensuppeneintopf aus grünen Bohnen	500 g	165/ 693	Bohnen putzen und brechen, in ca. $1^1/_2$ l Wasser unter Zugabe einer Prise Salz mit dem Reis gar kochen. Mit Dill und grünem Pfeffer abschmecken.
Naturreis	50 g	186/ 781	
Dill, grüner Pfeffer			
Nachspeise			
Heidelbeeren	100 g	62/ 260	Frisch essen.

Abendessen	Menge	kcal/kJ	Zubereitung
Kabeljaufilet,	200 g	156/ 655	Kabeljaufilet mit Zitrone beträufeln und salzen. In der Pfanne in Sesamöl* auf beiden Seiten scharf anbraten, bei mäßigerer Hitze und geschlossenem Deckel ca. 10 Minuten gar dünsten.
gebraten in Sesamöl	1 EL	89/ 374	
Zitrone	1 Stück	5/ 21	
Rettich	200 g	40/ 168	Rettich dünn aufschneiden und leicht salzen.
		1137/4775	

Austauschmöglichkeiten siehe Rotations-Übersichtstabelle, Seite 77/78

I TAG 17

Frühstück	Menge	kcal/kJ	Zubereitung
Zitronenmelissentee			
Müsli aus Roggenflocken,	4 EL	200/ 840	Kiwi schälen und in Scheiben schneiden, über die Roggenflocken in einen tiefen Teller geben, mit Milch übergießen (evtl. mit Ahornsirup süßen).
Kiwi,	3 Stück	135/ 567	
Vollmilch	1/4 l	165/ 693	

Mittagessen	Menge	kcal/kJ	Zubereitung
Chicoréesalat mit	200 g	32/ 134	Salat: Chicorée waschen, den bitteren Keil entfernen, in einzelne Blätter zerpflücken, auf einem großen Teller anrichten und die Himbeeren darauf verteilen; mit Himbeeressig marinieren.
Himbeeren	100 g	40/ 168	
Himbeeressig			
Kalbsschnitzel,	200 g	270/1134	Kalbsschnitzel in Olivenöl* auf beiden Seiten scharf anbraten, mit Salz und Salbei würzen.
gebraten mit Olivenöl	1 EL	89/ 374	
Salbei			
Nachspeise			
Naturjoghurt (mager)	125 g	112/ 470	Naturjoghurt und Gerstenflocken vermengen, Ahornsirup unterrühren.
Gerstenflocken	2 EL	70/ 294	
Ahornsirup	1 EL	50/ 210	

Abendessen	Menge	kcal/kJ	Zubereitung
Rinderzunge	100 g	223/ 937	Chicorée waschen, den bitteren Keil entfernen, in feine Streifen schneiden. In der Mitte eines großen Tellers anrichten und wenig salzen, mit wenig Apfelessig marinieren. Nun die Rinderzunge um den Salat legen.
auf Chicorée	100 g	16/ 67	
Apfelessig			
Nachspeise			
Quark (mager)	250 g	220/ 924	Quark mit der Milch glattrühren. Aprikosen in kleine Stücke schneiden und in wenig Wasser ca. 5 Minuten dünsten, mit Ahornsirup süßen. Unter den Quark heben.
Milch	5 EL	40/ 168	
Aprikosen	200 g	108/ 454	
Ahornsirup	1 EL	50/ 210	
		1820/7644	

Austauschmöglichkeiten siehe Rotations-Übersichtstabelle, Seite 77/78

II TAG 18

Frühstück	Menge	kcal/kJ	Zubereitung
Fencheltee			
Müsli aus Leinsamenschrot,	4 EL	200/ 840	Grapefruit schälen und in Würfel schneiden, in einen tiefen Teller geben. Mit frisch gepreßtem Saft übergießen, Leinsamenschrot darüberstreuen.
rosa Grapefruit,	200 g	64/ 269	
Grapefruitsaft (frisch gepreßt)	200 ml	54/ 227	

Mittagessen	Menge	kcal/kJ	Zubereitung
Karpfen	200 g	302/1268	Karpfen mit Pfeffer (schwarz), Salz und Petersilie einreiben, in Folie im Backofen garen, Backzeit ca. 45 Minuten.
Salz, Pfeffer			
Petersilie			
Feldsalat	100 g	22/ 92	In der Zwischenzeit Feldsalat putzen, waschen und auf einen großen, flachen Teller geben. Grapefruit schälen, würfeln und auf den Feldsalat verteilen; mit Zitronensaft beträufeln.
Grapefruit	200 g	64/ 269	
Zitrone			

Abendessen	Menge	kcal/kJ	Zubereitung
Geräucherte Renke	250 g	310/1302	Die Renke auf einen großen, flachen Teller legen und mit Zitronensaft beträufeln; mit einer Zitronenscheibe und einem Sträußchen Petersilie dekorieren.
Zitrone	1 Stück	5/ 21	
Petersilie			
Tomaten	400 g	76/ 319	<u>Salat:</u> Tomaten vierteln, Fenchel in dünne Streifen schneiden, Sellerie raspeln. Alles zusammenmischen und mit Salz, Pfeffer (schwarz) und wenig Zitronensaft marinieren.
Fenchel	100 g	50/ 210	
Sellerie	100 g	38/ 160	
Salz, Pfeffer, Zitrone			
		1185/4977	

Austauschmöglichkeiten siehe Rotations-Übersichtstabelle, Seite 77/78

III TAG 19

Frühstück	Menge	kcal/kJ	Zubereitung
Pfefferminztee			
Müsli aus Haferflocken,	5 EL	200/ 840	Papaya in der Mitte durchschneiden, Fruchtkerne mit einem Löffel entfernen. Fruchtfleisch mit Löffel auslösen, in einen tiefen Teller geben. Mit Haferflocken überstreuen und den Aprikosensaft darübergießen.
Papaya,	200 g	78/ 328	
Aprikosensaft (Muttersaft)	200 ml	100/ 420	

Mittagessen	Menge	kcal/kJ	Zubereitung
Fasanenbrust,	200 g	320/1344	Fasanenbrust mit Salz, Majoran und Thymian würzen, in Sonnenblumenöl* braten.
in Sonnenblumenöl gebraten	1 EL	84/ 353	
Lollo Rosso	100 g	15/ 63	Salat: Lollo Rosso waschen und auf einem großen, flachen Teller anrichten, mit Estragonessig etwas marinieren. Die gebratene Fasanenbrust darauflegen.
Estragonessig			
Nachspeise			
Papaya	200 g	78/ 328	Papayas der Länge nach durchschneiden, schwarze Fruchtkerne entfernen, mit Zitronensaft beträufeln und auslöffeln.
Zitrone	½ Stück	3/ 13	

Abendessen	Menge	kcal/kJ	Zubereitung
Gegrillte Putenbrust	100 g	123/ 517	Die dünn aufgeschnittene Putenbrust auf einem großen, flachen Teller verteilen.
Grüner Spargel	500 g	100/ 420	Vom grünen Spargel nur die holzigen Stilenden abschneiden, in genügend Salzwasser ca. 15 Minuten kochen. Aus dem Wasser nehmen und auf den Putenbrustscheiben anrichten. Mit Butterflöckchen belegen.
Süßrahm-Butterflöckchen	20 g	152/ 638	
		1253/5264	

Austauschmöglichkeiten siehe Rotations-Übersichtstabelle, Seite 77/78

IV TAG 20

Frühstück	Menge	kcal/kJ	Zubereitung
Brennesseltee			
Müsli aus Reisflocken, Banane, Rosinen, weißem Traubensaft (Muttersaft)	6 EL 100 g 2 EL 200 ml	60/ 252 90/ 378 30/ 126 132/ 554	Banane in Scheiben schneiden und in einen tiefen Teller geben. Reisflocken und Rosinen darüberstreuen und mit Traubensaft übergießen.

Mittagessen	Menge	kcal/kJ	Zubereitung
Seezunge vom Grill oder in Sesamöl gebraten Salz, Zitrone grüner Pfeffer	300 g 1 EL 2 Stück	270/1134 89/ 374 10/ 42	Seezunge (bereits filetiert gekauft) leicht salzen und mit Zitronensaft beträufeln, grillen. Oder: In der Pfanne das Sesamöl* erhitzen, die Seezunge von beiden Seiten scharf anbraten und dann bei mäßigerer Hitze in ca. 10 Minuten fertigbraten. Den grünen Pfeffer beigeben.
Chinakohlsalat Zitrone	200 g 1 Stück	32/ 134 5/ 21	<u>Salat:</u> Chinakohl waschen und fein aufschneiden, mäßig salzen und mit Zitrone beträufeln.

Abendessen	Menge	kcal/kJ	Zubereitung
Brokkoli, gedünstet grüner Pfeffer	500 g	165/ 693	Brokkoli waschen und zerpflücken, in wenig Wasser mit einer Prise Salz ca. 15 Minuten garen. Etwas grünen Pfeffer dazugeben.
Nachspeise Weintrauben	250 g	148/ 622	Frisch essen.
		1031/4330	

Austauschmöglichkeiten siehe Rotations-Übersichtstabelle, Seite 77/78

I	TAG 21		
Frühstück	**Menge**	**kcal/kJ**	**Zubereitung**
Apfelschalentee			
Müsli aus Roggenflocken,	4 EL	200/ 840	Erdbeeren waschen, halbieren, in einen tiefen Teller geben und mit den Roggenflocken bestreuen. Den Erdbeersaft darübergießen.
Erdbeeren,	250 g	92/ 386	
Erdbeersaft (Muttersaft)	200 ml	48/ 202	
Mittagessen	**Menge**	**kcal/kJ**	**Zubereitung**
Roastbeef auf	100 g	254/1067	Endiviensalat waschen und sehr fein schneiden. In die Mitte eines großen, flachen Tellers geben, wenig salzen und mit Apfelessig marinieren. Das dünn aufgeschnittene Roastbeef um den Salat legen.
Endiviensalat	100 g	17/ 71	
Apfelessig			
Nachspeise			
Hüttenkäse	200 g	206/ 865	Birne raspeln und unter den Hüttenkäse rühren, mit Ahornsirup süßen.
Birne	100 g	55/ 231	
Ahornsirup	1 EL	50/ 210	
Abendessen	**Menge**	**kcal/kJ**	**Zubereitung**
Gefüllte Zucchini	200 g	22/ 92	Zucchini waschen, längs halbieren und mit einem Löffel aushöhlen. Rindertatar etwas salzen und die feingeschnittene Zwiebel untermengen. In die Zucchinihälften füllen und im Backofen bei ca. 200 °C 20 Minuten backen.
mit Rindertatar	100 g	126/ 529	
Zwiebel	1 Stück	20/ 84	
Nachspeise			
Naturjoghurt (mager)	125 g	50/ 210	Die Erdbeeren waschen, entstielen, halbieren und mit dem Joghurt vermischen.
Erdbeeren	250 g	92/ 386	
		1232/5173	

Austauschmöglichkeiten siehe Rotations-Übersichtstabelle, Seite 77/78

II TAG 22

Frühstück	**Menge**	**kcal/kJ**	**Zubereitung**
Lindenblütentee			
Müsli aus Buchweizengrütze	3 EL	216/ 907	Buchweizengrütze mit Holundersaft übergießen.
Holundersaft (Muttersaft)	200 ml	38/ 160	Oder: Buchweizengrütze in wenig kochendem Wasser aufquellen lassen und den Holundersaft zufügen.

Mittagessen	**Menge**	**kcal/kJ**	**Zubereitung**
Forelle	200 g	224/ 941	Forelle waschen und mit Küchenkrepp trockentupfen, mit Salz, Zitronensaft und Petersilie (fein geschnitten) einreiben. Forelle mit 2 Zitronenscheiben und Petersilie füllen. In Folie wickeln, im Backofen in ca. 30 Minuten garen. Mit Zitronenscheiben anrichten.
Zitrone	1 Stück	5/ 21	
Salz, Petersilie			
Nachspeise			
2 Orangen	200 g	108/ 454	Frisch essen.

Abendessen	**Menge**	**kcal/kJ**	**Zubereitung**
Gedünsteter Fenchel	400 g	200/ 840	Kartoffeln schälen und in kleine Würfel schneiden. Fenchel waschen und in kleine Stücke schneiden. Zusammen mit den Kartoffeln in wenig Wasser mit Salz und Pfeffer (schwarz) garen (ca. 45 Minuten). Zum Schluß feingeschnittene Petersilie darübergeben.
mit Kartoffeln	300 g	210/ 882	
Salz, Pfeffer, Petersilie			
Nachspeise			
Orangen mit	200 g	108/ 454	Orangen schälen und in Würfel schneiden, mit Buchweizengrütze überstreuen.
Buchweizengrütze	3 EL	216/ 907	
		1325/5566	

Austauschmöglichkeiten siehe Rotations-Übersichtstabelle, Seite 77/78

III TAG 23

Frühstück	Menge	kcal/kJ	Zubereitung
Kamillentee			
Hirsebrei aus Hirseflocken,	50 g	168/ 706	$^1/_4$ l Wasser aufkochen, Hirse unter ständigem Rühren einstreuen, von der Kochstelle nehmen und den Kirschsaft unterrühren. Zugedeckt 5 Minuten quellen lassen. Kirschen dazugeben, nochmals durchrühren und in einen Teller umfüllen.
Kirschsaft (Muttersaft),	100 ml	66/ 277	
Kirschen	200 g	128/ 538	

Mittagessen	Menge	kcal/kJ	Zubereitung
Lammkotelett,	100 g	253/1063	Lamkotelett in Maiskeimöl* scharf anbraten, mit Salz, Knoblauch und Rosmarin würzen.
in Maiskeimöl gebraten	1 EL	84/ 353	
$^1/_4$ Knoblauchzehe			
Salz, Rosmarin			
Radicchiosalat	150 g	40/ 168	Radicchio waschen, zerpflücken und mit Estragonessig und wenig Salz marinieren.
Estragonessig			
Salz			

Abendessen	Menge	kcal/kJ	Zubereitung
Kopfsalat	150 g	30/ 126	Kopfsalat waschen und auf einem großen, flachen Teller anrichten, mit Salz und Estragonessig marinieren.
Estragonessig			
Salz			
Hühnerleber,	200 g	286/1201	Hühnerleber in Kokosfett* braten, mit Salz, Majoran und Curry würzen. Auf dem Kopfsalat anrichten und so servieren.
in Kokosfett gebraten	1El	138/ 580	
Salz, Majoran, Curry			
Nachspeise			
2 Pfirsiche	200 g	92/ 386	Frisch essen.
		1285/5398	

Austauschmöglichkeiten siehe Rotations-Übersichtstabelle, Seite 77/78

IV TAG 24

Frühstück	Menge	kcal/kJ	Zubereitung
Vanilletee			
Müsli aus Sojaflocken,	4 EL	188/ 790	In einen tiefen Teller die halbierten frischen Feigen (getrocknete über Nacht einweichen) geben, mit Sojaflocken bestreuen und mit Holundersaft übergießen.
frischen Feigen (oder 3–4 getrockneten),	200 g	146/ 613	
Holundersaft (Muttersaft)	200 ml	38/ 160	

Mittagessen	Menge	kcal/kJ	Zubereitung
Goldbarschfilet,	200 g	228/ 958	Goldbarschfilet mit Zitrone beträufeln und salzen. In der Pfanne in Sesamöl* scharf anbraten, dann mit geschlossenem Dekkel bei mäßigerer Hitze in ca. 20 Minuten fertigbraten.
in Sesamöl gebraten	1 EL	89/ 374	
Zitrone	1 Stück	5/ 21	
Brokkoli	300 g	99/ 416	Brokkoli in wenig Wasser mit einer Prise Salz ca. 15 Minuten garen, mit Zitronensaft beträufeln.
Salz			
Zitrone	1 Stück	5/ 21	

Abendessen	Menge	kcal/kJ	Zubereitung
Rosenkohl	500 g	260/1092	Rosenkohl putzen und in Salzwasser ca. 20–30 Minuten kochen.
Nachspeise			
Sojamilch	200 ml	76/ 319	Banane mit Gabel zerdrücken, in einem tiefen Gefäß mit der Sojamilch verquirlen.
mit Banane	100 g	90/ 378	
		1224/5142	

Austauschmöglichkeiten siehe Rotations-Übersichtstabelle, Seite 77/78

I TAG 25

Frühstück	Menge	kcal/kJ	Zubereitung
Brombeerblättertee			
Müsli aus Roggenflocken,	4 EL	200/ 840	Apfelkompott: Am Vorabend zubereiten. Äpfel schälen, in Spalten schneiden und in wenig Wasser gar dünsten, mit Ahornsirup süßen. Zugedeckt über Nacht abkühlen lassen.
Apfelkompott,	300 g	165/ 693	
Ahornsirup	3 EL	150/ 630	In einen tiefen Teller Apfelkompott geben, mit Roggenflocken bestreuen.

Mittagessen	Menge	kcal/kJ	Zubereitung
Salatgurke	500 g	50/ 210	Salatgurke schälen und in Scheiben schneiden, wenig salzen; die saure Sahne und feingeschnittenen Schnittlauch darübergeben.
saure Sahne	3 EL	96/ 403	
Schnittlauch			
Kalbsfilet,	200 g	216/ 907	Kalbsfilet am Stück in Olivenöl* scharf anbraten, mit Salz und Salbei würzen.
in Olivenöl gebraten	1 EL	89/ 374	
Salbei			

Abendessen	Menge	kcal/kJ	Zubereitung
Frischkäse (von der Kuh – 20%)	200 g	250/1050	Auf einen großen, flachen Teller eine Scheibe Frischkäse legen, die gewaschenen Erdbeeren dazu anrichten.
Erdbeeren	250 g	92/ 386	
Nachspeise			
Naturjoghurt (mager)	125 g	50/ 210	Kiwi schälen und in Scheiben schneiden, unter den Joghurt heben.
Kiwi	2 Stück	135/ 567	
		1493/6270	

Austauschmöglichkeiten siehe Rotations-Übersichtstabelle, Seite 77/78

II TAG 26

Frühstück	Menge	kcal/kJ	Zubereitung
Matetee			
Warmes Müsli aus Perlsago, roten Johannisbeeren, Johannisbeersaft (Muttersaft)	5 EL 300 g 200 ml	280/1176 111/ 466 100/ 420	100 ml Wasser aufkochen, Perlsago unter ständigem Rühren einstreuen und den Johannisbeersaft zufügen. Bei schwacher Hitze ca. 10 Minuten quellen lassen. Anschließend die Beeren einstreuen.

Mittagessen	Menge	kcal/kJ	Zubereitung
Hasenschlegel, in Erdnußöl gebraten Salz, Pfeffer Liebstöckel	200 g 1 EL	248/1042 84/ 353	Hasenfleisch waschen und mit Küchenkrepp trockentupfen; mit Salz, Pfeffer (schwarz) und Liebstöckel würzen. In Erdnußöl* scharf anbraten und mit heißem Wasser (ca. $^1/_4$ l) aufgießen. Ca. 30 Minuten gar dünsten.
Blumenkohl Muskat	500 g	140/ 588	Blumenkohl in kleine Röschen zerteilen und in wenig Wasser unter Zugabe von Salz und Pfeffer (weiß) garen. Mit Muskat abschmecken.

Abendessen	Menge	kcal/kJ	Zubereitung
Kümmelkartoffeln, auf Backblech gebacken Erdnußöl Salz, Kümmel	400 g 1 EL	320/1344 84/ 353	Nicht zu große Kartoffeln schälen, in Scheiben schneiden, auf das Backblech legen und mit Öl bepinseln, leicht salzen und mit Kümmel bestreuen. Bei ca. 180 °C im Backofen 15–20 Minuten backen.
Nachspeise Grapefruit	200 g	64/ 269	Frisch essen.
		1431/6011	

Austauschmöglichkeiten siehe Rotations-Übersichtstabelle, Seite 77/78

III TAG 27

Frühstück	Menge	kcal/kJ	Zubereitung
Pfefferminztee			
Müsli aus Hirseflocken,	5 EL	168/ 706	Ananas in kleine Würfel schneiden.
frischer Ananas,	300 g	168/ 706	In einen tiefen Teller zuerst die Ananasstücke geben, dann die Hirseflocken darüberstreuen und mit dem Saft übergießen.
Ananassaft	200 ml	100/ 420	

Mittagessen	Menge	kcal/kJ	Zubereitung
Putenschnitzel,	200 g	350/1470	Putenschnitzel in Kokosfett* scharf anbraten, mit Salz und Curry würzen.
in Kokosfett gebraten	1 EL	138/ 580	
Salz, Curry			
Eissalat	100 g	15/ 63	Eissalat waschen, zerpflücken und mit Estragonessig/Salz marinieren.
Estragonessig, Salz			
Nachspeise			
Ricotta (frisch und ungesalzen)	100 g	396/1663	Ricotta (1 Scheibe, 100 g) auf einen großen, flachen Teller geben und im Backofen kurz anwärmen. Mit Honig überträufeln.
Honig	1 EL	60/ 252	

Abendessen	Menge	kcal/kJ	Zubereitung
Rührei,	3 Stück	261/1096	Eier mit der Gabel verquirlen, einen Schuß Mineralwasser zugeben, etwas salzen und in einer Pfanne im Maiskeimöl bei mittlerer Hitze stocken lassen. Verrühren. Auf einen großen, flachen Teller das Rührei geben und den Ziegenkäse dazu servieren.
in Maiskeimöl gebraten	1 TL	42/ 176	
Ziegenkäse	50 g	195/ 819	
		1893/7951	

Austauschmöglichkeiten siehe Rotations-Übersichtstabelle, Seite 77/78

IV TAG 28

Frühstück	Menge	kcal/kJ	Zubereitung
Malventee			
Müsli aus Reisflocken,	6 EL	60/ 252	In einen tiefen Teller zuerst die Banane in Scheiben, dann die Rosinen und Reisflocken geben. Mit dem Heidelbeersaft übergießen.
Banane,	100 g	90/ 378	
Rosinen,	2 EL	30/ 126	
Heidelbeersaft (Muttersaft)	200 ml	126/ 529	

Mittagessen	Menge	kcal/kJ	Zubereitung
Risotto (Naturreis) mit	50 g	186/ 781	Kabeljau mit Zitronensaft beträufeln und salzen. In einer Pfanne den Fisch von beiden Seiten in Sesamöl* scharf anbraten. $^{1}/_{4}$ l Wasser aufgießen und Naturreis zugeben (vorgekocht). Ca. 20–30 Minuten dünsten. Mit Dill und grünem Pfeffer abschmecken.
Kabeljau,	200 g	156/ 655	
in Sesamöl gebraten	2 EL	178/ 748	
Zitrone	1 Stück	5/ 21	
Dill			
grüner Pfeffer			
Nachspeise			
Passionsfrucht	200 g	100/ 420	Passionsfrucht quer durchschneiden und auslöffeln.

Abendessen	Menge	kcal/kJ	Zubereitung
Brokkoli,	500 g	165/ 693	Brokkoli waschen und in kleine Stücke zerteilen, in wenig Wasser kurz dünsten (ca. 8 Minuten). In einer Pfanne Sesamöl* erhitzen, abgetropften Brokkoli dazugeben, etwas salzen und rosa Pfeffer beigeben. Zum Schluß die Sojaflocken über den Brokkoli streuen und kurz anbräunen.
in Sesamöl gedünstet	2 EL	178/ 748	
Salz, rosa Pfeffer			
Sojaflocken	4 EL	188/ 790	
Nachspeise			
Sojamilch	200 ml	76/ 319	Sojamilch mit Banane (zerdrückt) im Mixer aufschlagen. Sofort servieren.
mit Banane	100 g	90/ 378	

Austauschmöglichkeiten siehe Rotations-Übersichtstabelle, Seite 77/78

1628/6838

Ernährungsumstellung – ein Weg, der niemals enden sollte!

Das Rotationsprinzip sollte auch weiterhin die Basis Ihrer Ernährung sein! Nach diesen 28 Tagen haben Sie bereits ein großes Stück auf dem Weg zur Stärkung Ihres Immunsystems geschafft. Sicherlich fühlen Sie schon die Besserung Ihres Gesundheitszustandes. Sie müssen sich aber vor Augen halten, daß der *Umstellungsprozeß nach diesen 28 Tagen nicht abgeschlossen* sein darf; vielmehr sollten Sie weiterhin Ihre Abwehrkräfte mit dieser abwechslungsreichen, natürlichen und gesunden Ernährung aufbauen, festigen und stabilisieren. Nur so können Sie langfristig Ihre Gesundheit erhalten.
Gehören Sie zu jenen, die sich an die Energiereduzierung gehalten haben? Dann sind Sie bestimmt einige Kilos los und erfreuen sich wiedergewonnener Vitalität. Unterstützen Sie Ihren Stoffwechsel auch weiterhin mit der Rotationsernährung!
Die Rotations-Übersichtstabelle (zum Heraustrennen) begleitet Sie auf Schritt und Tritt. Ob beim Einkauf oder im Restaurant – sie ist auch weiterhin Ihre wichtige Hilfe.
Manchmal gibt es auf einer Party oder einer Einladung nicht immer Ihr »Rotationsessen«. Doch Ihr Immunsystem sollte schon so stark sein, daß es Ihnen kleinere »Sünden« verzeiht. Auf keinen Fall sollten Sie nach einem Eßfehler diese Ernährung gänzlich abbrechen. Übergehen Sie ganz einfach den Ausrutscher und fahren Sie am nächsten Tag mit gestärktem Willen im Rotationsprinzip fort. Machen Sie jedoch derartige Ausnahmen nicht zur Regel, sonst sind Sie unversehens sehr schnell wieder in Ihren alten Gewohnheiten.

Wie Sie zusätzlich Ihr Immunsystem unterstützen können

Das Ernährungsprogramm kann

1. durch das Ausschließen der erkannten Nahrungs-Antikörper und
2. durch die Mineralstoffanalyse

mit zusätzlicher Einnahme von Mineralstoffen ergänzt werden. *Grundlage für jede Therapie ist die Ernährungsumstellung!*
Eine Nährstoffkombination aus Lecithin und Haifischöl ist der optimale Schutz für Ihr Immunsystem (Bezugsquelle Seite 195).
Lecithin unterstützt die Leber bei ihrer Entgiftungsarbeit und ist Lieferant lipotroper Nährstoffe, welche das Immunsystem anregen, schädliche Keime abzuwehren, und die Thymusdrüse bei ihren Aufgaben unterstützen.
Haifischöl enthält in hoher Konzentration das wertvolle Squalen. Dies ist die Substanz, aus der unser Körper die Nebennierenhormone herstellt. Bei allen Belastungen durch Streß, falsche Ernährung oder Umweltgifte kann die Nebenniere leicht überfordert werden, was Entgleisungen des Immun-

systems begünstigt. Die zusätzliche Einnahme von Squalen kann dem entgegenwirken.

Bereits 1963 konnte ein immunstimulierender Effekt des Squalens nachgewiesen werden. Darüber hinaus fand sich eine gesteigerte Immunität gegen Krebszellen. Squalen kann die Abwehrkraft bestimmter Immunzellen (Makrophagen) steigern. Zudem kann Squalen verborgene Pilzinfektionen, wie sie typisch sind für ein geschwächtes Immunsystem, bekämpfen.

Auch scheint Haifischöl bestimmte chemische Gifte verdrängen und vor den schädlichen Wirkungen der *freien Radikalen* schützen zu können. Dies sind hochreaktive Stoffe, die sich in der Nahrung und im Körper bilden, die Zellen angreifen und schädigen. Freie Radikale können eine Schwächung des Immunsystems, chronische Krankheiten und vorzeitiges Altern begünstigen.

Der Lohn für Ihre Disziplin

Es liegt auf der Hand, daß die Durchführung dieses Ernährungsprogramms eine gewisse Disziplin erfordert und der Verzicht auf bestimmte Nahrungsmittel anfangs schwer fällt. Doch das Gefühl wiedergewonnener Aktivität, Kraft und Vitalität wird Sie zunehmend stärken und unterstützen. *Versuchungen werden Sie immer leichter widerstehen, weil Ihr Immunsystem sich zunehmend stabilisiert.* Schließlich werden Sie gar nicht mehr verstehen können, daß gewisse Dinge wie ein Stück Schokolade oder die Tasse Espresso für Sie so unheimlich wichtig waren.

Ab sofort bestimmen Sie, was Sie essen und genießen wollen, und nicht mehr die unbewußte Sucht in Ihnen! Leben Sie selbst-bewußt! Der Lohn ist hoch: *Gesundheit, Vitalität, längeres Jungsein und Freude am Leben.*

Mehr Lebensqualität durch eine gezielte Ernährungsumstellung nach dem original JUTTA-POSCHET-IMMUN-DIÄT-SYSTEM.

Medizinische Erfolge der Jutta-Poschet-Immun-Diät unter Ausschluß der erkannten Nahrungs-Antikörper (IgG-Test)

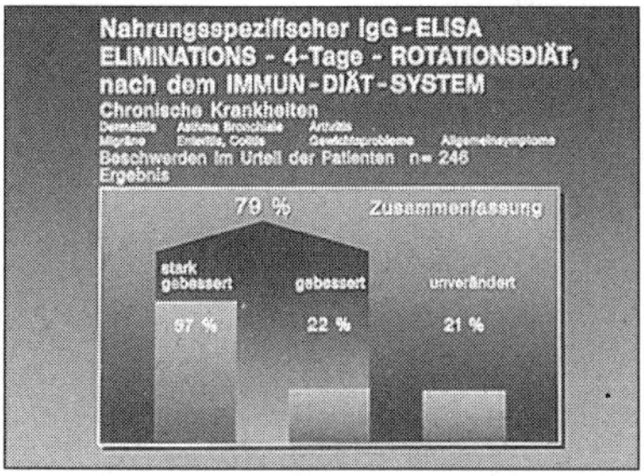

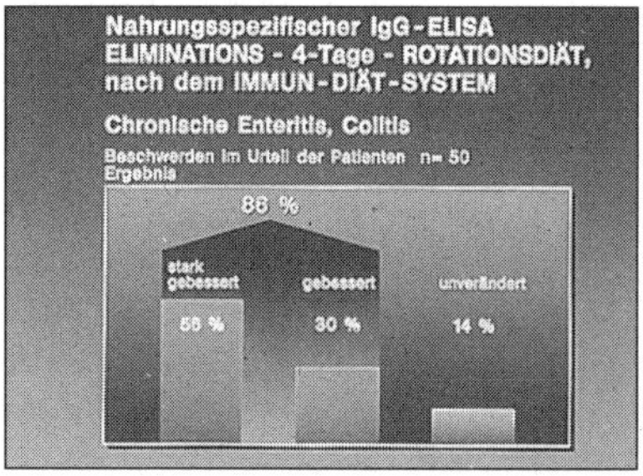

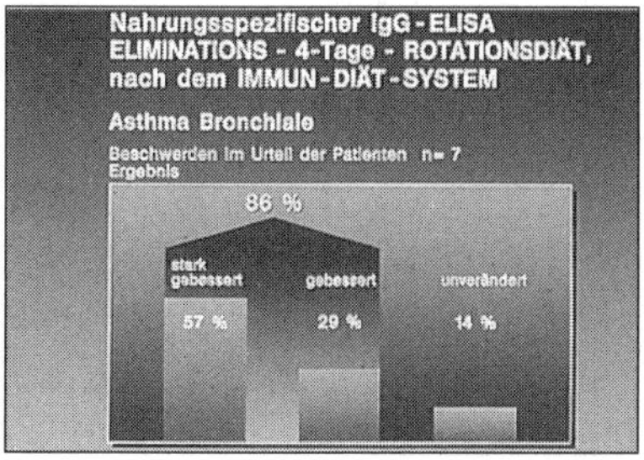

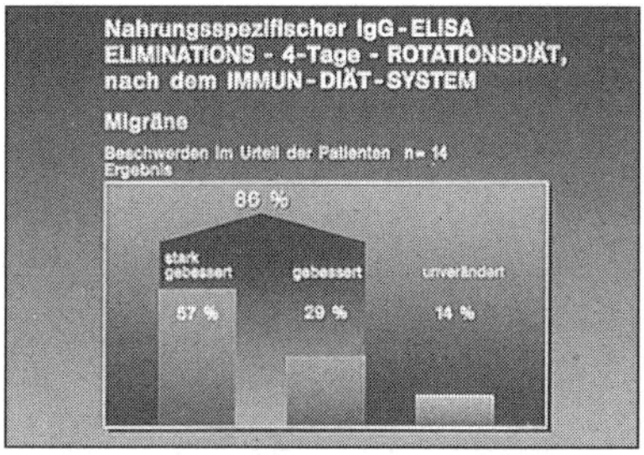

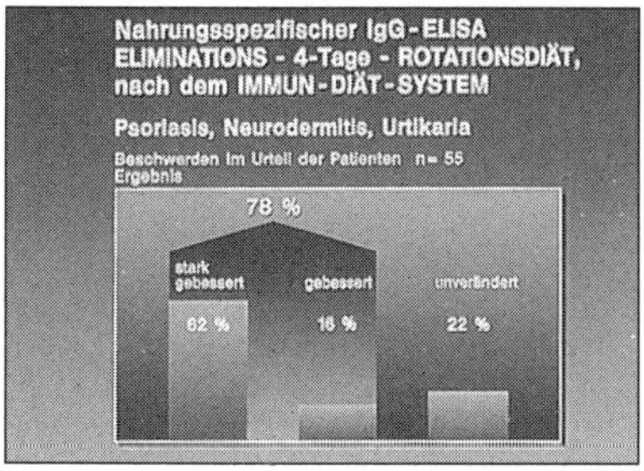

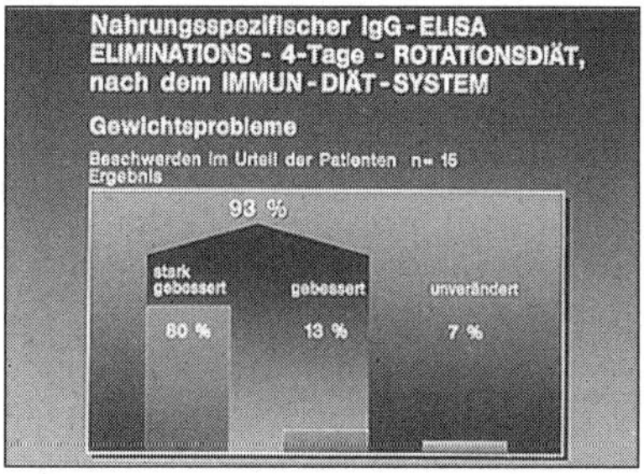

Bitte entnehmen Sie den Grafiken die entsprechenden Krankheitsbilder und deren Erfolgsquoten.

Das Bewegungsprogramm für 28 Tage – und für den Rest Ihres Lebens

Werden Sie aktiv!

Starten Sie noch heute dieses Bewegungsprogramm. Auch wenn Sie sich schwach fühlen und jeder Schritt Ihnen zuviel ist, gerade dann ist es höchste Zeit, Ihren Kreislauf durch Bewegung in Schwung zu bringen, damit die Zellen Ihres Immunsystems und aller anderen Organe wieder optimal mit den lebensnotwendigen Nährstoffen versorgt werden!
Sie haben beschlossen, etwas für Ihr Immunsystem und Ihre Gesundheit zu tun: Sie ernähren sich bereits nach dem Rotationsprinzip. Das ist das eine Bein, das Sie zur Regeneration Ihres Körpers trägt. Das andere Bein ist dieses Bewegungsprogramm. Der optimale Erfolg ist Ihnen sicher, wenn Sie Ernährung und Bewegung kombinieren. Dann werden Sie mit großen Schritten dem »Siechtum« der Zivilisation entrinnen und Höchstleistungen vollbringen, von denen Sie bisher nicht zu träumen gewagt haben.

Ihr Stoffwechsel ist nur so aktiv, wie Sie ihn aktivieren!

Es sollte Sie nicht wundern, daß Ihr Körpersystem auf Sparflamme läuft, wenn Sie nichts tun. Halten Sie sich immer vor Augen: *Bewegungsmangel bringt den Kreislauf auf den Nullpunkt und stört somit den Transport der Nährstoffe zu den Zellen.* »Mein Kreislauf ist schlecht!« Viele Menschen leiden darunter, aber wissen nicht, was dies für ihre Abwehrkräfte und ihre Gesundheit bedeutet! Sie denken nicht darüber nach, was Sinn und Zweck des Kreislaufs sind. Jammernd und verwundert stellen sie hingegen fest, daß sie immer müder und anfälliger werden.

Die Nährstoffe gelangen über Blut und Lymphe zu den Zellen . . .

Aufgabe des Blut- und Lymphkreislaufs ist es, den Sauerstoff aus den Lungen und die Nährstoffe aus dem Darm zu allen Zellen des Körpers zu transportieren. Gleichzeitig müssen alle Gift- und Schlackstoffe von den Zellen entfernt und zu den Ausscheidungsorganen Niere, Leber, Darm, Haut und Lunge befördert werden. Bei schlechter Zirkulation – meist verursacht durch Bewegungsmangel – gelangen die Nährstoffe nicht ausreichend zu den Zellen, die Giftstoffe hingegen stauen sich auf und machen den Immunzellen zu schaffen.

Schließlich können Milliarden Zellen ihre Funktionen und Arbeit nicht mehr erfüllen, altern vorzeitig und sterben ab. Eine Katastrophe für Milliarden Zellen Ihres Organismus. Und Sie merken lange Zeit kaum etwas davon. Der Kreislauf ist eben schlecht. Der Stoffwechsel träge. Die Abwehrkräfte kommen aus dem Gleichgewicht. Doch alles vollzieht sich sehr langsam, über Jahre hinweg, und so gewöhnt man sich an die immer weiteren Einschränkungen der Gesundheit. Bis es eines Tages zum großen Knall, zum gesundheitlichen Zusammenbruch kommt!

Doch lassen Sie es nicht soweit kommen. Aktivieren Sie Ihren Kreislauf, damit all die Nährstoffe aus der Nahrung auch Ihre Zellen erreichen und ein starkes Immunsystem Sie vor allen Schad- und Giftstoffen schützen kann.

> Bewegung verbessert die Nährstoffversorgung der Zellen, unterstützt das Immunsystem und fördert die Entgiftung.

Das Leben in der heutigen Gesellschaft fordert viel, und so sind wir alle in einen festen Zeitplan eingebunden. Das darf Sie aber nicht daran hindern, etwas für Ihre Gesundheit zu tun. Sie ist Ihr höchstes Gut! Sicher haben Sie ein Alibi dafür, daß Sie sich jahrelang zuwenig bewegt haben. Doch Sie müssen sich im klaren darüber sein, daß Sie viel schneller altern und ermüden, wenn Sie nichts für sich tun. Durch Bewegungsmangel kommt es zum vorzeitigen Zellabbau, der Alterungsprozeß wird beschleunigt.

Vielen ergeht es so, daß sie nach stundenlangem Bürositzen am Abend einfach nicht mehr in der Lage sind, sich sportlich zu betätigen. Allein der bloße Gedanke daran bereitet ihnen schon Qualen. Dieses Bewegungsprogramm jedoch ist auch für die ganz und gar Ungeübten, die auf der untersten Leistungsstufe anfangen müssen. Besonders die Dehn- und Lockerungsübungen sowie das Laufen auf dem Zimmertrampolin sind für diese geeignet. In den USA gibt es nicht wenige Manager, die in ihrem Büro ein Zimmertrampolin stehen haben und nach schweren Sitzungen sich in wenigen Minuten damit wieder fit machen. Auch Sie werden es schaffen! Bereits nach 28 Tagen fühlen Sie sich wie neu geboren!

Grundprogramm und Aufbautraining

Das Grundprogramm ist einfach durchzuführen. Es besteht aus Dehn- und Lockerungsübungen der Muskulatur. Diese Übungen entspannen die Muskulatur, lösen verkrampfte und verkürzte Muskelbereiche, lockern

den gesamten Organismus und wecken den Blutkreislauf.
Wenn Sie morgens gleich nach dem Aufstehen mit den Übungen beginnen, sind die Muskeln noch kalt und daher schlecht dehnbar. Deshalb sollten Sie übertriebenes Dehnen und ruckartige Bewegungen vermeiden.

Einfache Dehn- und Lockerungsübungen

Armschwingen

Stellen Sie sich locker in leichter Grätschstellung auf und heben Sie die Arme nach oben. Lassen Sie den Oberkörper leicht nach vorne fallen und die Arme dabei weit nach hinten schwingen. Atmen Sie dabei kräftig aus und federn weich in den Kniegelenken. Lassen Sie die Arme dann wieder nach vorne und oben schwingen. Richten Sie dabei den Oberkörper wieder auf und atmen tief ein. Bleiben Sie ganz locker. Wiederholen Sie das Ganze etwa 10- bis 15mal.

Rumpfdrehen

Leichte Grätschstellung. Halten Sie die Arme horizontal zur Seite und schwingen Sie zuerst nach rechts und dann nach links, wobei sich Kopf, Schultern und Oberkörper mitdrehen.
Wiederholen Sie diese Übung etwa 10- bis 15mal.

Rumpfbeugen nach vorne

Leichte Grätschstellung, die Arme seitlich locker am Körper baumeln lassen. Lassen Sie den Oberkörper nach vorne fallen und versuchen Sie, mit den Händen mehrmals den Boden zu erreichen. Dabei kräftig ausatmen. Dann den Oberkörper wieder aufrichten. Wiederholen Sie die Übung etwa 5mal.

Beinschwingen

Halten Sie sich an einem Schrank, Türpfosten o.ä. (im Freien an einem Geländer, Zaun oder Baum) mit einer Hand fest und schwingen das gegenseitige Bein locker vor und zurück. Jedes Bein etwa 10mal.

Pause

Sie haben den ersten Schritt zur Aktivierung Ihres Körpers gemacht. Sie müssen zugeben, der Zeitaufwand für diese Dehn- und Lockerungsübungen ist minimal – nur wenige Minuten! Jeder kann die Zeit dafür aufbringen. Denken Sie doch mal, was Sie alles für andere machen. Nur an sich, ihren Körper und ihre Gesundheit denken die meisten am wenigsten. Für viele ist es an der Zeit, dies grundlegend zu ändern.

Das Laufen

»Ich selbst laufe jeden Tag etwa eine halbe Stunde«, so Dr. Juchheim. »Jeden Tag erlebe ich aufs neue, wie meine Lungen sich erweitern, mein Kreislauf in Schwung kommt. Ich erlebe bewußt den Sauerstoffeinstrom in mei-

Armschwingen

Rumpfdrehen

Beinschwingen

nen Körper, wenn ich einatme, ich erlebe den Ausstoß der Giftstoffe, wenn ich ausatme, fühle, wie sich die Poren der Haut öffnen und Schweiß und Giftstoffe ausscheiden. Im gleichmäßigen, langsamen Laufschritt erfaßt mich ein Wohlgefühl, ich genieße die Freude des Augenblicks und stimme mich positiv für den kommenden Tag ein.«

Biochemiker nennen das Endorphinausschüttung. Endorphine sind körpereigene Substanzen, welche durch die rhythmischen Bewegungen beim Laufen freigesetzt werden und das Gehirn positiv beeinflussen. Diese positive Stimmung kommt neben der Aktivierung des Kreislaufs und des Lymphflusses unserem Immunsystem zugute. Es bekommt die Nährstoffe, die es braucht, und kann sich von der Anspannung des Tages erholen.

Überlegen Sie! Leben wir nicht vorwiegend nur im Kopf, in dem sich Sorgen, Probleme, Erfolgszwang festgesetzt haben? Davon wird unser Leben beherrscht, unser Immunsystem überfordert und auf Abwehr, Spannung und Überreaktion programmiert.

Regelmäßiges Laufen baut die Verspannungen und Panzerungen ab. Beim Laufen erleben wir ein Abheben im Rhythmus der Beine und Arme. Wir merken, daß wir überhaupt noch einen Körper haben, wir erleben, daß wir atmen, wir spüren unseren Darm, unsere Haut und unsere Kräfte. Erleben Sie diesen Genuß! Erleben Sie, wie Ihr Körper sich mit Sauerstoff füllt und in Einklang kommt!

Das Lauf-Aufbautraining für den Anfänger

Übersichtsplan

So werden Sie sich in 28 Tagen in Form laufen: Sie sollten entsprechend der Tabelle das Laufen durch mehrmalige Gehpausen unterbrechen. Beginnen Sie mit etwa 2 Minuten Laufen und 2 Minuten Gehen im Wechsel.

Einige Tips vor dem Laufen

- Wenn Sie länger als drei Jahre nicht gelaufen oder älter als 40 Jahre sind, sollten Sie Ihren Arzt aufsuchen und ein Belastungs-EKG durchführen lassen.
- Hetzen Sie nicht! Versuchen Sie nicht, Rekorde aufzustellen, und nehmen Sie auf keinen Fall den Streß vom Arbeitsplatz zum Laufen mit. Das Entscheidende ist, daß Sie entspannt laufen. Der 28tägige Übersichtsplan soll Ihnen dabei behilflich sein.
- Nehmen Sie sich genügend Zeit zum Laufen. Lassen Sie sich nicht vom nächsten Termin hetzen. Ihre Gesundheit sollte Ihnen wirklich das Wichtigste sein.
- Bei starkem Übergewicht sollten Sie zunächst mit der kalorienreduzierten Rotationsernährung Gewicht abnehmen und regelmäßig längere Strecken mit dem Rad fahren. Denn beim Radfahren besteht nicht die Gefahr von Überlastungen der Fuß- oder Kniegelenke.
- Laufen Sie nicht in Straßen- oder Turnschuhen. Kaufen Sie sich spezielle Laufschuhe. Sonst kann es leicht zu Überlastungsschäden der Füße kommen.

Die Schuhe sind ein ganz wichtiger Punkt, der Ihnen bei Nichtbeachtung sehr schnell das Laufen verleiden kann. Fragen Sie im Sportgeschäft nach Joggingschuhen. Diese Schuhe verhindern Überlastungen des laufentwöhnten Fußes.

Da beim Laufen das meiste Gewicht auf die Ferse aufprallt, ist eine dicke, elastische Polsterung der Fußsohle besonders unter der Ferse notwendig.

Das Trainings-Aufbauprogramm für Untrainierte

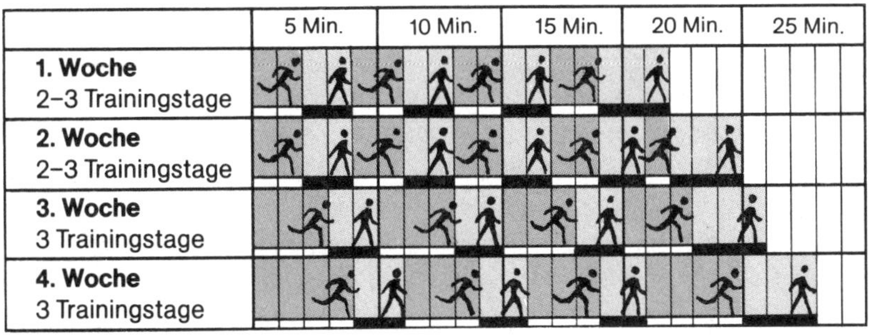

▨ = 1 Minute laufen ☐ = 1 Minute Gehen

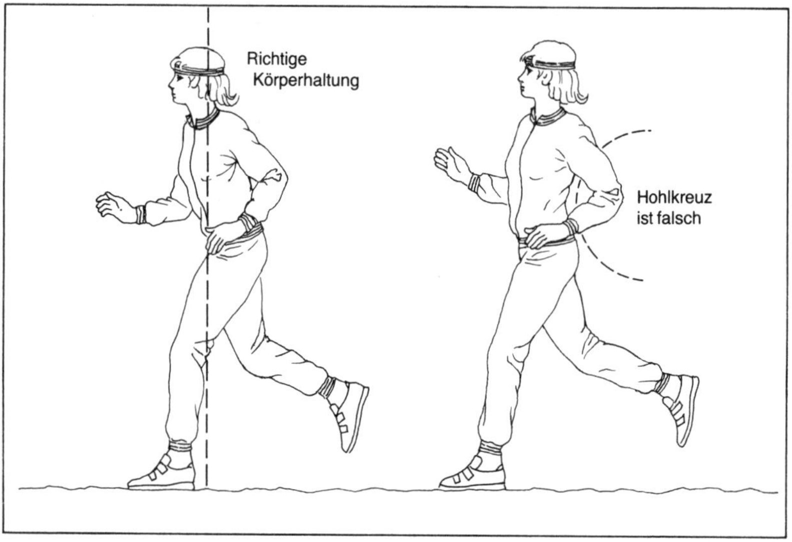

Körperhaltung beim Laufen

Zudem wird die Fußwölbung durch ein spezielles Polster gestützt. Das Oberteil des Schuhs erfordert gutes Anliegen und muß dem Fuß seitlich Halt geben – ohne Beengung. Die Zehenspitzen sollten etwa 3–4 mm von der Schuhspitze entfernt sein.

Die Kleidung spielt beim Laufen eine untergeordnete Rolle. Sie sollte aus Baumwolle sein und weit genug, wie die meisten Jogginganzüge es sind.

Richtig laufen

Genauso wie Gehen ist Laufen eine dem Menschen angeborene Bewegungsform. Durch das Zivilisationsleben haben die meisten Menschen jedoch das Gefühl für den richtigen Bewegungsablauf und Rhythmus verloren. Deshalb sollten Sie folgende Punkte beachten:

- Das Laufen muß Ihnen Spaß machen, wenn Sie sich einmal aufgerafft haben. Andernfalls sollten Sie lieber aufs Trampolin ausweichen, das im nächsten Abschnitt erläutern wird.
- Laufen Sie aufrecht. Laufen Sie nicht nach vorne gebückt und auch nicht mit Hohlkreuz. Schultern, Brust, Bauch, Hüften sollten sich in einer senkrechten Linie genau über den Füßen befinden.
- Ihr Kopf sollte dominieren. Er sollte über Ihrem Körper schweben. Ziehen Sie den Kopf weder nach hinten in den Nacken noch knicken Sie ihn nach vorne. Die Schultern sollten frei nach unten hängen. Auf keinen Fall hochziehen. Wenn Sie den Kopf ganz locker halten, können Sie das

Gefühl bekommen, von einem unsichtbaren Faden getragen zu werden.

- Die Arme sollten locker und zügig im Laufrhythmus vor- und zurückschwingen. Sie sollten nicht zu stark angewinkelt sein. Ballen Sie die Hände nicht zur Faust. Locker in den Handgelenken.
- Machen Sie nicht zu große Schritte, sondern laufen Sie so, wie es für Sie am bequemsten ist.
- Setzen Sie den Fuß mit der Ferse auf und rollen ihn nach vorne ab. Achten Sie darauf, daß Sie den Fuß wirklich parallel zur Laufrichtung halten. Auf keinen Fall schräg!
- Entscheidend für die Atmung ist das Ausatmen. Atmen Sie durch die Nase oder durch den Mund ruhig ein und dann durch den Mund kräftig wieder aus. Atmen Sie im Rhythmus Ihrer Bewegungen – 3 Schritte einatmen, 3 Schritte ausatmen. Sie können aber auch etwas langsamer oder schneller atmen. Wichtig ist, daß Sie Ihren eigenen Rhythmus finden. Laufen Sie ihm nicht davon!
- Haben Sie nicht schon die nächste Wegbiegung als Ziel vor Augen. Dies erschöpft, hetzt und streßt Sie. Laufen oder besser »traben« Sie einfach so dahin, weil Sie etwas Gutes für sich tun wollen. Legen Sie immer wieder Gehpausen ein, wie sie auf dem Übersichtsplan auf Seite 117 dargestellt sind. Sie sollten nicht aus der Puste kommen, da dies zum Sauerstoffmangel führt. Ihr Puls sollte in keiner Laufphase 130 Schläge pro Minute überschreiten.

Beachten Sie diese Punkte und Sie werden nach Überwindung der anfänglichen Trägheit immer mehr Spaß am Laufen finden. Sie sind immer dann richtig gelaufen, wenn Sie sich nach dem Lauf frischer und energiereicher fühlen als vorher. Dann haben Sie Sauerstoff in Ihrem Organismus angereichert und Ihren Kreislauf in Schwung gebracht. Wenn Sie nach dem Laufen erschöpft und müde sind, dann sind Sie zu schnell oder zu hastig gelaufen. Legen Sie das nächste Mal häufigere Gehpausen ein!

Das Zimmertrampolin – die Alternative für alle, die in kürzester Zeit fit sein wollen

Das Zimmertrampolin können Sie in jedem Sportgeschäft kaufen. Es ist platzsparend und kann leicht transportiert werden: Durchmesser 102 cm, Höhe 25 cm. Wenn Sie das Gerät bei sich zu Hause aufstellen, sollten Sie einen Sicherheitsabstand von 1,50 m einhalten. Eine Raumhöhe von 2,40 m ist ausreichend. Wenn Sie mit dem Training auf dem Zimmertrampolin beginnen, sollten Sie vorher immer ein Fenster weit öffnen, damit Sie auch

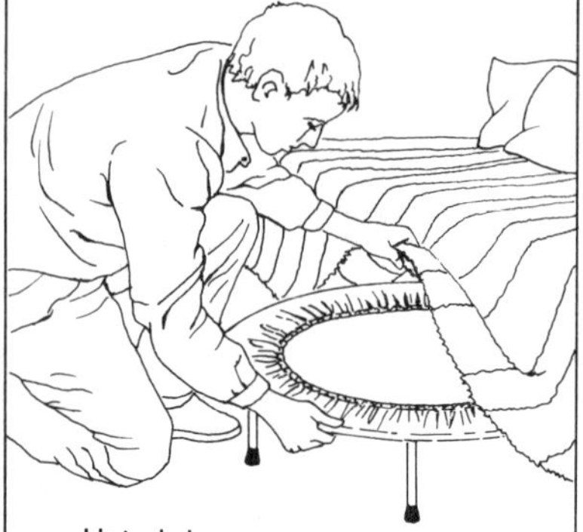

Unterbringung
unterm Bett

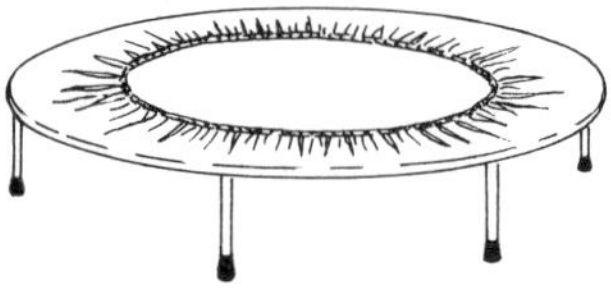

Zimmertrampolin

genügend frische Luft und Sauerstoff bekommen. Dies ist äußerst wichtig, denn genau wie beim langsamen Dauerlauf ist die Anreicherung von Sauerstoff im Körper ein wesentlicher Trainingseffekt des Trampolins. Sie schaffen dies in der Hälfte der Zeit: 10 Minuten Training auf dem Zimmertrampolin entsprechen einem Dauerlauf von 20 Minuten.

Überdies bewirkt das Zimmertrampolin mit seiner weichen, federnden Spezialmatte ein erschütterungsarmes Lymph- und Muskeltraining. Wenn Sie sehr verspannt sind, dann lernen Sie auf dem Zimmertrampolin leichter loszulassen und sich zu lockern. Dieses einfache Sportgerät ist auch für alle, die in der Stadt wohnen und nicht die Möglichkeit haben, in einem Waldstück oder Park regelmäßig zu laufen. Prinzipiell kann jeder, der gehen kann, auch auf dem Trampolin trainieren.

In 10 Minuten können Sie jeden Tag Ihren gesamten Körper lockern. Sie aktivieren Ihren Blut- und Lymphkreislauf, verbessern die Nährstoffversorgung aller Zellen und bringen Ihren Stoffwechsel in Schwung. Durch die Anregung des Lymphflusses kommt es zur Entschlackung und Entgiftung des Organismus und damit zur Verbesserung Ihrer Immunlage.

Sämtliche Organfunktionen werden belebt. Ich empfehle besonders das Laufen, da durch die Kippbewegungen des Beckens (wie beim Dauerlauf) der gesamte Darm massiert und angeregt wird. Ansammlungen giftiger Gase können entweichen und die Spannung im gesamten Bauchraum wird verbessert, was besonders beim durchhängenden, erschlafften Darm von großer gesundheitlicher Bedeutung ist. Die gesamte Verdauung wird angeregt.

Neben dem Aufbau starker Muskelzellen überall im Körper ist die positive Wirkung auf den Knochen hervorzuheben. Vor allem die Knochenentkalkung, wie sie bei Frauen nach dem Klimakterium weit verbreitet auftritt, kann durch regelmäßiges Training auf dem Trampolin wirkungsvoll behandelt werden, da die Mineralstoffaufnahme (Calcium, Magnesium) in den Knochen gefördert wird.

Übungen, die Spaß machen

Wie bei jeder sportlichen Betätigung ist es wichtig, daß Sie das Training mit dem Zimmertrampolin richtig und regelmäßig machen. Oberster Grundsatz: Beginnen Sie vorsichtig, überfordern Sie sich nicht, vermeiden Sie ruckartige Bewegungen und trainieren Sie nicht länger als 10–15 Minuten. Trainieren Sie lieber mehrmals am Tag. Ein Trampolin am Arbeitsplatz ist besonders effektiv. Mit Straßenschuhen sollten Sie nicht trainieren. Auch in Strümpfen sollten Sie nicht auf das Trampolin steigen, da Sie leicht ausrutschen können. Am besten geeignet sind Turnschuhe oder ganz einfach barfuß.

Auf- und Abfedern (1)

Federn Sie sich anfangs ganz locker auf und ab. Springen Sie nicht hoch. Halten Sie Kontakt mit der Matte. Nach wenigen Minuten fühlen Sie sich sicher. Stehen Sie aufrecht und locker, halten Sie den Kopf gerade und lassen Sie Ihre gesamte Wirbelsäule locker mitschwingen.

Armkreisen (2)

Halten Sie dann die Arme horizontal ausgestreckt, während Sie weiter auf- und abfedern. Machen Sie zunächst kleine Kreise, dann größere. Das Ganze etwa 1–2 Minuten. Lockern. Wiederholen Sie die Übung.

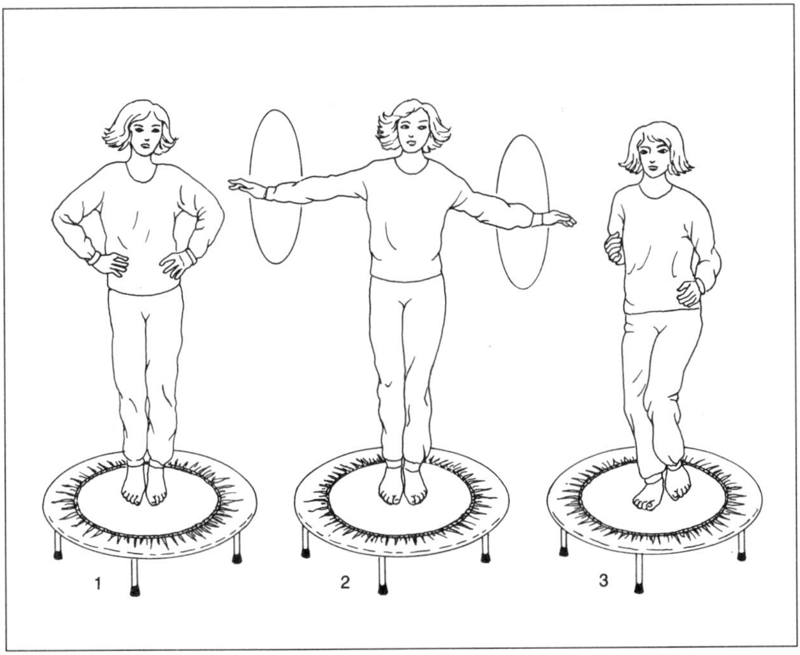

Laufen (3)

Beginnen Sie nun mit einer lockeren Gehbewegung. Mit zunehmender Geschicklichkeit können Sie allmählich in eine Laufbewegung übergehen und die Beine immer höher ziehen. Aber bitte, steigern Sie langsam, lassen Sie falschen Ehrgeiz beiseite, sonst kann es zu Verletzungen kommen. Immer wenn Sie nach dem Training irgendwelche Beschwerden haben, dann haben Sie etwas falsch gemacht: Waren Sie zu verspannt? Sind Sie zu schnell gestartet? Sind Sie zu hoch gesprungen? Haben Sie zu viel gemacht?

Wenn Sie sich nach einigen Wochen große Fertigkeiten angeeignet haben, so sind Ihrer Phantasie keine Grenzen mehr gesetzt. Sie können beliebige Übungen ausführen. Immer jedoch sollten Sie in Ihr Programm eine Laufphase von einigen Minuten einbauen. Und denken Sie an das Wichtigste: Üben Sie locker und entspannt!

Das schräge Brett – ein Wunderding für alle Erschöpften

Wenn Sie völlig erschöpft, erschlagen und erschlafft sind, morgens kaum aus dem Bett kommen, unfähig, auch nur die geringste Gymnastik zu machen, dann ist das schräge Brett das Wunderding, das Sie wieder fit machen kann. Sie können es in jedem Sportgeschäft kaufen. Sie können es an der Wand einhaken oder auf Stützen stellen. Achten Sie darauf, daß es fest montiert ist. Das schräge Brett ist so lang, daß Sie ausgestreckt bequem mit dem Kopf nach unten darauf liegen können. Bitte verwechseln Sie das schräge Brett nicht mit einem »Bauchkiller«, bei dem der Oberkörper frei nach unten hängt.

Das schräge Brett befreit Sie ohne Mühe von der morgendlichen Schwere, von der bleiernen Müdigkeit und macht Ihren Kopf frei und klar. Es verbessert die Butzirkulation und regeneriert das Gehirn. Es bringt natürliche Spannung in Ihren Darm und wirkt der Senkung und Erschlaffung entgegen. In Teil I haben Sie gesehen, wie der erschlaffte und überblähte Darm den gesamten Organismus in Mitleidenschaft zieht.

Wenn Sie überhaupt keine geregelte Ausgleichsbewegung machen und nur den ganzen Tag im Büro oder oft vor dem Fernseher sitzen, dann erschlaffen auch die Blutgefäße. Die Venen sind nicht mehr in der Lage, das Blut aus den Beinen und dem Unterleib nach oben zu pumpen. Entstehung von Krampfadern, Blutstauungen mit der Gefahr von Blutgerinnseln können die Folge sein. Zudem wird die Durchblutung lebenswichtiger Organe wie des Gehirns und der Drüsen beeinträchtigt. Allein die Funktionseinbuße der Nebennieren kann uns bereits beträchtlich aus dem Gleichgewicht bringen, uns müde und schlapp machen. Die vegetativen Zentren im Gehirn sind für sämtliche Körperfunktionen verantwortlich. Die richtigen Impulse aus dem Gehirn machen uns fit und bringen sämtliche Organe in Har-

monie und Einklang. Eine verminderte Durchblutung des Gehirns hingegen beeinträchtigt den gesamten Organismus einschließlich der Verdauung der Nahrung.
Kein Wunder, daß Sie sich nicht zu sportlichen Aktivitäten aufraffen können, wenn Blut und Lymphe in der unteren Körperhälfte versacken, sich Schlacken ansammeln und das Gehirn auf Sauerstoff und andere Nährstoffe wartet.
Wenn Sie zu keiner körperlichen Aktivität fähig sind, auf das schräge Brett können Sie sich legen – mit dem Kopf nach unten! Entspannen Sie sich und lassen Sie das Blut aus den Beinen und dem Unterkörper in den Kopf fließen. Bereits nach wenigen Minuten werden Sie diese aktivierende »Berieselung« spüren. Sie werden merken, wie Frische und Wohlbefinden Ihren Organismus durchströmen. Falls Sie anfänglich schwindelig werden, sollten Sie zunächst das Brett etwas flacher stellen.
Nach einigen Tagen werden Sie sich schon so aktiviert fühlen, daß Bewegungsdrang in Ihnen aufkommt und Sie ohne Mühe weitere Übungen auf dem schrägen Brett durchführen können. Die Übungen auf dem schrägen Brett sind auch für alle, die unter Darmstörungen leiden oder diesen vorbeugen wollen.
Wenn Sie unter hohem Blutdruck, akuten Entzündungen im Magen-Darm-Bereich, Neigung zu Schlaganfall, Herzschwäche oder bestimmten Lungenerkrankungen leiden, sollten Sie Ihren Arzt befragen, ehe Sie mit den Übungen beginnen. Auch bei einem Bandscheibenvorfall der Wirbelsäule sollten Sie sehr vorsichtig sein.

Die Übungen

Liegen und Entspannen (1)

Legen Sie sich auf das schräge Brett mit dem Kopf nach unten. Entspannen Sie sich und lassen Sie Ihre Bauchorgane durch die natürliche Schwerkraft in ihre normale Lage gleiten. Atmen Sie langsam tief ein und aus. Bleiben Sie etwa 10 Minuten so liegen. Machen Sie diese Übung täglich morgens nach dem Aufstehen und abends vor dem Schlafengehen.

Anheben der Beine (2)

Meist nach einigen Tagen können Sie diese Übung anschließen. Halten Sie sich seitlich am Brett fest, heben Sie Ihre gestreckten Beine bis zur Senkrechten und legen Sie sie langsam aufs Brett zurück. Dies strafft Ihre Beinmuskulatur. Der Darm wird aktiviert. Wenn Ihre Bauchmuskulatur schon besser trainiert ist, können Sie diese Übung ausführen, ohne daß Ihre Beine das Brett berühren. Heben und senken Sie die Beine etwa 10mal.

Radfahren (3)

Halten Sie sich seitlich am Brett fest, heben Sie die Beine zur Senkrechten und fahren Sie Rad – etwa 20- bis 30mal.

Kniepresse (4)

Beugen Sie die Kniegelenke und ziehen Sie sie so weit wie möglich bis zur Brust hoch. Mit beiden Armen umfassen und für einige Sekunden fest auf die Brust pressen, dabei den Kopf mehrmals von einer Seite auf die andere drehen. Sie verbessern Ihre Hirndurchblutung und tonisieren Ihre Bauchorgane. Die Beine dann loslassen und gestreckt aufs Brett zurücklegen. Etwa 30 Sekunden entspannen. Das Ganze etwa 4- bis 5mal wiederholen.

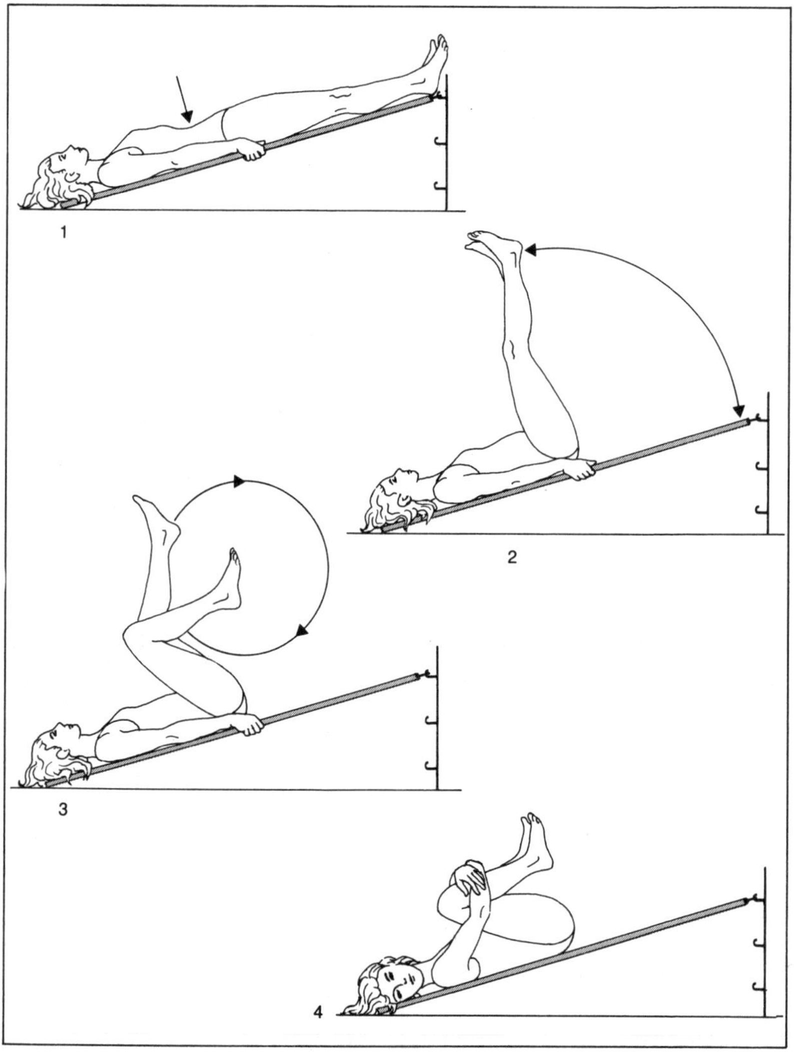

TEIL III

Aus der Sprechstunde

Wie Sie durch Ernährung und Nährstoffe gesund werden

Trotz des raschen Fortschritts in der Medizin und der Entwicklung immer neuer Operationstechniken und chemischer Medikamente ist die wirkliche Medizingeschichte dieses Jahrhunderts eher ein trauriges Kapitel. Die chronischen Beschwerden und Krankheiten nehmen immer mehr zu. Zwar kann die moderne Medizin uns jahrelang am Leben erhalten – dank der »chemischen Keulen« –, doch der Preis ist hoch. Denn durch die Chemikalien werden wir nicht gesund, lediglich die Beschwerden werden erträglich, der Organismus aber wird immer kränker, und wir gleiten in das Siechtum der Zivilisation.

Wir sprechen über Krankheiten, als wenn wir davon urplötzlich, aus heiterem Himmel befallen würden. Wir sprechen über Bakterien, Viren oder Allergien und glauben, daß Krankheiten im völlig gesunden Organismus unerwartet ausbrechen. Die Aufgabe der Medizin ist es dann, diese Eindringlinge und lästigen Beschwerden so schnell wie möglich mit Rezept oder Messer wegzubringen.

Das Konzept der modernen Nährstoffmedizin geht von der Tatsache aus, daß ein gesunder Organismus mit einem kraftvollen Immunsystem nicht aus heiterem Himmel von chronischen Beschwerden und Krankheiten befallen wird. Die Ursache der Zivilisationskrankheiten liegt demnach im geschwächten und überforderten Immunsystem und im kranken Organismus – verursacht durch die Art und Weise, wie wir essen und leben.

Der geschwächte und überforderte Organismus ist die Ursache der chronischen Zivilisationskrankheiten.

Wenn chronische Krankheiten auftreten, dann haben wir unseren Organismus oft jahrzehntelang überfordert und unser Immunsystem geschwächt. Die immer wieder auftretenden Infekte, die Allergien, die Abnützungserscheinungen breiten sich erst im Organismus aus, wenn die Widerstandskraft erlahmt, ja gebrochen ist.

In Teil I dieses Buches haben wir Ihnen den Mechanismus aufgezeigt, wie man durch falsche Ernährung, Lebensweise und Umweltgifte das Immunsystem überfordert und schwächt und seinen Körper für Krankheiten anfällig macht. Dies ist die Basis-Ursache der meisten chronischen Krankheiten. Welche Krankheit wann und wo auftritt, hängt von zahlreichen weiteren Faktoren ab. Die ererbte Veranlagung spielt dabei eine große Rolle.

Das Konzept der Nährstofftherapie ist nicht die Behandlung von Krankheiten. *Ziel der Nährstofftherapie ist es, das Immunsystem und die Widerstandskraft des Organismus zu stärken!* Denn weder Nährstoffe noch Medikamente können eine Krankheit heilen. *Heilen kann allein das Immunsystem, wenn es stark ist!* Lassen Sie Ihr Immunsystem heilen!

Das geschwächte Immunsystem ist ein geschädigtes Organ. Das geschwächte Immunsystem ist stets bemüht, sich zu reparieren. Doch es sind die bekannten Umweltfaktoren, Gifte, Ernährung und Streß, die den Organismus ständig daran hindern. Wenn Sie das Ernährungs- und Bewegungsprogramm durchführen, tun Sie den wichtigsten Schritt zur Reparatur, Heilung und Stärkung Ihres Immunsystems. Die Heilung der Krankheit selbst aber muß das Immunsystem durchführen. Sie geben lediglich den Anstoß, die Anleitung und die Möglichkeit dazu. Sie führen sozusagen eine Operation ohne Messer durch. Genau wie ein Chirurg, der dafür sorgt, daß das gebrochene Bein wieder zusammenwachsen, das heißt, heilen kann. Den Heilungprozeß selbst muß aber der Körper durchführen.

Jeder Heilungsprozeß braucht Ruhe. Wenn Sie auf einem gebrochenen Bein ständig herumlaufen, dann kann es nicht heilen. Wenn Sie Ihr geschwächtes Immunsystem permanent stressen, dann kann es ebenfalls nicht heilen. Deshalb ist es so wichtig, daß Sie mit Hilfe des Bewegungsprogramms Ihre Spannungen abbauen, daß Sie viel schlafen und Ihrem gestreßten Immunsystem Ruhe gönnen.

Fieber – eine wichtige Waffe des Immunsystems

Viele Patienten sagen: »Eigentlich bin ich gesund, ich habe nie Fieber oder Erkältungen, wenn mich nur nicht diese schrecklichen Allergien plagen würden!«

Genau das ist der springende Punkt. Denn Erkältungen, Fieber, welche akut aufflackern, sind Abwehrreaktionen eines starken Immunsystems, Allergien dagegen eines schwachen Immunsystems. Fast immer werden akute Symptome mißverstanden und mit Fieberzäpfchen und ähnlichen Chemikalien behandelt. Damit nimmt man aber dem Immunsystem seine Waffen. Das Immunsystem wird geschwächt. Wenn es Fieber nicht mehr als Abwehrmittel einsetzen kann, können Schadstoffe sich leicht und ungehindert im Organismus anreichern. Immunsystem und Organismus werden chronisch geschädigt. (Anmerkung: Selbstverständlich meinen wir hier nur Fieberreaktionen, die nicht lebensbedrohlich sind und sich nicht über einen längeren Zeitraum hin erstrecken.)

Wie man mit diesem Programm erfolgreich Krankheiten behandeln kann

In diesem Abschnitt stellen wir Ihnen unser Programm zur Behandlung chronischer Krankheiten vor. Sie erhalten Tips zu den einzelnen chronischen Krankheiten, wir sagen Ihnen, was Sie für Ihre Schönheit und gegen das Altern tun und wie Sie sich vor Umweltgiften schützen können. Alle Behandlungen, die wir durchführen, basieren auf diesem Ernährungsprogramm. Es ist die Grundlage der modernen Ernährungs-Immunologie.

Neben der Mineralstoffanalyse aus dem Haar und dem IgG-Nahrungs-Antikörpertest, die Sie selbst oder mit Hilfe Ihres Arztes durchführen können (Seiten 62, 67), testen und behandeln wir bei Allergien und zahlreichen anderen hartnäckigen Beschwerden und Krankheiten mit homöopathisch dosierten Nahrungsextrakten. Diese natürliche, moderne Immuntherapie ohne jegliche chemische Medikamente wird *Neutralisationsbehandlung* genannt. Mit dieser Behandlung können selbst bei schweren Krankheiten phantastische Erfolge erzielt werden. Amerikanische Wissenschaftler wie Prof. Doris Rapp sprechen von der Therapie der Zukunft und können dies mit eindrucksvollen Beispielen belegen.

Anschließend möchten wir Ihnen die neuartige *Colontherapie* erklären, die Intensiventgiftung des Darmes. Sie entfernt Ansammlungen von Giftstoffen aus dem Darm, entschlackt und entlastet das Immunsystem. Die Colontherapie stellt eine wirkungsvolle Unterstützung dieser Ernährung zur Stärkung des Immunsystems dar.

Provokations-Neutralisations-Hauttest

Was ist Provokation?

Dieser Test unterscheidet sich grundlegend von Hauttests, wie sie üblicherweise durchgeführt werden: Bei der Provokation wird jedes Nahrungsmittel einzeln getestet.
Es wird ein Tropfen des jeweiligen Nahrungsmittels aus einer speziellen Testampulle entnommen und in die Haut eingespritzt. Es bildet sich eine kleine Quaddel, welche genau ausgemessen wird. Die folgenden 10 Minuten muß der Patient darauf achten, ob irgendwelche Symptome provoziert, also ausgelöst werden. Treten beispielsweise bleierne Müdigkeit, Kopfschmerzen oder innere Unruhe auf, so ist dies ein sicheres Zeichen, daß eine Allergie gegen das injizierte Nahrungsmittel vorliegt.
Viele Patienten sind beeindruckt, wenn sie unmittelbar nach der Injektion eines für harmlos gehaltenen Nahrungsmittels plötzlich die Beschwerden spüren, die sie jahrelang zur Verzweiflung getrieben haben. Diese werden dann in ein spezielles Testprotokoll eingetragen.
In einem zweiten Schritt wird nach Ablauf der 10 Minuten die Hautquaddel erneut ausgemessen und nach Konsistenz und Farbe beurteilt. Vergrößert sich diese Hautquaddel über 2 mm oder wird sie dick und hart, dann liegt ebenfalls eine allergische Reaktion vor.
Dieser Provokationstest ist nach unseren Erfahrungen eine sehr sichere Methode zur Erfassung von Nahrungsmittelallergien. Aber auch Schimmelpilze, Pollen oder Umweltchemikalien können auf diesem Weg getestet werden.
Ein weiterer, ganz wesentlicher Unterschied zu üblichen Hauttests: Die Testlösungen sind völlig »natur«, d.h. sie enthalten keine Konservierungsmittel. Das ist sehr wichtig, denn viele Patienten reagieren auf Konservierungsmittel allergisch, was den Provokationstest völlig verfälschen würde.

Die persönlichen Ernährungsrichtlinien

Aufgrund des Provokations-Hauttests werden Ernährungsrichtlinien ausgearbeitet. Jeder Patient erhält die »sicheren« Nahrungsmittel aufgelistet. Das sind die Nahrungsmittel, die keine allergische Reaktion auslösen und die ohne Bedenken gegessen werden können. Dann werden die Nahrungsmittel aufgeführt, die nach dem Rotationszyklus nur jeden 5. Tag gegessen werden sollen. Und drittens werden die Nahrungsmittel zusammengestellt, gegen die eine Allergie besteht und die so lange gemieden werden müssen, bis die Neutralisationsbehandlung wirksam ist.

Was ist Neutralisation?

In einem weiteren Schritt wird nach der Provokation die Neutralisationsdosis getestet. Unter Neutralisation wird die Beseitigung und Löschung der allergischen Beschwerden verstanden. Die Neutralisationsdosis ist also die Verdünnung des jeweiligen allergenen Nahrungsmittels, welche die provozierten Symptome wieder beseitigt.
Dabei wird folgendermaßen vorgegangen: Wenn ein Nahrungsmittel eine Reaktion ausgelöst hat, dann wird das gleiche Nahrungsmittel in einer schwächeren Lösung erneut in der Haut getestet. Nach 10 Minuten wiederum wird beurteilt, ob noch eine Reaktion vorliegt. Sind die provozierten Beschwerden jetzt verschwunden und zeigt auch die Hautquaddel keine Reaktion mehr, dann ist diese schwächere Lösung die Neutralisationsdosis.
Falls auch die schwächere Lösung noch eine Reaktion auslöst, werden weitere Verdünnungen getestet, bis die Neutralisationsdosis gefunden ist. Diese ist von Person zu Person, von Nahrungsmittel zu Nahrungsmittel oder von Baumpollen zu Gräserpollen völlig unterschiedlich. Deshalb wird sie durch den Hauttest exakt bestimmt.
Entdeckt haben die Neutralisationsbehandlung amerikanische Ärzte. Sie waren nicht wenig erstaunt, als sie feststellten, daß selbst schwere Allergiesymptome oft tagelang verschwanden, wenn die Neutralisationsdosis des allergieauslösenden Stoffes injiziert oder eingenommen wurde.

Die Neutralisation baut Allergien ab

In der Apotheke werden die getesteten Neutralisationsdosen zu einer Behandlungslösung vermischt. Mit dieser Neutralisationslösung kann sich jeder Patient dann selbst weiterbehandeln. Die beste Wirkung wird erzielt, wenn sich der Patient einen Tropfen der Behandlungslösung zweimal in der Woche unter die Haut »pikst«. Dies ist überhaupt nicht schmerzhaft und kann leicht durchgeführt werden. Die Neutralisationsbehandlung ist völlig sicher, ohne Risiken und Nebenwirkungen, da die Behandlungslösung nur die exakt ausgetesteten, homöopathischen Verdünnungen der Nahrungsmittel beziehungsweise Pollen oder andere Stoffe enthält. Auch dieser Lösung sind keine Konservierungsstoffe beigesetzt. Deshalb muß die Lösung im Gefrierfach aufbewahrt werden. Für Kinder werden Tropfen zum Einnehmen hergestellt.

Mit der Neutralisationsbehandlung kann jeder gefahrlos selbst seine Allergien abbauen. Die Behandlung muß über einen Zeitraum von ca. 6–9 Monaten, gelegentlich auch länger durchgeführt werden. Diese neue Behandlungsmethode ist die Hilfe für alle, die unter Heuschnupfen, Migräne, Neurodermitis, Asthma oder Hautausschlägen leiden. Auch für jene, die jahrelang chronisch krank sind oder überhaupt keine Speisen mehr vertragen, kann der moderne Provokations-Neutralisations-Hauttest die Methode der Wahl sein.

Gleiches mit Gleichem heilen

Auf diesem Grundprinzip der Homöopathie beruht die moderne Neutralisationsbehandlung. Die krankmachende Wirkung eines Nahrungsmittels oder einer Umweltchemikalie wird durch die richtige Verdünnung aufgehoben. Daß dieses Prinzip wirkt, beweisen nicht nur die Erfolge bei Tausenden von Patienten, die gesund wurden, sondern auch Versuche im Labor. So wirken Stoffe, welche als Reinsubstanzen für das Immunsystem hochgiftig sind, in der homöopathischen Verdünnung immunstimulierend.

Die Therapie der Zukunft

Von amerikanischen und englischen Experten wird das Prinzip der Neutralisation als die Therapie der Zukunft angesehen. Sie sind der Ansicht, daß Millionen Menschen in den Zivilisationsländern falsch behandelt werden – mit Cortison, Antibiotika und Schmerzmitteln. Denn diese Millionen leiden in Wirklichkeit an einem entgleisten oder überforderten Immunsystem, welches durch die Chemie noch mehr belastet wird. Weit mehr könnte ihnen geholfen werden mit simplen Verdünnungen von Nahrungsmitteln!

Der Weg zur Neutralisation			
1. Schritt	2. Schritt	3. Schritt	4. Schritt
Hauttestung: Provokation und Neutralisation. Dauer 2–3 Tage (ambulant).	Individuelle Ernährungsrichtlinien.	Herstellung der Neutralisationslösung (enthält die getesteten Verdünnungen).	Jeder Patient kann sich die hergestellte Lösung selbst injizieren (für Kinder auch Tropfen zum Einnehmen möglich).

Colontherapie – die Intensiventgiftung

Was ist Colontherapie?
Die Colontherapie besteht aus Spülungen des Dickdarms (Colon) mit Wasser unterschiedlicher Temperatur. Wie Sie im Kapitel über die Verdauung bereits erfahren haben, ist es die Funktion des Colons, die Nahrungsabfälle auszuscheiden, Wasser, Vitamine und Mineralstoffe in die Blutbahn aufzunehmen und das Immunsystem zu trainieren.

Colontherapie entgiftet den Darm und entlastet das Immunsystem

Bei den Colonspülungen werden alle Fäulnis-, Gärgifte und verwesenden Stuhlrückstände (siehe Seite 55–57, Alarm – Selbstvergiftung), welche sich im Dickdarm angesammelt haben, herausgespült. Dadurch kommt es zur intensiven Entgiftung des Darmes und zur Entlastung des Immunsystems. Gleichzeitig kann die Funktion des Colons gebessert werden. Blähungen und Blähbauch können wirkungsvoll beseitigt werden.
In diesem Buch wurde aufgezeigt, welche Folgen Darmstörungen für unseren gesamten Organismus haben. Daher ist die Colontherapie in vielen Fällen von größter Bedeutung. Eindrucksvolle Therapieerfolge bestätigen dies.

Die Durchführung der Colontherapie

Die Colontherapie wird von geschultem Personal durchgeführt. Durch die Entwicklung des modernen Colontherapiegerätes sind die Spülungen eine völlig saubere und hygienische Behandlung ohne jedes Risiko. Die Behandlung erfolgt mit sterilen Einmalschläuchen. Die Übertragung von Infektionen ist ausgeschlossen.
Die Spülung erfolgt über ein geschlossenes System. Es kommt zu keiner Geruchsbelästigung. Der Darminhalt fließt über das Spülgerät direkt in den Abfluß. Der Patient muß während der Spülung nicht aufstehen und die Toilette aufsuchen. Die Spülung ist nicht unangenehm.
Nach der Spülung – berichten die Patienten – *spüren sie das unwahrscheinlich »cleane« Gefühl – sie fühlen sich befreit, haben einen »freien« Kopf, sind entspannt* – vielleicht ein bißchen müde.

Nach der Colonbehandlung ruhen sich die Patienten in einem behaglichen Ruheraum für etwa 30 Minuten aus und entspannen sich – ein wichtiges Ritual.

Wie die Behandlung für den Patienten abläuft

Im Behandlungszimmer erklärt der Assistent genau, wie die Spülung abläuft und was dabei geschieht. Zunächst wird ein steriles Einmalspekulum in den Analkanal eingeführt. Dieses ist ein etwa daumendickes Röhrchen, welches unter Verwendung von reichlich Gleitmittel langsam und vorsichtig wenige Zentimeter eingeführt wird. Der Patient liegt dabei entspannt, mit einem Badetuch bedeckt, auf einer bequemen Liege.

Die Spülung wird mit warmem Wasser begonnen. Der Einlaufdruck ist minimal, ungefähr so groß, wie wenn Sie Wasser aus einer Höhe von 10 bis 15 cm einlaufen lassen. Das Wasser tröpfelt also förmlich in den Darm ein. Deshalb besteht kein Risiko! Für viele Patienten ist es ein Erlebnis, zum ersten Mal in ihrem Leben in ihren Darm »hineinzuhorchen«.

Es dauert etwa 10 Minuten, bis der Dickdarm mit Wasser gefüllt ist. Durch das warme Wasser entspannt sich die Ringmuskulatur der Darmwand, Verkrampfungen lösen sich. Der Patient spürt, wie das Wasser durch das Sigma (= S-förmiger Enddarmabschnitt) und den absteigenden Dickdarm auf der linken Bauchseite läuft, dann das querverlaufende Colon im Oberbauch füllt und schließlich die rechte Bauchseite erreicht. Der gesamte Dickdarm gewinnt an Spannung, das kann der Patient deutlich fühlen. Der Wassereinlauf wird jetzt abgestellt und der Ablauf des Wassers aus dem Darm durch manuelle Regulierung des Colongerätes ermöglicht.

Der Darm beginnt zu arbeiten. Dabei kann es zu gelegentlichen Krämpfen kommen, welche von dem Assistenten mit streichender Bauchmassage beseitigt werden. Mit großen, wellenförmigen Colonbewegungen bringt der Darm das Wasser samt den gelösten Stuhl- und Fäulnisresten zur Ausscheidung. Diese durchlaufen ein Sichtfenster am Spülgerät und verschwinden dann im Abfluß. Über das Sichtfenster kann beurteilt werden, wie weit die Fäulnis- und Zersetzungsprozesse im Darm bereits fortgeschritten sind.

Pro Behandlung wird der Dickdarm mehrmals auf diese Weise gespült. Die gesamte Behandlung dauert 45 Minuten. Anschließend wird reiner Sauerstoff in den Darm eingeleitet, um die geschädigte Darmflora zum Abheilen zu bringen.

Einige Patienten haben einen stark verkrampften Dickdarm. Diese empfinden es gerade bei den ersten Spülungen manchmal als unangenehm, wenn der Darm zu arbeiten beginnt. Dann wird genau erklärt, wie die peristaltische Welle abläuft, die sie gerade spüren. Wenn die Patienten den ganzen Vorgang verstehen, dann weichen die unangenehmen Empfindungen sehr rasch. Die Patienten entkrampfen sich und hindern ihren Darm nicht mehr daran, sich zu entleeren. Die Mehrzahl der Patienten empfinden die Colonspülungen als äußerst angenehm.

Zeitlicher Ablauf

Die Colonspülungen werden meist dreimal in der Woche durchgeführt. Zunächst sind etwa 8 bis 10 Spülungen in einem Zeitraum von drei bis vier Wochen erforderlich. Dann wird eine Pause von etwa zwei bis drei Monaten eingelegt, in der aber das Ernährungsprogramm weitergeführt werden muß. Falls in dieser Zeit der gewünschte Erfolg noch nicht eingetreten ist, sollten einige Wiederholungsspülungen (3 bis 5) angeschlossen werden.

Wann sollte die Colontherapie nicht durchgeführt werden?

Die Colontherapie sollte nicht durchgeführt werden bei schweren Darmentzündungen oder bei bösartigen Erkrankungen des Darmes. Diese werden vor der Colontherapie durch Röntgenaufnahme oder Coloskopie abgeklärt, und eine Therapie wird ausgeschlossen, wenn sich Verdachtsmomente ergeben.

Wie die Colontherapie wirkt

Ansammlungen giftiger Gase werden aus dem Darm entfernt. Der Patient spürt eine augenblickliche Erleichterung, besonders wenn diese Blähgase jahrelang Herz und Brustraum irritiert haben. In nicht wenigen Fällen verschwinden jahrelange Herzrhythmusstörungen. Auch das Gefühl, nicht richtig durchatmen zu können, wird fast immer beseitigt.
Faulende und gärende Stuhlrückstände werden durch das Wasser gelöst und ausgeschwemmt. Diese Stuhlrückstände können zu meterlangen, streifenförmigen Gebilden verkleben, welche fest an der Darmwand anhaften und ständige Entzündungen verursachen. Auch Bakterien-, Parasiten- und Pilznester können herausgespült werden. Alle diese Giftherde stellen eine massive Belastung für das Immunsystem und den gesamten Organismus dar.
Entzündungen der Darmschleimhaut können durch die Ausschwemmung toxischer Rückstände zur Abheilung gebracht werden. Auch die Darmflora kann sich erst regenerieren, wenn sich nicht ständig faulende Stuhlmassen im Darm aufstauen. Deshalb ist die Colontherapie zur Beseitigung von Störungen der Darmflora immens wichtig. Durch Einnahme von Bakte-

Deformierte Dickdarm-Beispiele nach Röntgenbildern ▶

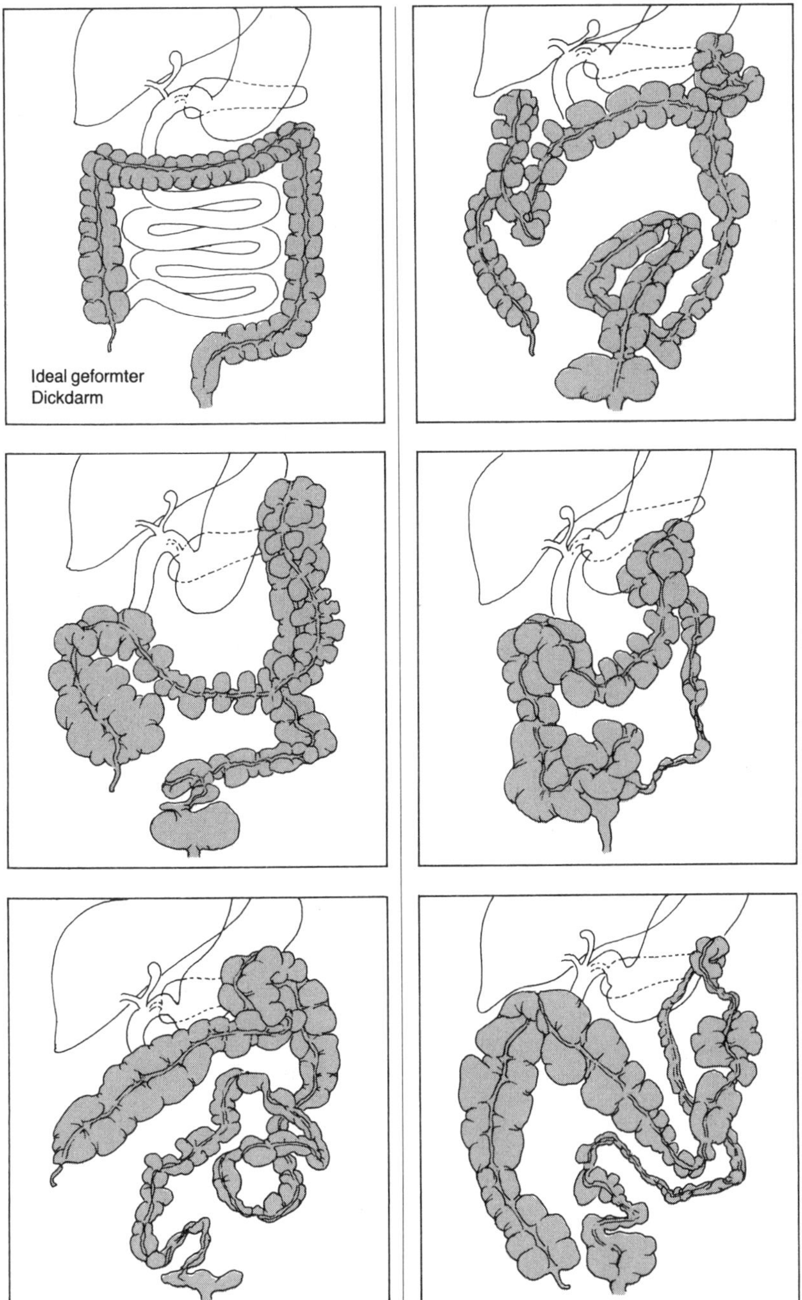
Ideal geformter
Dickdarm

rienpräparaten kann kaum eine Besserung der Darmflora erzielt werden, solange permanent toxische Rückstände im Darm vorhanden sind.
Ferner wird durch die Colonspülung die Ausscheidung von Umweltgiften angeregt.

Wann tritt der Erfolg ein?

Nicht selten ist es der Fall, daß es unmittelbar nach Beendigung der Spülungen zu einem kurzfristigen Rückfall kommt. In unserer Praxis hatten wir eine Patientin, die an einer schweren allergischen Hautkrankheit litt und von unerträglichem Juckreiz geplagt wurde. Eine Woche nach Beendigung der Colontherapie kam sie entrüstet in die Sprechstunde:
»Sehen Sie, mein Hautausschlag plagt mich wieder wie vor der Behandlung!«
Wir konnten sie beruhigen, und wir erklärten ihr, daß das nur eine kurzfristige Reaktion sei.
»Es ist ein Zeichen, daß Ihr Immunsystem reagiert, das klingt nach einigen Tagen wieder ab.«
Wir bestärkten sie, nicht zu früh aufzugeben und die Ernährung weiter einzuhalten.
»Na gut«, sagte sie etwas ungläubig, »ich gebe mir und Ihnen noch eine Woche Zeit.«
Mehrere Wochen hörten wir nichts von der Patientin, bis eine Bekannte auf ihre Empfehlung in die Praxis kam. Auf Befragen, wie es der Dame gehe, erzählte uns die neue Patientin, daß Hautausschlag und Juckreiz völlig verschwunden seien.
»Und sie kann wieder alles essen!«

Warten Sie nicht zu lange!

Werfen Sie einen Blick auf diese Darstellung von Röntgenbildern (Seite 135), wie sie in der Praxis des Röntgenologen an der Tagesordnung sind. Der Dickdarm ist überbläht, es finden sich verkrampfte Abschnitte, Knickungen, Überblähungen, Verdrehungen oder Verschlingungen. So sieht der typische Zivilisationsdarm aus – es ist der Darm, wie ihn viele Millionen Bundesbürger haben, wenn zum Beispiel jahrelang Abführmittel geschluckt wurden.
Sie können sich vorstellen, daß es nicht einfach ist, eine Normalisierung zu erzielen. Warten Sie daher nicht zu lange. Vernachlässigen Sie auf keinen Fall Ihre Darmprobleme!

Je früher Sie mit Ernährungsumstellung und Colontherapie beginnen, desto besser sind die Erfolgsaussichten!

Krankheiten von A–Z

Chronische Krankheiten müssen nicht sein

In diesem Abschnitt stellen wir Ihnen dar, wie Sie allein durch Ernährung und Nährstoffe gesund werden können. Selbstverständlich können wir keine Garantie für den Behandlungserfolg geben. Auch kann die Nährstofftherapie nicht in jedem Fall eine Behandlung mit den üblichen medizinischen Mitteln und Medikamenten ersetzen. Bevor Sie Medikamente absetzen, sollten Sie daher Ihren Arzt konsultieren. Auch sollten alle unklaren Symptome vorab durch eine genaue ärztliche Untersuchung abgeklärt werden.

Welche Nahrungsmittel und/oder Zusatzstoffe schaden können

Zahlreiche Tests haben gezeigt, daß Nahrungsmittel oder Zusatzstoffe einige Krankheiten durch schädliche Immunreaktionen mitverursachen können. Einige Beispiele sind bei den Krankheiten aufgeführt. Bei hartnäckigen Beschwerden sollten diese mit dem Nahrungsallergietest (IgG-Antikörpertest) abgeklärt oder durch Neutralisation behandelt werden.

Nährstoffe, Vitamine, Mineralstoffe

Zu jeder Krankheit geben wir die Nährstoffe an, welche bei dem jeweiligen Krankheitsbild hilfreich sein können. Welche Mineralstoffe Sie persönlich zusätzlich benötigen, kann erst aufgrund einer *Mineralstoffanalyse* bestimmt werden. Deshalb sollten Sie auf alle Fälle eine solche Analyse (Seite 62) durchführen lassen, ehe Sie mit der Einnahme von Mineralstoffen beginnen. Die Dosierung der Mineralstoffe richtet sich nach dem Körpergewicht und nach der Ausprägung des Mangels. Sämtliche empfohlenen Nährstoffkapseln können auf Rezept über Ihre örtliche Apotheke beim Hersteller (Seite 195) bezogen werden.

Wie lange sollen Nährstoffpräparate eingenommen werden?

Vitamin- und Mineralstoffpräparate sollten intervallmäßig eingenommen werden. Es ist günstig, die Nährstoffe drei Monate einzunehmen, dann sollte eine Einnahmepause von zwei bis vier Wochen eingelegt werden. Anschließend können die Nährstoffe wiederum drei Monate zugeführt werden. Um Defizite auszugleichen, sollte diese Intervallbehandlung etwa sechs bis zwölf Monate durchgeführt werden. Danach sollte durch eine erneute Analyse der Mineralhaushalt kontrolliert werden.

Akne

Akne wird üblicherweise mit Antibiotika oder mit Vitamin-A-Säure behandelt. Diese Therapie ist oft nur erfolgreich, solange die Präparate eingenommen werden. Nach Absetzen kommen die Aknepusteln meist rasch wieder – oft schlimmer als vorher. Besonders die langfristige Antibiotikatherapie fördert die Ausbreitung von Hefepilzen (Candida) im Darm. Das wiederum kann versteckte Nahrungsallergien anheizen. Die Nährstofftherapie befaßt sich mit den Ursachen der Krankheit. Dabei spielen chronische Stuhlunregelmäßigkeiten und Immunreaktionen gegen die Nahrung oft die Hauptrolle. Auch unerkannte Belastungen mit Umweltgiften können immer wiederkehrende Aknepusteln (Chlorakne) auslösen.

Welche Nahrungsmittel schaden können

Süßigkeiten, Schokolade, schwere fettreiche Speisen, Hefe, Alkoholika, Limonaden, Eis, Weißbrot, Semmeln.

Was Sie tun können

- Führen Sie die Rotationsernährung (IMMUN-DIÄT) einige Monate durch (S. 77 ff.).
- Bewegungsprogramm (S. 112).
- Bei Stuhlunregelmäßigkeiten sind sechs bis acht Colonspülungen (Colontherapie) angezeigt (S. 132). Dazu Fenchel- und Käsepappeltee.
- Aufbau der Darmflora mit Milchsäurebakterien auf antiallergener Basis (Präparat: Vital-Dophilus) und Perenterol®-Kapseln.
- IgG-Nahrungs-Antikörpertest und Ausschluß belastender Antikörper, d. h. Nahrungsmittel (S. 67).
- Neutralisationsbehandlung (S. 130): versteckte Nahrungsallergien?

Nährstoffe, Vitamine, Mineralstoffe

Vitamin A: Steigert die Widerstandskraft gegen Bakterien und ihre Gifte.
Vitamin E: Unterstützt Vitamin A.
Zink: Ist wichtig für den Hautstoffwechsel und das Immunsystem.
Knoblauch: Enthält das natürliche Antibiotikum Allicin und wirkt gegen schädliche Darmbakterien.

Zusätzliche Nährstoffempfehlung

Basis-Vitamin-Mineral + Kupfer + Eisen, Kapseln.
Haifischöl-Lecithin, Kapseln.

Alkoholsucht

Übermäßiger Alkoholkonsum ist außerordentlich weit verbreitet, meist in Verbindung mit einseitiger Ernährung (Schnellrestaurants, Kantinen). Alkoholismus ist durch Sucht und Abhängigkeit verursacht. Diesen Mechanismus haben wir ausführlich beschrieben. Das Immunsystem spielt bei der Sucht eine große Rolle. Der ganze Organismus wird dadurch in Mitleidenschaft gezogen.
Alkohol raubt dem Körper B-Vitamine, Zink, Magnesium und Chrom. Die Folgen können sein: Störungen im Kohlenhydratstoffwechsel, Verlangen nach Süßigkeiten, chronische Müdigkeit, Nebennierenerschöpfung.

Welche Nahrungsmittel schaden können

Süßigkeiten, Süßspeisen, denaturierte Kohlenhydrate, jegliche Alkoholika.

Was Sie tun können

- Ernährungsumstellung (IMMUN-DIÄT, S. 77 ff.) auf mageres Fleisch, Fisch, Huhn, viel Rohkost, frisches Gemüse, Salate. Frische Getreideflocken, Milchprodukte, Quark, Sauermilch, Butter, Käse. Kaltgepreßte Pflanzenöle.
- Mineralstoffanalyse aus dem Haar (S. 62) zur Erfassung einer Mangelkrankheit.

Nährstoffe, Vitamine, Mineralstoffe

Vitamin B_6 (50 mg): Gegen Unruhe, innere Nervosität.
Zink (40 mg): Stärkt die Widerstandskraft.
Magnesium: Wirkt harmonisierend.
Chrom: Hilft gegen Heißhunger nach Süßigkeiten.

Zusätzliche Nährstoffempfehlung

Basis-Vitamin-Mineral + Kupfer, Kapseln.
Vitamin B_6, Tabletten.
Zinkorotat, 20 Tabletten.

Allergien

Nach Schätzungen leiden mindestens 18 Millionen Bundesbürger an Allergien. Die wesentliche Ursache ist die Überforderung des Immunsystems durch falsche Ernährung, Streß, Chemikalien, Lebensmittelzusatzstoffe, Schimmelpilze, Umweltgifte. Durch Testung des Immunstatus können bei vielen Allergien eine Schwächung und Störungen des Immunsystems nachgewiesen werden. Allergien sind somit Reaktionen des geschwächten Immunsystems. Die übliche Therapie mit Cortisonpräparaten unterdrückt die Immunreaktionen und führt dadurch bei längerer Behandlung zur weiteren Schwächung des Immunsystems. Die Nährstofftherapie zielt darauf ab, das Immunsystem zu entlasten und zu stärken. Denn ein gestärktes Immunsystem verliert seine allergischen Reaktionen.

Welche Nahrungsmittel schaden können

Süße Kuhmilch: Milch, Quark, Butter, Buttermilch. (Essen Sie statt dessen: Sauermilch, Joghurt, Schaf- und Ziegenmilchprodukte, Büffelmozzarella! Diese Milchprodukte sind sehr wichtig!)
Hefe: enthalten in Brot, Backwaren, Süßigkeiten.

Was Sie tun können

- Rotationsernährung (IMMUN-DIÄT, S. 77 ff.) mit reichlich Rohkost mittags.
- Bei Allergien, besonders Heuschnupfen, Asthma, Hautausschlägen, ist die Neutralisationsbehandlung angezeigt (S. 130).
- Mineralstoffanalyse aus dem Haar (S. 62) zur Abklärung einer Störung im Calciumhaushalt, von Magnesium- oder Manganmangel.
- IgG-Nahrungs-Antikörpertest (S. 67) bei versteckten und »verzögerten« Allergien.
- Essen Sie reichlich naturreinen Honig und Lebertran.

Nährstoffe, Vitamine, Mineralstoffe

Vitamin C: Stärkt die Immunzellen.
Calcium: Schützt vor Allergien.
Magnesium: Schwächt allergische Reaktionen ab.
Kalium: Geht bei Allergien dem Körper vermehrt verloren.
Pantothensäure: Hilft gegen Streßbelastungen.
Lecithin: Unterstützt die Entgiftung der Leber und stärkt das Immunsystem.
Germanium: Verbessert die Sauerstoffverwertung im Organismus.

Zusätzliche Nährstoffempfehlung
Haifischöl-Lecithin, Kapseln.
Calciumorotat, Tabletten.
Basis-Vitamin-Mineral-Kapseln.

Arteriosklerose

(Gefäßverkalkung)

Die Folgen der Arteriosklerose – Herzinfarkt, Schlaganfall, Durchblutungsstörungen – sind die häufigsten Todesursachen. Die Verkalkung der Blutgefäße beginnt unmerklich bereits in der Jugend. Diese erschreckende Tatsache kam durch eine Studie der Weltgesundheitsorganisation (WHO) ans Tageslicht. Bei einem hohen Prozentsatz angeblich gesunder Jugendlicher, welche durch Unfälle ums Leben gekommen waren, fanden sich bereits Ansätze von Gefäßverkalkung. Im Koreakrieg wurde bei 75 Prozent von 20jährigen gefallenen Amerikanern Arteriosklerose festgestellt. Die Ursachen der Arteriosklerose sind Überernährung, Streß und Umweltgifte (Zigarettenrauch). Deshalb kann allein durch Ernährungsumstellung und Nährstofftherapie der Arteriosklerose vorgebeugt werden. Achten Sie auf tägliche Bewegung.

Welche Nahrungsmittel schaden können

Alle »raffinierten« Kohlenhydrate: Weißbrot, Semmeln, Süßigkeiten, Schokolade, Süßspeisen, Zucker, Stärke, Auszugsmehl, Teigwaren, Kakao usw. Süßes Obst. Erhitzte Fette, fettreiche Speisen.

Was Sie tun können

- Führen Sie die Rotationsernährung (IMMUN-DIÄT, S. 77 ff.) durch.
- Legen Sie besonderen Wert auf mageres Fleisch, Fisch, Huhn, kaltgepreßte Pflanzenöle, Gemüse, Bohnen, Salate, Sauermilchprodukte, Schaf- und Ziegenmilchprodukte.
- In Maßen: Kartoffeln, brauner Reis, frische Getreideflocken, Obst.
- Der IgG-Nahrungs-Antikörpertest (S. 67) kann die Nahrungsmittel aufdecken, die im Blut Immunkomplexe bilden. Diese können an der Entstehung von Gefäßverkalkung mitwirken.
- Bewegungsprogramm (S. 112).
- Mineralstoffanalyse aus dem Haar (S. 62): Herzinfarktrisiko?

Nährstoffe, Vitamine, Mineralstoffe

Calcium, Magnesium und Kalium: Entkrampfen die Blutgefäße, regulieren den Herzschlag.
Chrom: In chromreichen Gebieten gibt es kaum Gefäßverkalkung. (Vorkommen in frischen Getreideflocken, Kartoffeln, Reis, Bohnen.)
Selen: Schützt die Herzzellen.
Niacin (= Vitamin B_3): Regt den Kreislauf an und senkt hohen Blutdruck.
Vitamin E: Beugt Blutgerinnseln vor.
Haifischöl: Schützt die Blutgefäße vor Verkalkung und senkt das Cholesterin.

Zusätzliche Nährstoffempfehlung

Basis-Vitamin-Mineral + Kupfer, Kapseln (enthalten die wichtigen Vitamine und Mineralstoffe).
Magnesiumorotat-Tabletten.
Haifischöl-Lecithin, Kapseln.

Antioxidantien, Kapseln. (Antioxidantien sind Stoffe, welche die Zellen vor Zerstörung durch Oxidation schützen. In den Kapseln sind die wichtigsten Nährstoffe mit antioxidativer Wirkung enthalten. Diese sind für uns besonders wichtig, da aufgrund von Umweltverschmutzung immer mehr hochgiftige Stoffe [= freie Radikale] im Körper entstehen, vor welchen uns die Antioxidantien schützen. Deshalb sind die Antioxidantien für unsere Gesundheit besonders wichtig. Zu den wichtigsten Antioxidantien zählen Vitamin C, Beta-Carotin, Vitamin B_6, Methionin, Selen und Vitamin E.)

Arthrose

(Verschleiß der Gelenke)

Arthrose ist die Abnützung oder Degeneration der Gelenke. Der Knochen- und Knorpelstoffwechsel erlahmt, und Calcium geht dem Knochen verloren. Wenn es zu Entzündungen in den degenerierten Gelenken kommt, spricht man von Arthritis. Als Ursache der Arthrose spielen vor allem Störungen im Calciumhaushalt eine Rolle. Diese werden meist durch Resorptionsstörungen im Darm ausgelöst. Langjährige, versteckte Nahrungsallergien wirken häufig mit. Durch immunologische Prozesse wird schleichend die Magenschleimhaut geschädigt, so daß zuwenig Säure gebildet wird. Das beeinträchtigt die Calciumaufnahme. Somit ist der Organismus gezwungen, seinen Calciumbedarf aus dem Knochen zu decken. Calcium wird unter Einwirkung bestimmter Hormone vermehrt aus dem Knochen gelöst, was zur Entmineralisierung des Skeletts und der Gelenke führt. Durch die Nährstofftherapie kann der Arthrose entgegengewirkt werden.

Welche Nahrungsmittel schaden können

Süßigkeiten, Weißbrot, Wurst, zuviel Fleisch, Kuchen, Teigwaren, Pommes frites, Bratkartoffeln. Tomaten, Paprika, Zwiebeln, Zucchini.

Was Sie tun können

- Bei diffusen Gelenkschmerzen und Schmerzen in den Fingergelenken sollte der IgG-Nahrungs-Antikörpertest durchgeführt werden (S. 67).
- Führen Sie die Rotationsernährung (IMMUN-DIÄT, S. 77 ff.) zur Verbesserung der Nährstoffverwertung durch.
- Achten Sie auf hochwertiges Eiweiß: Fisch, Geflügel, Eier, Quark, Sauermilchprodukte.
- An Kohlenhydraten sind frische Getreideflocken, Weizenkeime und gekochte Kartoffeln wichtig.
- Frisches Gemüse, Salate, kaltgepreßte Öle.
- Trinken Sie morgens nüchtern ein Glas rohen Kartoffelsaft (kann leicht im Mixer aus rohen Kartoffeln gemacht werden).
- Wichtig ist die Mineralstoffanalyse aus dem Haar (S. 62) zur Aufdeckung von Mangelerscheinungen.

Nährstoffe, Vitamine, Mineralstoffe

Calcium: Festigt Knochen und Gelenke. Wichtigster Knochenmineralstoff.
Magnesium: Hilft beim Einbau von Calcium in den Knochen.
Mangan: Scheint beim Gelenkstoffwechsel eine Rolle zu spielen.

Zusätzliche Nährstoffempfehlung

Basis-Vitamin-Mineral + Kupfer, Kapseln.

Vitamin C, gepuffert (mit Calcium, Magnesium, Kalium), Kapseln. Lebertran-Kapseln.

Asthma

Asthma bronchiale ist in den meisten Fällen durch Allergien verursacht. Emotionale Erregungen sind oft die Auslöser, nicht aber die Ursache. Somit liegt auch dem Asthma ursächlich eine Schwächung des Immunsystems zugrunde. Durch Cortisonpräparate, welche das Immunsystem zusätzlich beeinträchtigen, kann langfristig Asthma verschlechtert werden. Cortison sollte deshalb nur so wenig und so kurz wie möglich angewendet werden. Durch die Nährstofftherapie können hervorragende Erfolge erzielt werden, vor allem wenn das Asthma noch nicht zu weit fortgeschritten ist. Häufig findet sich bei Asthmapatienten niedriger Blutzucker (= Hypoglykämie), welcher sich als Heißhunger, Nervosität oder Reizbarkeit einige Stunden nach dem Essen bemerkbar macht. Hypoglykämie ist oft durch allergische Reaktionen verursacht.

Welche Nahrungsmittel und/oder Zusatzstoffe schaden können

Ungewaschenes Obst, nicht mehr frische Speisen (Schimmelpilze); Nahrungsmittel aus Dosen oder Plastikverpackung; Süßigkeiten (Farbstoffe), Zucker, Wurstwaren (Phosphate), zuviel Fleisch.

Was Sie tun können

- Rotationsernährung (IMMUN-DIÄT, S. 77 ff.) mit natürlichen Nahrungsmitteln.
- Wichtig ist die Neutralisationsbehandlung (S. 130) zum Löschen der wichtigsten Allergien (Pollen-, Hausstaub-, Schimmelpilz- und Nahrungsallergien). Damit können bei Asthma ausgezeichnete Ergebnisse erzielt werden! In vielen Fällen kann die asthmaauslösende Wirkung der Umweltstoffe neutralisiert werden, und das Immunsystem kann sich erholen.
- Colontherapie (S.132), wenn Darmstörungen vorliegen, und zur Entgiftung.

Nährstoffe, Vitamine, Mineralstoffe

Mangan: In einigen Fällen konnte Asthma durch alleinige Manganverabreichung deutlich gebessert werden (Mangan ist enthalten in Birnen, Bohnen, Heidelbeeren, Buchweizen).
Vitamin A: Erhöht die Widerstandskraft der Schleimhäute.
Zink: Ist wichtig zur Stärkung des Immunsystems.
Pantothensäure (Vitamin B_5): Hilft gegen Streßbelastungen.
Vitamin B_6 (50 mg): Ist ein natürliches Antihistaminikum.
Haifischöl und Lecithin: Unterstützen das Immunsystem.

Zusätzliche Nährstoffempfehlung

Basis-Vitamin-Mineral + Kupfer + Eisen, Kapseln.
Mangan-Tabletten.
Haifischöl-Lecithin, Kapseln.

Probleme mit der Bauchspeicheldrüse

Die Bauchspeicheldrüse ist ein ganz wichtiges Organ, das durch Überernährung, Alkohol und Umweltchemikalien zu allererst geschädigt wird. Diese Drüse im Oberbauch produziert täglich 1 bis 2 Liter Verdauungssäfte. Wird sie in ihrer Funktion gestört, dann leiden die gesamte Verdauung, die Verwertung der Nahrung und der Stoffwechsel. Die Mineralstoffe werden nicht mehr ausreichend aufgenommen. Es kommt zur Mangelkrankheit. Dies kann in der Mineralstoffanalyse nachgewiesen werden. Deshalb ist es besonders wichtig, die Bauchspeicheldrüse nicht durch falsches Essen zu überfordern und zu schädigen.

Die Sucht – verursacht durch die Höhen und Tiefen der Überreaktionen des Immunsystems – ist die wichtigste Ursache von Schädigungen der Bauchspeicheldrüse. Ganz im Vordergrund steht der Alkoholismus, welcher den Gipfel der Suchtpyramide einnimmt. Alkohol ist für den Körper schädlich. Das Immunsystem versucht, uns durch Abwehrreaktionen = Überreaktionen (Allergie) zu schützen. Das Gehirn wird geputscht und dann fallengelassen. Die Sucht beginnt – unbewußt!

Sowohl jedes Gläschen Alkohol als auch die allergischen Reaktionen schädigen die Bauchspeicheldrüse. Es ist wichtig, dies rechtzeitig zu erkennen! Die Nährstofftherapie ist die Behandlung, mit der toxische und allergische Schädigungen der Bauchspeicheldrüse abgebaut werden können.

Welche Nahrungsmittel und Zusatzstoffe schaden können

Alkohol, Kaffee, fettreiche Speisen, schwere Saucen, Farb- und Konservierungsstoffe in Nahrungsmitteln. Süßigkeiten, Backwaren, gebratene oder fritierte Speisen.

Was Sie tun können

- Rotationsernährung (IMMUN-DIÄT, S. 77 ff.) mit naturreinen Nahrungsmitteln.
- Bei chronischer Bauchspeicheldrüsenentzündung sollte der IgG-Nahrungs-Antikörpertest (Allergietest, S. 67) durchgeführt werden, um die persönlichen »Krankmacher« unter den Nahrungsmitteln ausfindig zu machen.
- Mineralstoffanalyse aus dem Haar (S. 62) zur Feststellung von Störungen im Calciumhaushalt, verursacht durch Streß und schleichende allergische Reaktionen (häufig bei chronischen Entzündungen der Bauchspeicheldrüse = Hinweis auf Kalkablagerungen in der Drüse!).

Nährstoffe, Vitamine, Mineralstoffe

Vitamin C: Schwächt die Wirkung vieler schädlicher, auch giftiger Substanzen.
Zink: Ist wichtig für die Bildung der Verdauungssäfte.
Antioxidantien (Vitamin A, Selen): Schützen die Zellen der Bauchspeicheldrüse.
Kalium: Geht oft bei Störungen der Bauchspeicheldrüse verloren (breiiger Stuhlgang).
Magnesium: Hilft gegen Streß und Verdauungsstörungen.

Zusätzliche Nährstoffempfehlung
Basis-Vitamin-Mineral + Kupfer, Kapseln.
Antioxidantien, Kapseln.

Chronische Blasen- und Niereninfektionen

Immer wiederkehrende Blasen- oder Niereninfektionen sind vielfach durch Darmbakterien (Colibakterien) verursacht. Verkrampfungen im Dickdarm (häufige Ursache: Nahrungsallergien) können zum Aufstau bakterienhaltigen Stuhls führen. Über entzündete Darmschleimhautbereiche können vermehrt Colibakterien ins Blut eindringen und über die Nieren mit dem Urin ausgeschieden werden. Dabei können die Bakterien immer wiederkehrende Nieren- und Blaseninfektionen verursachen. Durch die Nährstofftherapie können selbst langjährige chronische Blasen- und Nierenentzündungen ausgeheilt werden. Einige Patienten hatten jahrelang permanent Blutspuren im Urin. Wiederholte Antibiotikabehandlungen hatten keinen dauerhaften Erfolg gebracht. Denn Antibiotika beseitigen nicht die Ursache – die Darmstörungen –, eher schädigen sie den Darm.

Welche Nahrungsmittel schaden können

Ballaststoffarme Nahrungsmittel.

Was Sie tun können

- Rotationsernährung (IMMUN-DIÄT, S. 77 ff.) mit reichlich Rohkost.
- Bei hartnäckigen Blasen- und Nierenentzündungen sollte die Neutralisationsbehandlung durchgeführt werden (S. 130). Damit können in vielen Fällen phantastische Erfolge erzielt werden.
- Mineralstoffanalyse aus dem Haar (S. 62) zur Aufdeckung spezifischer Mineralstoffmängel.
- Trinken Sie reichlich Goldruten- und Zinnkrauttee (6 bis 8 Tassen täglich)!
- Milchsäurebakterien (Vital-Dophilus) zur Regeneration der Darmflora.

Nährstoffe, Vitamine, Mineralstoffe

Vitamin A: Steigert die Widerstandskraft der Schleimhäute.
Magnesium: Hilft gegen Darmkrämpfe.

Haifischöl und Lecithin: Unterstützen das Immunsystem.
Knoblauch: Hilft gegen schädliche Bakterien.

Zusätzliche Nährstoffempfehlung
Haifischöl-Lecithin, Kapseln.
Magnesiumorotat-Tabletten.
Lebertran-Kapseln.

Hoher Blutdruck

(Hypertonie)

Hoher Blutdruck ist eine Abwehrreaktion des Körpers. Bei Bedrohung jeder Art erhöht der Körper den Blutdruck, um schnell reagieren zu können. Wenn Immunsystem und Organismus permanent durch Streß, falsche Ernährung und Umweltgifte bedroht werden, schaltet unser Körper auf Alarmbereitschaft und Abwehr; die Folgen sind innere Spannungen und hoher Blutdruck. Hoher Blutdruck ist also nicht angeboren, sondern eine Folge der chronischen Abwehrreaktion gegen falsche Ernährungs- und Lebensgewohnheiten. Denken Sie an eine akute Abwehrreaktion, zum Beispiel an eine akute Allergie: Der Blutdruck kann weit über 200 emporschnellen! Mit der Nährstofftherapie kann hoher Blutdruck in vielen Fällen ohne chemische Medikamente erfolgreich behandelt werden.

Welche Nahrungsmittel und Zusatzstoffe schaden können

Milchprodukte, Eier, fettreiche Speisen, schwere Saucen, Wurstwaren, Farbstoffe, Konservierungsmittel, Spritzrückstände im Obst, Nikotin, Süßigkeiten, Koffein, Alkohol.

Was Sie tun können

- Rotationsernährung (IMMUN-DIÄT, S. 77 ff.) mit reichlich naturbelassenen Nahrungsmitteln (biologischer Anbau!). Verwenden Sie wenig Salz.
- Mit dem IgG-Nahrungs-Antikörpertest (S. 67) können frühzeitig die individuellen »Krankmacher« in der täglichen Nahrung erkannt werden.
- Mineralstoffanalyse aus dem Haar (S. 62): Defizite an Calcium, Magnesium, Mangan, Chrom? Toxische Belastung? Herzinfarktrisiko?
- Ausreichende, entspannende Bewegung.

Nährstoffe, Vitamine, Mineralstoffe

Magnesium: Entspannt die Blutgefäße.
Calcium: Kann den Blutdruck um etwa 8 Prozent vermindern.
Knoblauchextrakt: Kann den Blutdruck senken.
Kalium: Hilft bei der Blutdrucksenkung.
Lecithin: Reguliert den Cholesterinstoffwechsel.

Zusätzliche Nährstoffempfehlung
Basis-Vitamin-Mineral + Kupfer, Kapseln.

Magnesiumorotat-Tabletten.
Haifischöl-Lecithin, Kapseln.

Niedriger Blutdruck, kalte Hände und Füße

Niedriger Blutdruck, kalte Hände und Füße sind Beschwerden, mit denen sich viele jahrelang herumplagen. Besonders wenn Benommenheit und Schwindel gehäuft auftreten, wird etwas dagegen unternommen. Üblicherweise greift man zu chemischen Tropfen, welche Noradrenalin oder andere Blutdruckstimulantien enthalten. Diese beseitigen zwar kurzfristig die Beschwerden, langfristig zeigen sie jedoch kaum Erfolge. Und die kalten Hände und Füße werden dadurch nicht beeinflußt. Sicher spielt die angeborene Konstitution beim niedrigen Blutdruck eine gewichtige Rolle, aber auch Ernährung, Defizite an Mineralstoffen und vor allem Bewegungsmangel können dahinterstecken. Deshalb kann in vielen Fällen durch die Nährstofftherapie eine Besserung erzielt werden.

Welche Nahrungsmittel schaden können

Süßigkeiten, denaturierte Kohlenhydrate.

Was Sie tun können

- Rotationsernährung (Immun-Diät, S. 77 ff.) zur Anregung des Stoffwechsels. Anfängliches Frösteln und Verschlechterung der kalten Hände zu Beginn der Ernährungsumstellung ist normal und zeigt an, daß die Ernährung mit den Beschwerden zu tun hat.
- Regelmäßige Bewegung.
- In hartnäckigen Fällen (wenn Sie das Gefühl haben, daß die Finger absterben) sollte der IgG-Nahrungs-Antikörpertest durchgeführt werden (S. 67), da versteckte Allergien Ursache sein können.
- Mineralstoffanalyse aus dem Haar (S. 62), um eine Mangelkrankheit aufzudecken.
- Verwenden Sie reichlich kaltgepreßte Pflanzenöle.

Nährstoffe, Vitamine, Mineralstoffe

Eisen: Oft liegt bei jüngeren Frauen mit niedrigem Blutdruck ein Eisenmangel vor.
Magnesium: Entspannt die Blutgefäße, so daß kalte Hände besser durchblutet werden.
Niacin: Verbessert die Durchblutung.
Vitamin E: Hilft gegen Erschöpfung.
Folsäure und Vitamin B_{12}: Wichtig für die Blutbildung und das Nervensystem.
Vitamin C: Wirkt erfrischend.

Zusätzliche Nährstoffempfehlung

Basis-Vitamin + Kupfer + Eisen, Kapseln.
Vitamin C, gepuffert mit Calcium, Magnesium, Kalium, Kapseln.
Vitamin E (natürlich), Kapseln.

Darmentzündungen, Durchfälle, Blähbauch

Entzündungen im Darm sind außerordentlich weit verbreitet, doch kaum einer weiß es. Denn die Darmschleimhaut hat keine sensiblen Nervenfasern, das heißt, sie kann sich bei Entzündungen nicht durch Schmerzen bemerkbar machen. Erst wenn die Entzündungen auf die Darmwandmuskulatur übergreifen und es zu Verkrampfungen kommt, dann merkt man etwas. Blähungen, Völle- und Druckgefühl, Stuhlunregelmäßigkeiten sind Zeichen von Darmentzündungen.

Die Ursachen von Darmentzündungen sind meist versteckte, allergische Reaktionen gegen bestimmte Nahrungsmittel und Verdauungsstörungen. Die schweren Darmentzündungen werden als Morbus Crohn und Colitis ulcerosa bezeichnet. Massive chronische, allergische Reaktionen führen zu diesen schweren Krankheiten. Die Nährstofftherapie zielt darauf ab, den Verdauungsablauf zu normalisieren, Nahrungsallergien abzubauen und Defizite an Nährstoffen auszugleichen.

Welche Nahrungsmittel schaden können

Viel Vollkornbrot, Hülsenfrüchte, übermäßig fettreiche Speisen, viel Fleisch, schweres Essen, viel Obst, Zucker und Süßigkeiten.

Was Sie tun können

- IgG-Nahrungs-Antikörpertest (S. 67). Entsprechende Nahrungsmittel vom Speiseplan streichen.
- Rotationsernährung (IMMUN-DIÄT, S. 77 ff.) mit viel Gemüse, Salaten, Getreideflocken (möglichst aus biologischem Anbau!). Mageres Fleisch, Fisch, Huhn, Sauermilchprodukte, Joghurt, Kefir. Rohes Gemüse – z. B. roher Blumenkohl – wird oft gut vertragen, da es noch alle Enzyme enthält, welche die Verdauung unterstützen.
- In hartnäckigen Fällen (chronische Bauchprobleme, Colitis, Morbus Crohn) sollte die Neutralisationsbehandlung durchgeführt werden (S. 130).
- Colontherapie (S. 132) bei Blähungen und Stuhlunregelmäßigkeiten.
- Aufbau der Darmflora mit Milchsäurebakterien (Immun-Dophilus).
- Fenchel- und Pfefferminztee.
- Mineralstoffanalyse aus dem Haar (S. 62) zur Erfassung von Mineralstoffdefiziten.

Nährstoffe, Vitamine, Mineralstoffe

Magnesium: Entkrampft den Darm.
Calcium: Dämpft die Auswirkungen von Nahrungsallergien.
Enzyme: Unterstützen die Verdauung.
Zink: Ist wichtig für die Bildung

von Magensäure und Bauchspeicheldrüsensäften.
Vitamin-B-Komplex: Sorgt für geregelte Darmfunktion.

Zusätzliche Nährstoffempfehlung
Magnesiumorotat-Tabletten.
Calciumorotat-Tabletten.
Basis-Vitamin-Mineral + Kupfer + Eisen, Kapseln.

Depressionen

Die Anzeichen, daß Depressionen und geistige Störungen biochemische Ursachen haben, mehren sich. 70 Prozent der Patienten einer psychiatrischen Abteilung litten unter Folsäuremangel. Oft fehlen depressiven Menschen Vitamine des B-Komplexes oder Vitamin C. Die manisch-depressive Reaktion kann verursacht sein durch die Höhen und Tiefen der Sucht – der versteckten Allergie. Immer wenn das allergieauslösende Nahrungsmittel (= Suchtmittel) genommen wird, wird das Gehirn durch die allergische Reaktion in die manische Phase gepeitscht. Mit Abklingen der Hirnallergie entwickelt sich das Entzugssyndrom (= depressive Phase). Schließlich wirkt das Suchtmittel weniger, so daß die depressiven Phasen länger werden. Eine schwere Depression kann sich entwickeln. Durch die Nährstofftherapie können derartige psychische Symptome oft günstig beeinflußt werden. Nicht selten spielen Umweltgifte, insbesondere Chlorkohlenwasserstoffe, eine Rolle.

Welche Nahrungsmittel schaden können

Weizen (Weißbrot, Semmeln, Backwaren); Zucker, Süßigkeiten, Cola.

Was Sie tun können

- Rotationsernährung (IMMUN-DIÄT, S. 77 ff.).
- Neutralisationsbehandlung oder IgG-Nahrungs-Antikörpertest (S. 130 + 67).
- Mineralstoffanalyse aus dem Haar (S. 62).
- Reichlich kaltgepreßte Pflanzenöle, Lebertran.

Nährstoffe, Vitamine, Mineralstoffe

Magnesium und Calcium: Wirken entspannend.
Zink: Ist wichtig für bestimmte Hirnfunktionen und das Immunsystem.
Vitamin B_6: Blockt allergische Reaktionen und ist notwendig für die Großhirnrinde.
Vitamin B_1: Hilft bei Depressionen.
Pantothensäure: Erleichtert Spannungen.
Folsäure und Niacin: Ein Mangel kann Depressionen auslösen.
Haifischöl: Unterstützt die Nebennieren.

Zusätzliche Nährstoffempfehlung
Basis-Vitamin-Mineral + Kupfer, Kapseln.
Zinkorotat-Tabletten.
Vitamin-B-Komplex-Tabletten.
Vitamin B_6, Tabletten.
Haifischöl-Lecithin, Kapseln.

Ekzeme

Chronische Hauterkrankungen und -entzündungen kommen in sehr vielen Fällen aus dem gestörten Darm. Allergische Reaktionen gegen die im Darm gebildeten Gifte, gegen Nahrungsmittel und Umweltchemikalien stehen als Ursachen im Vordergrund. Die Nährstofftherapie kann in vielen Fällen innerhalb weniger Wochen zum dauerhaften Erfolg führen. Denn sie normalisiert den Kontakt zwischen Nahrung und Organismus und baut allergische Reaktionen ab. Die üblicherweise lokale Therapie mit Hautsalben (Cortison usw.) ist weitgehend überflüssig, da die Besserung oft nur so lange anhält, wie die Salbe aufgetragen wird. Behandeln Sie nicht das Symptom; suchen Sie die Ursache!

Welche Nahrungsmittel und Zusatzstoffe schaden können

Weizen, Roggen, Gerste, Kaffee, Kuhmilch, Konservierungsmittel, Farbstoffe, Phosphate (enthalten in Fertiggerichten). Insektizide, Pestizide (= Spritzmittel; Rückstände im Obst).

Was Sie tun können

- Rotationsernährung (IMMUN-DIÄT, S. 77 ff.). Obst immer schälen!
- IgG-Nahrungs-Antikörpertest (S. 67) zur Bestimmung der persönlichen Allergene.
- Colonspülungen (S. 132): ca. 6 bis 10 Sitzungen, nach 2 Monaten erneut 3 Sitzungen.
- Milchsäurebakterien mehrmals täglich (Immun-Dophilus).
- Trinkkur mit Tee von Birkenrinde, Seifenkrautwurzel, Walnußblättern mehrmals täglich.
- Mineralstoffanalyse aus dem Haar (S. 62).
- Trinken Sie viel Saft von rohen Kartoffeln.
- Kaltgepreßte Pflanzenöle, Lebertran.

Nährstoffe, Vitamine, Mineralstoffe

Vitamin A: Steigert die Widerstandskraft gegen bakterielle Gifte.
Lecithin: Unterstützt die Entgiftung.
Zink: Ist wichtig für den Hautstoffwechsel.
Selen und Vitamin E: Schützen die Zellen vor giftigen Substanzen.

Zusätzliche Nährstoffempfehlung

Basis-Vitamin-Mineral, Kapseln.
Haifischöl-Lecithin, Kapseln.
Vitamin E (natürlich), Tabletten.

Probleme mit der Galle

Akute Gallenblasenentzündungen müssen vom Arzt umgehend behandelt werden. Nehmen Sie in akuten Phasen nur Kamillentee und Wasser zu sich. Chronische Probleme mit der Galle sind oft durch Überernährung verursacht. Schmerzen im rechten Ober- und Mittelbauch können auch durch Verkrampfungen des Dickdarms hervorgerufen werden. Immer wieder kam es in der Vergangenheit vor, daß mit Verdacht auf Gallensteine operiert wurde. Bei der Operation stellte sich dann heraus, daß gar keine Gallensteine vorhanden waren. Verkrampfungen des Dickdarms waren die Ursache. Die Nährstofftherapie beugt der Entstehung von Gallenproblemen vor.

Welche Nahrungsmittel schaden können

Fettreiche Speisen, Hefe (enthalten in Hefebackwaren, Brot), süße Kuhmilchprodukte (besonders Sahne), Alkoholika.

Was Sie tun können

- Rotationsernährung (IMMUN-DIÄT, S. 77 ff.) mit reichlich rohem Gemüse, Salaten, Obst.
- Ziegenmilch, -käse, Sauermilchprodukte, Schafskäse.
- Verwenden Sie reichlich kaltgepreßte Pflanzenöle (Olivenöl, 2 Teelöffel täglich).
- Mineralstoffanalyse aus dem Haar (S. 62): Störung im Calciumhaushalt? Diese findet sich häufig bei Gallensteinen. In diesem Fall weist die Analyse ein erhöhtes Calcium auf.

Nährstoffe, Vitamine, Mineralstoffe

Lecithin: Wirkt der Bildung von Gallensteinen entgegen.
Cholin: Notwendig für den Fettstoffwechsel.
Inositol: Wichtig für den Cholesterinstoffwechsel (viele Gallensteine bestehen aus Cholesterin!).
Magnesium: Beugt der Entstehung von Gallenstauungen vor.
Selen: Schützt die Leberzellen.

Zusätzliche Nährstoffempfehlung
Haifischöl-Lecithin, Kapseln.
Magnesiumorotat-Tabletten.
Antioxidantien (enthalten Selen), Kapseln.

Herzprobleme

Die Ursache von Herzkrankheiten sind falsche Ernährungsgewohnheiten, Streß, Bewegungsmangel, Rauchen. Vermittler sind die sogenannten Risikofaktoren wie hoher Blutdruck, erhöhtes Cholesterin, erhöhte Harnsäure, erhöhter Blutzucker, Übergewicht. Herzinfarkt, Schlaganfall, Durchblutungsstörungen stehen als Todesursachen an erster Stelle. Herzrhythmusstörungen, Herzrasen oder Herzstolpern werden in vielen Fällen nicht durch Störungen am Herzen selbst ausgelöst, sondern durch Darmstörungen oder versteckte Nahrungsallergien.
Die Nährstofftherapie kann Herzkrankheiten vorbeugen und sogenannte funktionelle Herzbeschwerden beseitigen. In fortgeschrittenen Fällen kann sie eine medikamentöse Behandlung oder Operation nicht ersetzen. Die Mineralstoffanalyse aus dem Haar kann frühzeitig Hinweise auf ein erhöhtes Herzinfarktrisiko geben.

Welche Nahrungsmittel und Zusatzstoffe schaden können

Denaturierte Kohlenhydrate, Süßigkeiten, Backwaren, zuviel Brot, Wurstwaren, schwere Gerichte, Nikotin, Alkohol.

Was Sie tun können

- Rotationsernährung (IMMUN-DIÄT, S. 77 ff.) zum Abbau von versteckten Nahrungsallergien.
- Essen Sie viel Gemüse, Salat, frische Früchte.
- Reichlich Sauermilchprodukte.
- Mageres Fleisch, Fisch, Huhn.
- Kaltgepreßte Pflanzenöle. Lebertranöl.
- Trinken Sie calcium- und magnesiumreiches Mineralwasser.
- Essen Sie kleine Portionen.
- Zur Vorbeugung von Herzkrankheiten oder bei »vegetativ« verursachten Herzbeschwerden sollte der IgG-Nahrungs-Antikörpertest durchgeführt werden (S. 67), um die persönlichen »Krankmacher« unter den Nahrungsmitteln zu identifizieren.
- Mineralstoffanalyse aus dem Haar (S. 62): Calcium-, Magnesium-, Chrom- oder Selenmangel? Störung im Calciumhaushalt?
- Colonspülungen (S. 132), wenn der Darm die Ursache der Herzbeschwerden ist.
- Tägliche Bewegung.
- Stellen Sie das Rauchen ein!

Nährstoffe, Vitamine, Mineralstoffe

Vitamin F (= ungesättigte Fettsäuren): Beugt Cholesterinablagerungen und Herzkrankheiten vor.
Haifischöl: Schützt vor den schädlichen Auswirkungen der freien Radikale (S. 110).
Lecithin: Wirkt gefährlichen Gefäßablagerungen entgegen.
Chrom: Ein Mangel begünstigt Arteriosklerose und erhöhten Blutzucker.
Calcium und Magnesium: Regulieren die Arbeit des Herzmuskels.
Zink: Zinkmangel kann Herzerkrankungen begünstigen.
Niacin: Normalisiert die Blutgerinnung.
Selen: Bei selenarmer Ernährung können Herzkrankheiten zum Ausbruch kommen.

Zusätzliche Nährstoffempfehlung

Basis-Vitamin-Mineral + Kupfer, Kapseln.
Antioxidantien (mit Vitamin A, Vitamin B und Selen), Kapseln.
Haifischöl-Lecithin, Kapseln.

Heuschnupfen

Heuschnupfen zählt zu den klassischen allergischen Krankheiten. Vor allem Pollen, Hausstaub oder Tierhaare können Heuschnupfen verursachen und das Immunsystem schwächen. Wenn der Geruchssinn beeinträchtigt ist, können auch Chemikalien mitspielen (z. B. Überempfindlichkeit gegen Parfums). Heuschnupfen kann das Immunsystem im Lauf von Jahren immer weiter schwächen, so daß sich weitere Krankheiten daraus entwickeln können (z. B. Asthma bronchiale). Auch bei immer wieder auftretenden Infektionen der Kieferhöhlen leisten meist versteckte Allergien Vorschub. Dies ist vor allem dann der Fall, wenn die Infektionen immer zur gleichen Jahreszeit (z. B. im Frühling oder Herbst) auftreten. Durch die Nährstofftherapie lassen sich Heuschnupfen und Infektionen der Kieferhöhlen in den meisten Fällen mit ausgezeichneten Erfolgen behandeln. Fast immer werden längerfristige Antibiotikabehandlungen oder Fensterungen der Kieferhöhle überflüssig.

Welche Nahrungsmittel und Zusatzstoffe schaden können

Denaturierte Kohlenhydrate, zuviel Brot, Konservengerichte, schwere Saucen und Speisen, zuviel Wurstwaren, Hamburger, Phosphate.

Was Sie tun können

- Rotationsernährung (IMMUN-DIÄT, S. 77 ff.) mit viel rohem Gemüse, Salaten, Obst.
- Neutralisationsbehandlung (S. 130) zum Erkennen der allergieauslösenden Substanzen und Nahrungsmittel und zum Abbau der Allergien.
- Symbioflor I Tropfen täglich in die Nase tropfen und einnehmen.
- Mineralstoffanalyse aus dem Haar (S. 62): Mineralstoffmängel? Störungen im Zinkhaushalt?
- Verwenden Sie reichlich kaltgepreßte Pflanzenöle.

Nährstoffe, Vitamine, Mineralstoffe

Vitamin C: Steigert die Abwehrkräfte gegen Infektionen.
Calcium: Dämpft allergische Reaktionen.
Lecithin: Hilft bei der Entgiftung.
Kalium: Hilft beim Abbau von Allergien.

Zusätzliche Nährstoffempfehlung
Vitamin C, gepuffert mit Calcium, Magnesium, Kalium, Kapseln.
Calcium-Brausetabletten.
Basis-Vitamin-Mineral, Kapseln.
Haifischöl-Lecithin, Kapseln.

Impotenz, keine Lust auf Sex

Die Impotenz des Mannes – oft schon bei jüngeren Männern – wird meist mit seelischen Problemen entschuldigt. Wir sind der Ansicht, daß auch hier die Ernährung eine große Rolle spielt.

Welche Nahrungsmittel schaden können

Süßigkeiten, denaturierte Kohlenhydrate, fette Speisen, schwere Saucen, Alkoholika.

Was Sie tun können

- Zur Verbesserung der sexuellen Leistungsfähigkeit sollte die Ernährung überwiegend auf frische Früchte, Getreideflocken, frische Säfte, reichlich rohe Milch und Sauermilchprodukte umgestellt werden.
- Essen Sie ferner Frischkäse, auch vom Schaf und von der Ziege, sowie Butter.
- 3mal in der Woche sollten rohe Eier gegessen werden.
- Avocado ist ausgezeichnet zur Steigerung der Vitalität.
- Jeden Tag kaltgepreßtes Olivenöl, Sojaöl, Kokosnußöl oder Sonnenblumenöl. Reichlich Weizenkeimöl.
- Verzehren Sie so oft wie möglich Getreidekeime und Sprossen.
- Mineralstoffanalyse aus dem Haar (S. 62): Zinkmangel oder Störung im Zinkhaushalt?
- Bewegungsprogramm (S. 112).

Nährstoffe, Vitamine, Mineralstoffe

Vitamin E: Steigert die sexuelle Kraft.
Zink: Wichtig für die Funktion der Geschlechtsorgane.
Haifischöl: Verbessert die Energieverwertung.

Zusätzliche Nährstoffempfehlung

Vitamin E (natürlich), Tabletten.
Basis-Vitamin-Mineral + Kupfer, Kapseln.
Haifischöl-Lecithin, Kapseln.

Infektanfälligkeit

Hinter immer wiederkehrenden Infekten verstecken sich sehr oft maskierte Allergien. Durch die allergische Reaktion werden die Schleimhäute »aufgeweicht«, so daß Viren, Bakterien und andere schädliche Keime leicht hindurchdringen und sich in den Kieferhöhlen, im Hals oder in den Bronchien einnisten können. Antibiotika helfen meist nur vorübergehend. Sie können zwar die krankmachenden Keime abtöten, die allergischen Reaktionen und die Immunschwäche werden jedoch nicht beseitigt. Das Gegenteil ist oft der Fall. Denn durch die Antibiotika werden die natürlichen Darmbakterien dezimiert, so daß sich schädliche Keime und Pilze weiter ausbreiten können. Die Nährstofftherapie zielt darauf ab, die allergische Reaktion abzubauen und das Immunsystem langfristig zu stärken.

Welche Nahrungsmittel und Zusatzstoffe schaden können

Konservierte Nahrungsmittel. Weißmehlprodukte, Süßigkeiten, chemische Nahrungszusätze.

Was Sie tun können

- Rotationsernährung (IMMUN-DIÄT, S. 77 ff.) mit viel Rohkost. Dauer mindestens 6 Monate.
- IgG-Nahrungs-Antikörpertest (S. 67). Sehr erfolgreich, wenn versteckte Nahrungsallergien aufgedeckt werden.

- Bei Darmstörungen ist die Colontherapie empfehlenswert (S.132). Dazu Berlauch- und Lindenblütentee (etwa 1 bis 2 Liter täglich).
- Mit der Mineralstoffanalyse aus dem Haar (S. 62) können Mangelkrankheiten aufgedeckt werden.
- Regelmäßig Sauna (1mal pro Woche), jeden Morgen Trockenbürsten.
- Bewegungsprogramm (S. 112).
- Milchsäurebakterien (Vital-Dophilus Antiallergen) zur Regeneration der Darmflora.

Nährstoffe, Vitamine, Mineralstoffe

Calcium und Vitamin A: Unterstützen die Widerstandskraft des Körpers.
Vitamin C: »Dichtet« die Schleimhäute ab.
Zink: Wichtiger Immunbaustein.
Vitamin B_6: Ist ein natürliches Mittel gegen allergische Reaktionen (= natürliches Antihistaminikum).

Zusätzliche Nährstoffempfehlung
Vitamin C, gepuffert mit Calcium, Magnesium und Kalium, Kapseln.
Basis-Vitamin-Mineral + Kupfer + Eisen, Kapseln.
Haifisch-Lecithin, Kapseln.

Kopfschmerzen und Migräne

Kopfschmerzen und Migräne kommen sehr häufig aus dem »gestreßten« Immunsystem. Im Darm gebildete Giftstoffe belasten die Leber und können das Immunsystem überfordern. Dies kann zu Überempfindlichkeitsreaktionen gegen bestimmte Nahrungsmittel führen und Kopfschmerzen oder Migräne auslösen. Durch die Nährstofftherapie können selbst jahrzehntelange Kopfschmerzen und Migräne vollständig zum Abklingen gebracht werden. Die Nährstofftherapie stärkt das Immunsystem und bringt allergische Reaktionen zum Abklingen. Dadurch können dauerhafte Erfolge erzielt werden.
Schmerzmittel dämpfen lediglich die Schmerzempfindung. Obendrein belasten derartige Medikamente den Organismus zusätzlich und können bei längerer Einnahme Leber- und Nierenschädigungen verursachen. Die jahrelange Einnahme von Schmerzmitteln kann das ohnehin überforderte Immunsystem noch zusätzlich sensibilisieren, so daß sich die Schmerzen weiter verschlimmern.

Welche Nahrungsmittel schaden können

Kuhmilchprodukte (zum Beispiel Buttermilch, Butter, Quark; sämtliche Käsesorten aus Kuhmilch). Kaffee, Kakao, Schokolade, Süßigkeiten, Alkoholika.

Was Sie tun können

- Rotationsernährung (IMMUN-DIÄT, S. 77 ff.) mit viel rohem Gemüse, wenig Brot.
- Bewegungsprogramm (S. 112).

- Essen Sie Milchprodukte von Schaf oder Ziege (z. B. Ricotta, Ziegenmilch, Joghurt).
- Neutralisationsbehandlung und IgG-Nahrungs-Antikörpertest, um die persönlichen »Nahrungsauslöser« zu identifizieren und abzubauen (S. 130 + 67).
- Colonspülungen (S. 132): ca. 6 bis 12 Spülungen.

Nährstoffe, Vitamine, Mineralstoffe

Calcium: Schützt vor allergischen Reaktionen als Auslöser von Kopfschmerzen.
Vitamin-B-Komplex: Wirkt entspannend.
Niacin: Hilft oft beim akuten Anfall.
Magnesium: Hilft gegen Kopfschmerzen, welche im Streß auftreten.
Kupfer: Ein Mangel kann mit Kopfschmerzen in Verbindung stehen.

Zusätzliche Nährstoffempfehlung

Basis-Vitamin-Mineral + Kupfer + Eisen, Kapseln.
Magnesiumorotat-Tabletten.
Calcium-Brausetabletten.

Krebserkrankungen

Krebs ist in vielen Fällen eine Zivilisationskrankheit. Krebs kann durch Giftstoffe entstehen. Die Zusammenhänge zwischen Rauchen und Lungenkrebs, zwischen Pfeifenrauchen und Lippenkrebs, zwischen Arsenvergiftung und Hautkrebs sind bekannt. In vielen Fällen entsteht Krebs durch die Gifte, welche in unserem Körper – in unserem Darm – gebildet werden. Magenkrebs ist die dritthäufigste bösartige Erkrankung und wird mit der Bildung hochgiftiger Nitrosamine im Magen in Verbindung gebracht. Der Dickdarmkrebs steht an zweiter Stelle. Er entsteht vor allem im Enddarm, wo die Fäulnis- und Umweltgifte am längsten auf die Schleimhaut einwirken. Eine Studie in Kalifornien an 1500 Frauen zeigte ein erhöhtes Erkrankungsrisiko an Brustkrebs für die Frauen, welche an Stuhlverstopfung litten. Bei diesen Frauen fanden sich in der entnommenen Brustdrüsenflüssigkeit vermehrt entartete Zellen. Der Brustkrebs ist der vierthäufigste Krebs.
Die Nährstofftherapie ist wichtig zur Vorbeugung (Prävention) von Krebs. Denn ein starkes Immunsystem, das uns vor Giften schützt und deren Anreicherung im Körper verhindert, ist der beste Schutz.

Welche Nahrungsmittel und Zusatzstoffe schaden können

Denaturierte Kohlenhydrate, Konservengerichte, Nitrate, Süßigkeiten, Chemikalien.

Was Sie tun können

- Wer sich vor Krebs schützen will, sollte sich regelmäßig durch Rotationsernährungsphasen (IMMUN-DIÄT, S. 77 ff.) in Verbindung mit Colonspülungen (S. 132) und Sauna oder Dampfbädern entgiften.

- Die Nährstofftherapie kann auch zur Nachbehandlung von Krebs eingesetzt werden. Bei der Krebsbehandlung selbst jedoch haben schulmedizinische Maßnahmen den Vorrang.
- Mit der Mineralstoffanalyse aus dem Haar (S. 62) können Belastungen mit toxischen Schwermetallen (Blei, Cadmium, Arsen) identifiziert werden.
- Unterstützung der Darmflora mit Milchsäurebakterien (Immun-Dophilus).

Nährstoffe, Vitamine, Mineralstoffe

Vitamin A: Erhöht die Widerstandskraft.
Zink: Wichtiger Immunbaustein.
Vitamin C: Stärkt das Immunsystem.
Selen: Wichtig zur Vorbeugung von Krebs.
Lecithin: Unterstützt die Leber bei der Entgiftung.
Haifischöl: Wichtig zum Schutz vor Krebserkrankungen (Haifische bekommen kaum Krebs).

Zusätzliche Nährstoffempfehlung
Basis-Vitamin-Mineral + Kupfer + Eisen, Kapseln (enthalten alle wichtigen Nährstoffe einschließlich Selen und Zink).
Vitamin C, gepuffert.
Haifischöl-Lecithin, Kapseln.

Leberkrankheiten

(Fettleber)

Überernährung, Alkoholkonsum und chronische Verdauungsstörungen mit Enwicklung hochgiftiger Substanzen im Darm sind die wichtigsten Ursachen. Besonders wenn es permenent im Darm gärt und fault (= Blähbauch), wenn die Nahrung nicht ausreichend verdaut wird, gelangen über das Blut pausenlos hochgiftige Stoffe in das große Körperlabor Leber. Dadurch können die Leberzellen zunehmend geschädigt und zerstört werden. Diese chronische Leberzerstörung wird Fettleber genannt, da die zugrundegegangenen Zellen durch wertloses Fett ersetzt werden. Bei chronischen Leberentzündungen spielen allergische Prozesse eine Rolle. Man nimmt an, daß auch versteckte Nahrungsallergien und Überempfindlichkeiten gegen Chemikalien mitwirken. Es ist wichtig, eine Leberschädigung so früh wie möglich zu erkennen, um schwerwiegendere Schäden zu vermeiden. Die Nährstofftherapie ermöglicht eine Behandlung und eine Ausheilung der Leberschädigung, sofern rechtzeitig begonnen wird.

Welche Nahrungsmittel und Zusatzstoffe schaden können

Alkohol, Nahrungschemikalien (Konservierungsstoffe, Farbstoffe und ähnliche), Umweltgifte, Kaffee, Süßigkeiten, schwere, fettreiche Speisen.

Was Sie tun können

- Rotationsernährung (Immun-Diät, S. 77 ff.) mit viel Gemüse, Salaten, Getreidekeimen und Sprossen, Nüssen.
- Mageres Fleisch, Fisch, Huhn.
- Ziegenmilch, Hüttenkäse, Sauermilchprodukte.
- Meiden Sie fette Speisen. Verwenden Sie jedoch kaltgepreßte Pflanzenöle (z. B. Olivenöl).
- Bei Darmstörungen (Blähbauch) Colonspülungen (S. 132) zur Entgiftung des Darmes und der Leber: ca. 10 Sitzungen.
- Teetrinken mit Mariendistel, Berberitzenrinde und Wermut.
- Mineralstoffanalyse aus dem Haar (S. 62): Selenmangel?

Nährstoffe, Vitamine, Mineralstoffe

Vitamin C: Wirkt der Bildung giftiger Stoffe im Darm entgegen.
Antioxidantien (Vitamin A, Selen): Schützen die Leberzellen.
Lecithin, Cholin, Inositol: Wichtig für die Funktion der Leberzellen.
Haifischöl: Enthält Squalen, welches vor Umweltgiften schützt.

Zusätzliche Nährstoffempfehlung
Vitamin C, gepuffert mit Calcium, Magnesium, Kalium, Kapseln.
Antioxidantien, Kapseln.
Basis-Vitamin-Mineral, Kapseln.
Haifischöl-Lecithin, Kapseln.

Menstruationsbeschwerden

Vor und während der Periodenblutung (Menstruation) kommt es bei Frauen zu großen hormonellen Schwankungen. Besonders vor der Blutung liegen hohe Spiegel der weiblichen Geschlechtshormone vor. Es ist bekannt, daß die Geschlechtshormone das Immunsystem unterdrücken, was zu Überempfindlichkeitsreaktionen mit zahlreichen Beschwerden führen kann. Depressionen, Herzbeschwerden, Wasseransammlungen, Bauchkrämpfe oder Rückenschmerzen gehören zu dem sogenannten Prämenstruellen Syndrom (= Beschwerden vor der Regelblutung). Viele Frauen glauben, daß diese Symptome vor der Regelblutung normal sind, da sie so weit verbreitet sind und man sich schon daran gewöhnt hat. Doch bei Naturvölkern sind Regelbeschwerden nicht bekannt. Durch die Nährstofftherapie können Menstruationsbeschwerden günstig beeinflußt werden.

Welche Nahrungsmittel schaden können

Zucker, Süßigkeiten, Schokolade, Kuchen, Weißbrot. Diese können Hypoglykämie (siehe Unterzucker), wie er bei der Regel oft auftritt, noch verstärken.

Was Sie tun können

- Rotationsernährung (Immun-Diät, S. 77 ff.) mit viel Rohkost (Gemüse, Salate).

- Bewegungsprogramm (S. 112).
- Sauermilchprodukte (naturreinen Joghurt, Kefir), mageres Fleisch, Fisch, Huhn.
- Viel kaltgepreßte Pflanzenöle.
- Teetrinkkuren mit Kamille, Gänsefingerkraut und Frauenmantel.
- Provokations-Neutralisations-Hauttest (S. 129 ff.): Hormonüberempfindlichkeit?

Nährstoffe, Vitamine, Mineralstoffe

Vitamin B_6: Hilft gegen Krämpfe.
Calcium: Hilft gegen Bauchkrämpfe.
Vitamin E: Ist wichtig für die Funktion der Geschlechtsorgane.
Nachtkerzenöl: Lindert Schmerzen vor der Regelblutung.

Zusätzliche Nährstoffempfehlung
Basis-Vitamin + Kupfer + Eisen, Kapseln.
Vitamin-B-Komplex, Tabletten.
Vitamin E (natürlich), Tabletten.
Nachtkerzenöl, Kapseln.

Müdigkeit

Chronische Müdigkeit ist ein wesentliches Symptom, welches oft anzeigt, daß mit Ihrem Immunsystem etwas nicht in Ordnung ist oder daß ein Mangel vorliegt. Auch der Wechsel zwischen bleierner Müdigkeit und innerer Nervosität weist auf Schwächung des Immunsystems und Überempfindlichkeitsreaktionen hin. Wenn Sie jeden Morgen kaum aus dem Bett kommen, einen benommenen Kopf, Schwindel und Übelkeit haben oder sich nach jedem Essen müde, schwer und voll fühlen, dann stimmt etwas mit Ihrer Ernährung nicht. Die Nährstofftherapie kann in vielen Fällen hilfreich sein. Versteckte Nahrungsallergien, Gärprozesse im Darm, Überempfindlichkeitsreaktionen gegen Chemikalien oder Nährstoffmängel sind die häufigen Ursachen.

Welche Nahrungsmittel schaden können

Süßigkeiten, schwere Speisen, Alkohol.

Was Sie tun können

- Rotationsernährung (IMMUN-DIÄT, S. 77 ff.) mit viel Rohkost zum Mittagessen. Abends keine Rohkost!
- Bewegungsprogramm (S. 112).
- Oft empfiehlt sich der IgG-Nahrungs-Antikörpertest (S. 67), um die persönlichen »Krankmacher« ausfindig zu machen.
- Mineralstoffanalyse aus dem Haar (S. 62): Defizite an Magnesium, Kalium, Chrom, Selen? Belastung mit Blei, Cadmium, Quecksilber, Arsen, Aluminium?

Nährstoffe, Vitamine, Mineralstoffe

Magnesium und Kalium: Helfen gegen chronische Müdigkeit.
Vitamin B_6: Hilft bei Überempfindlichkeitsreaktionen.
Vitamin C: Wirkt aktivierend.
Eisen: Ein Mangel spielt bei Müdigkeit oft eine Rolle.
Folsäure und Vitamin B_{12}: Wichtig für die Blutbildung.

Zusätzliche Nährstoffempfehlung
Basis-Vitamin-Mineral + Kupfer + Eisen, Kapseln.
Vitamin C, gepuffert mit Calcium, Magnesium, Kalium, Kapseln.

Muskelkrämpfe

Muskel- und Beinkrämpfe sind häufig durch ernährungsbedingte Defizite an Calcium, Magnesium, Kalium und Vitamin B_6 verursacht. Diese Krämpfe treten meist nachts auf oder nach körperlichen Anstrengungen. Bauchkrämpfte bei Frauen vor der Regelblutung sind oft durch hormonelle Einflüsse hervorgerufen. Zusätzliches Vitamin E, Vitamin B_6 und B_{12} können in diesen Fällen hilfreich sein.

Welche Nahrungsmittel schaden können

Süßigkeiten, Süßspeisen.

Was Sie tun können

- Mineralstoffanalyse aus dem Haar (S. 62): Defizite an Calcium, Magnesium, Kalium?

Nährstoffe, Vitamine, Mineralstoffe

Calcium: Häufiger Mangel bei Muskelkrämpfen.
Magnesium: Hilft gegen Muskelkrämpfe (in Verbindung mit Kalium).
Vitamin B_6: Bis 100 mg.
Vitamin B_5 (Pantothensäure): Bis 100 mg.

Zusätzliche Nährstoffempfehlung
Calcium-Brausetabletten.
Magnesiumorotat-Tabletten.
Vitamin-B-Komplex, Tabletten.

Nervenschmerzen

(Neuralgien, Neuritis)

Nervenschmerzen können durch falsche Ernährung, chronische Übersäuerung des Körpers, Störungen im Calciumhaushalt und Mangel an B-Vitaminen verursacht sein. Nervenschmerzen treten häufig im Gesicht, im Zahnbereich und in den Armen auf. Auch Verspannungen und Schmerzen im Nacken, in der Brust- und Lendenwirbelsäule können hierher gehören. Versteckte Nahrungsallergien sind unserer Erfahrung nach eine häufige Ursache derartiger Nervenschmerzen. Bei den schleichenden Immunreaktionen werden Entzündungssubstanzen freigesetzt, die über das Blut ins Nervensystem gelangen und dort Reizungen, Schmerzen und Verspannungen verursachen können. Daher können durch die Nährstofftherapie selbst bei langjährigen Neuralgien Erfolge erzielt werden.

Welche Nahrungsmittel schaden können

Süßigkeiten, zuviel Brot, Fleisch, Wurst, Dosengerichte, Alkoholika.

Was Sie tun können

- Rotationsernährung (IMMUN-DIÄT, S. 77 ff.) mit viel basischen Nahrungsmitteln (Gemüse, Gemüsesuppen, Kartoffeln, Wassermelonen, Sauermilchprodukte).
- In hartnäckigen Fällen Neutralisationsbehandlung (S. 130), um Überempfindlichkeitsreaktionen abzubauen.
- Teetrinkkuren mit Brennessel, Melisse und Johanniskraut (etwa 1 bis 2 Liter täglich)!
- Mineralstoffanalyse aus dem Haar (S. 62): Störung im Calciumhaushalt?
- Trockenbürsten vor dem offenen Fenster (täglich!).

Nährstoffe, Vitamine, Mineralstoffe

Vitamin-B-Komplex: Wichtig für die Nervenfunktion.
Calcium: Dämpft die Ausschüttung körpereigener »Schmerzstoffe«.
Lecithin: Stärkt das Nervensystem.
Natriumbicarbonat: Entsäuert den Körper. Nur kurzfristig bei starken Schmerzen!

Zusätzliche Nährstoffempfehlung
Calciumorotat-Tabletten.
Vitamin-B-Komplex, Tabletten.
Haifischöl-Lecithin, Kapseln.

Rheuma

Rheuma gehört zu den Autoimmunkrankheiten. Das heißt, das Immunsystem reagiert allergisch gegen eigenes Gewebe, meist gegen Gelenk- oder Muskelgewebe. Aber auch die Blutgefäße, das Herz oder das Gehirn können betroffen werden. Derzeit diskutiert man, ob nicht auch die Multiple Sklerose durch allergische Immunreaktionen verursacht wird. Rückenschmerzen, Gelenkentzündungen, Muskelschmerzen sind die häufigsten Beschwerden bei Rheuma. Bisher wird Rheuma mit chemischen Medikamenten behandelt, welche lediglich die entzündliche Reaktion des Immunsystems unterdrücken. Sowie das Präparat abgesetzt wird, ist der alte Zustand wieder da. Alle diese Medikamente (z. B. Cortison) haben bei längerer Einnahme erhebliche Nebenwirkungen.
Die Nährstofftherapie befaßt sich mit den Ursachen von Rheuma. Denn wie bei allen Krankheiten, die Folge von Ernährung und Umweltbelastung sind, hat auch Rheuma in vielen Fällen seine Wurzeln im Darm. Versteckte Nahrungsallergien, Überempfindlichkeit gegen Darmgifte führen zur Bildung von Immunkomplexen (IgG-Antikörper), welche sich meist in Muskel- und Gelenkgewebe ablagern. Dies kann dann die allergische Reaktion gegen die Organe auslösen. Ziel der Nährstofftherapie ist es daher, mittels Ernährung und Darmentgiftung die Entstehung von Immunkomplexen zu

verhindern. Die Ernährung muß die Verwertung der Nahrung verbessern, die Entstehung von Giftstoffen vermindern und versteckte Nahrungsallergien abbauen.

Welche Nahrungsmittel schaden können

Schweres Fleisch, zuviel Brot, Backwaren, schwere Saucen, panierte oder fritierte Speisen, zuviel Vollkornprodukte, Alkoholika, Kaffee, Kuhmilch, konservierte Nahrungsmittel.

Was Sie tun können

- Rotationsernährung (IMMUN-DIÄT, S. 77 ff.) mit reichlich naturbelassenen Nahrungsmitteln.
- Bewegungsprogramm (S. 112).
- Mit dem IgG-Nahrungs-Antikörpertest (S. 67) können die persönlichen »Krankmacher« der täglichen Nahrung erkannt werden.
- Colonspülungen (S. 132): ca. 5 bis 10 Sitzungen (bei Darmproblemen, Stuhlunregelmäßigkeiten, Blähbauch).
- Aufbau der Darmflora mit Vital-Dophilus (= antiallergene Milchsäurebakterien).
- Teetrinkkuren mit Alpenrose und Brennessel.
- Mineralstoffanalyse aus dem Haar (S. 62): Mangel an Calcium, Magnesium, Mangan, Selen? Störung im Zinkhaushalt?

Nährstoffe, Vitamine, Mineralstoffe

Antioxidantien: Schützen die Zellen vor den toxischen Einwirkungen freier Radikale. Rheumapatienten scheinen einen hohen Bedarf an Antioxidantien zu haben.
Vitamin C: Hilft bei der Entgiftung.
Zink und Vitamin B_6: Helfen bei der Regulation des Immunsystems.
Haifischöl: Unterstützt die Wirkung der Antioxidantien.
Mangan: Ist wichtig für den Knorpelstoffwechsel.
Kupfer: Kann Rheumaschmerzen dämpfen.

Zusätzliche Nährstoffempfehlung
Basis-Vitamin-Mineral + Kupfer, Kapseln.
Antioxidantien, Kapseln.
Mangan-Tabletten.
Haifischöl-Lecithin, Kapseln.

Schlafstörungen

Schlafstörungen sind in vielen Fällen durch falsche Ernährung verursacht (Ausnahme: Schlafstörungen bei seelischen Problemen). Vor allem wenn man spät abends große Portionen zu sich nimmt oder Rohkost ißt, können sich Gärungsprozesse entwickeln, welche den Schlaf stören, Herzrasen und Angstzustände auslösen können. Tonnenweise werden Schlafmittel und Beruhigungspillen geschluckt, die in Sucht und Abhängigkeit führen. Wenn man sich die Milliardenumsätze der

Pharmaindustrie anschaut, dann merkt man erst, wie weit verbreitet dieses Problem ist.
Die Nährstofftherapie kann meist in wenigen Wochen zum Erfolg führen – ohne chemische Pillen. Im Gegensatz zu Schlafmitteln, die lediglich betäuben, beseitigt die Nährstofftherapie die Störfaktoren, welche den natürlichen Schlaf behindern.

Welche Nahrungsmittel und Zusatzstoffe schaden können

Konservierte Nahrungsmittel, Kaffee, Spritzmittel, Phosphate.

Was Sie tun können

- Rotationsernährung (IMMUN-DIÄT, S. 77 ff.). Abends nur noch Gemüsesuppen, keine Rohkost!
- Bewegungsprogramm (S. 112).
- Mineralstoffanalyse aus dem Haar (S. 62): Magnesiummangel?
- IgG-Nahrungs-Antikörpertest (S. 67). Versteckte Allergie erzeugt innere Unruhe.

Nährstoffe, Vitamine, Mineralstoffe

Magnesium: Entspannt und wirkt schlaffördernd.
Vitamin-B-Komplex: Ist wichtig für die Funktion des Nervensystems.

<u>Zusätzliche Nährstoffempfehlung</u>
Magnesiumorotat-Tabletten.
Vitamin-B-Komplex, Tabletten.

Schuppenflechte

(Psoriasis)

Die Schuppenflechte ist eine weitverbreitete Hautkrankheit, welche immer mehr zunimmt. In Deutschland gibt es bereits so viele Patienten mit Schuppenflechte wie Zuckerkranke. Auch die Schuppenflechte kann ihre Ursachen in der Ernährung und im Darm haben. Die Psoriasis kann auch die Gelenke befallen. Durch die bisher üblichen Therapien (Cortisonsalben, Bestrahlungen) wird sie meist nur vorübergehend gebessert. Die Nährstofftherapie setzt bei den Ursachen an, nämlich bei Ernährung und Darm. Deshalb kann mit der Nährstofftherapie eine Ausheilung erzielt werden.

Welche Nahrungsmittel schaden können

Fleisch, Kuhmilchprodukte, Süßspeisen, Zitrusfrüchte, Weintrauben, Gewürze.

Was Sie tun können

- Rotationsernährung (IMMUN-DIÄT, S. 77 ff.) mit viel Gemüse, Salaten, Getreideflocken.
- Bewegungsprogramm (S. 112).
- Ziegenmilchprodukte, Ziegenjoghurt.
- Geringe Mengen Fisch.
- In vielen Fällen sollte zuerst der IgG-Nahrungs-Antikörpertest und im Anschluß die Neutralisationsbehandlung durchgeführt werden (S. 67 + 130).

- Colonspülungen (S. 132): zunächst 8 bis 12 Sitzungen, etwa 5 Sitzungen in halbjährlichen Abständen bis zum Abklingen der Psoriasis.
- Aufbau der Darmflora mit Immun-Dophilus-Pulver.
- Trinkkuren mit Tee von Bitterklee, Wermutkraut, Zinnkraut und Stiefmütterchen.
- Mineralstoffanalyse aus dem Haar (S. 62). Mineralstoffdefizite?
- Kaltgepreßte Pflanzenöle reichlich verwenden.

Nährstoffe, Vitamine, Mineralstoffe

Vitamin A: Steigert die Entgiftung.
Vitamin B_6, B_{12} und Folsäure: Sind wichtig für den Hautstoffwechsel.
Lecithin: Unterstützt die Entgiftung.

Zusätzliche Nährstoffempfehlung
Haifischöl-Lecithin, Kapseln.
Vitamin-B-Komplex, Kapseln.
Basis-Vitamin-Mineral, Kapseln.

Schwäche, Schwindelanfälle, Streß, unerklärliche Symptome

Viele Menschen werden jahrelang von innerer Unruhe und Nervosität geplagt und glauben, daß dies angeboren sei. Doch in den wenigsten Fällen ist die Nervosität angeboren. Nein! Nervosität wird häufig verursacht durch das, was Sie täglich essen. Nervosität und innere Unruhe sind Symptome, ausgelöst durch die Reaktionen des überforderten Immunsystems. Nervosität ist ein Frühsymptom, das Sie beachten sollten! Wenn später Schwächezustände, Schwindelanfälle, ständige Verspannungen im Nacken oder andere unerklärliche Symptome hinzukommen, wenn Sie erfolglos psychiatrisch behandelt werden, dann wissen Sie, daß es Ernährung oder Umweltgifte sein können, die Sie krank machen.

Welche Nahrungsmittel und Zusatzstoffe schaden können

Süßigkeiten, Milch, Fleisch, Kaffee, Brot, Nüsse, Konserven, Alkoholika.

Was Sie tun können

- Rotationsernährung (Immun-Diät, S. 77 ff.) nach IgG-Nahrungs-Antikörpertest (S. 67).
- Bewegungsprogramm (S. 112).
- Mineralstoffanalyse aus dem Haar (S. 62): Defizite an Magnesium, Chrom? Belastungen mit Blei, Cadmium, Quecksilber (können innere Unruhe und Nervosität verstärken).

Nährstoffe, Vitamine, Mineralstoffe

Magnesium: Entspannt und beruhigt.
Kalium: Hilft Benommenheit zu vertreiben.
Chrom: Geht durch Streß dem Körper verloren.

Vitamin-B-Komplex: Wichtig für das Nervensystem.
Lecithin: Stärkt die Nerven.
Vitamin B_6: Kann innere Unruhe und Nervosität verringern.

Zusätzliche Nährstoffempfehlung
Basis-Vitamin-Mineral + Kupfer + Eisen, Kapseln.
Magnesiumorotat-Tabletten.
Kalinor retard, Tabletten.
Vitamin-B-Komplex, Tabletten.
Haifischöl-Lecithin, Kapseln.

Sodbrennen und Gastritis

Auch bei diesen Störungen können versteckte Nahrungsallergien eine wesentliche Rolle spielen. Magenspiegelungen haben gezeigt, daß es zu Entzündungen kommt, sowie das allergieauslösende Nahrungsmittel in den Magen gelangt. Die Schleimhaut rötet sich, schwillt an, bildet vermehrt Säure und Sekrete. Die überschüssige Säure kann Sodbrennen, Gastritis und Magengeschwüre verursachen, vor allem wenn Streßbelastungen hinzukommen. Die Nährstofftherapie versucht die Ursachen zu beseitigen, indem die Nahrungsmittel vermieden werden, welche allergische Reaktionen und Übersäuerung hervorrufen.

Welche Nahrungsmittel schaden können

Süßigkeiten, Alkohol, Vollkornbrot, Zucker, Backwaren, fette Speisen, schwere Saucen. Generell gilt: Alle Nahrungsmittel können schaden, wenn sie zu hastig, zu kalt oder zu heiß verzehrt werden. Kaffee meiden!

Was Sie tun können

- Rotationsernährung (IMMUN-DIÄT, S. 77 ff.).
- In hartnäckigen Fällen sollte zuerst der IgG-Nahrungs-Antikörpertest (S. 67) die Nahrungsmittel aufdecken, die für jeden ganz persönlich schädlich sind.
- Colonspülungen (S. 132) sind von Nutzen, wenn der gesamte Verdauungsablauf gestört ist (Blähungen, Bauchkrämpfe, Stuhlunregelmäßigkeiten).
- Tee von Ringelblume, Käsepappel oder Kamille, 4 Tassen täglich.
- Bei starker Übersäuerung aufgrund versteckter Nahrungsallergien kann ein Säureblocker vorübergehend hilfreich sein.

Nährstoffe, Vitamine, Mineralstoffe

Magnesium: Hilft bei Bauchkrämpfen.
Calcium: Schützt vor allergischen Reaktionen.

Zusätzliche Nährstoffempfehlung
Calciumorotat-Tabletten.
Magnesiumorotat-Tabletten.
Basis-Vitamin-Mineral, Kapseln.

Chronische Stuhlverstopfung

(Obstipation)

Unregelmäßige Lebensweise, Hektik oder ballaststoffarme Ernährung sind in vielen Fällen die Ursache chronischer Stuhlverstopfung. Auch Mängel an Kalium, Vitamin B und Inositol können eine Rolle spielen. Durch regelmäßige Einnahme von Abführmitteln wird die Stuhlverstopfung verschlimmert. Bei chronischer Stuhlverstopfung sammeln sich Giftstoffe im Darm an, welche den gesamten Organismus und das Immunsystem belasten können. Die Nährstofftherapie mit ballaststoffreicher Ernährung, Ausgleich von Nährstoffdefiziten und Colonspülungen ist die Therapie der Wahl bei chronischer Stuhlverstopfung.

Welche Nahrungsmittel schaden können

Ballaststoffarme Nahrungsmittel wie Weißbrot, Weißmehl, Süßigkeiten, Teigwaren.

Was Sie tun können

- Rotationsernährung (IMMUN-DIÄT, S. 77 ff.). Ernährungsumstellung für 6 Monate!
- Ballaststoffreiche Ernährung: Leinsamen, Weizenkleie, Getreideflocken, frisches Gemüse, Salate, Getreidekörner.
- Etwa 8 bis 15 Colonspülungen (S. 132) bis zur Erzielung geregelten Stuhlgangs.
- IgG-Nahrungs-Antikörpertest (S. 67), Erkennen der stoffwechselblockierenden Nahrungsmittel.
- Brennessel- oder Fencheltee, 4 bis 6 Tassen täglich.
- Mineralstoffanalyse aus dem Haar (S. 62) zur Erfassung von Störungen im Mineralhaushalt.
- Regelmäßige Bewegung.

Nährstoffe, Vitamine, Mineralstoffe

Kalium: Hilft mit bei der Regulation der Darmbewegungen. Kalium ist besonders wichtig, wenn längere Zeit Abführmittel eingenommen wurden.
Magnesium: Löst Verkrampfungen im Darm.
Zink: Ist notwendig zur Bildung der Verdauungsenzyme.
Vitamin B_1: Ist wichtig für das Vegetativum.
Lecithin: Unterstützt die Leber bei der Entgiftung.

Zusätzliche Nährstoffempfehlung
Kaliumorotat-Tabletten.
Magnesium, Pulver.
Vitamin-B-Komplex, Tabletten.
Haifischöl-Lecithin, Kapseln.

Überaktivität

Überaktivität bei Kindern ist nicht angeboren. Es ist eine Krankheit – erworben durch die schädlichen Einflüsse der Umwelt. Oft finden sich bei überaktiven Kindern Bleibelastungen und versteckte Allergien gegen Konservierungsmittel, Farbstoffe und bestimmte Nahrungsmittel. Durch die Nährstofftherapie kann eine Behandlung durchgeführt werden, welche bei den Ursachen ansetzt.

Welche Nahrungsmittel und Zusatzstoffe schaden können

Konservengerichte, Coca-Cola, Limonaden, Farbstoffe, Phosphate (enthalten in Fertiggerichten, Wurstwaren usw.). Blei, Aluminium (häufige Quelle: Umweltverschmutzung, Trinkwasser, Konserven).

Was Sie tun können

- Rotationsernährung (IMMUN-DIÄT, S. 77 ff.) mit naturbelassenen Nahrungsmitteln (möglichst biologischer Anbau!).
- Bewegungsprogramm (S. 112).
- Neutralisationsbehandlung (S. 130). Es ist beeindruckend, wie bei den Tests oftmals durch Injektion der allergieauslösenden Nahrungsmittel schlagartig Verhaltensänderungen wie Überaktivität oder Schriftbildveränderungen ausgelöst werden können. Ein eindeutiger Beweis!
- Mineralstoffanalyse aus dem Haar (S. 62). Defizite an lebensnotwendigen Mineralstoffen? Belastung mit Blei, Quecksilber, Cadmium, Aluminium?

Nährstoffe, Vitamine, Mineralstoffe

Zink und Vitamin B_6: Schwächen Überempfindlichkeitsreaktionen ab.
Milchsäurebakterien auf antiallergener Basis zur Regeneration der Darmflora.
Lecithin und Haifischöl: Unterstützen das Immun- und Nervensystem.

Zusätzliche Nährstoffempfehlung
Basis-Vitamin-Mineral + Kupfer + Eisen, Kapseln.
Haifischöl-Lecithin, Kapseln.
Vital-Dophilus (= antiallergene Milchsäurebakterien), Pulver.

Übergewicht

Übergewicht ist weit verbreitet. Es ist weniger ein Kalorienproblem als vielmehr ein Stoffwechselproblem. Deshalb verlieren viele kaum Gewicht, obwohl sie nur wenig Kalorien essen. Anstatt abzunehmen, speichern sie Wasser. Die zugrundeliegende Stoffwechselstörung kann ausgelöst werden durch jahrelanges eintöniges, hastiges Essen. Dann kommt die erste Diätkur. Es kommt zum raschen Gewichtsverlust. Doch danach fällt man fast unbewußt wieder in die alten Süchte zurück. Allmählich nehmen die Portionen an Größe zu, und bald wiegt man mehr als vor der Diät. Mit jeder weiteren radikalen Diätkur fällt die Gewichtsabnahme schwerer. Denn der Organismus paßt sich dem Hungern an und verlangsamt den Stoffwechsel.
Ein Beispiel: Wenn Sie vor der Diät für einen Spaziergang 100 Kalorien verbraucht haben, dann verbrennt Ihr Körper nach der Diät für den gleichen

Spaziergang nur noch 60 Kalorien. Deshalb werden Sie nach jeder Diätkur immer dicker, obwohl Sie immer weniger essen.

Welche Nahrungsmittel schaden können und welche Sie am besten ab sofort vergessen!

Süßigkeiten, denaturierte Kohlenhydrate, fette Speisen, Saucen, Wurstwaren, Alkoholika.

Was Sie tun können und sollten!

- Wenn Sie dauerhaft Gewicht abnehmen wollen, steht die Normalisierung des Stoffwechsels an oberster Stelle. Die Rotationsernährung (IMMUN-DIÄT, S. 77 ff.) mit Energieeinschränkung baut schleichende Immunreaktionen ab. Der Stoffwechsel entblockiert!
- In hartnäckigen Fällen ist der IgG-Nahrungs-Antikörpertest (S. 67) unbedingt empfehlenswert, um die persönlichen »Dickmacher« (= Allergene) unter Ihren Nahrungsmitteln ausfindig zu machen.
- Regelmäßige Bewegung!
- Mineralstoffanalyse aus dem Haar (S. 62): Mangelzustände?

Nährstoffe, Vitamine, Mineralstoffe

Chrom: Hilft gegen Heißhunger.
Mangan: Ist wichtig für den Kohlenhydratstoffwechsel.
Kalium: Hilft bei der Regulation des Wasserhaushalts.
Lecithin: Regt den Fettstoffwechsel an.

Zusätzliche Nährstoffempfehlung

Basis-Vitamin-Mineral + Kupfer, Kapseln.
Kalinor retard, Tabletten.
Haifischöl-Lecithin, Kapseln.

Unterzucker

(Hypoglykämie)

Viele leiden an Unterzucker und wissen es nicht. Hypoglykämie macht sich als flaues, zittriges Gefühl, Reizbarkeit, Nervosität, innere Unruhe, Schwäche oder Schwindel bemerkbar. Diese Beschwerden können anfallartig zu jeder Tageszeit auftreten. Sie werden ausgelöst durch einen plötzlichen Abfall des Blutzuckerspiegels. Da das Gehirn in seiner Funktion von einem normalen Blutzuckerspiegel abhängig ist, kommt es zu diesen cerebralen Ausfallerscheinungen.
Der Unterzucker wird verursacht durch Überernährung mit Zucker, Süßigkeiten, Backwaren, Süßspeisen, Brot, Nudeln oder süßem Obst. Dadurch wird der Regulationsmechanismus (Insulin) überfordert, so daß es zum Blutzuckerabfall kommt, wenn längere Zeit nichts gegessen wird. Wenn im Unterzuckerzustand ein Stück Schokolade gegessen wird, verschwinden zwar die Symptome, doch der Blutzucker schnellt nach oben und bald danach wieder nach untern. Des-

halb müssen alle Kohlenhydrate, die sehr schnell ins Blut gelangen, gemieden werden.

Welche Nahrungsmittel schaden können

Zucker, Süßspeisen, Weißbrot, Semmeln, Kuchen, Torten, süßes Obst, Teigwaren, Honig, Alkoholika.

Was Sie tun können

- Durch Bestimmung des Blutzuckers in halbstündigen Abständen nach einem normalen Frühstück über einen Zeitraum von 6 Stunden kann Hypoglykämie diagnostiziert werden. Die übliche stündliche Bestimmung über einen Zeitraum von 2 bis 3 Stunden ermöglicht keine sichere Diagnose.
- Rotationsernährung (IMMUN-DIÄT, S. 77 ff.) mit Einschränkung der Energiezufuhr.
- Essen Sie mageres Fleisch, Fisch, Huhn, Sauermilchprodukte, rohes Gemüse, Salate.
- Bewegungsprogramm (S. 112).
- Mineralstoffanalyse aus dem Haar (S. 62): Chrommangel?

Nährstoffe, Vitamine, Mineralstoffe

Chrom, Kalium: Ein Mangel kommt häufig bei Unterzucker vor.
Vitamin-B-Komplex: Wichtig für den Kohlenhydratstoffwechsel.

Zusätzliche Nährstoffempfehlung

Basis-Vitamin-Mineral + Kupfer + Eisen, Kapseln.
Chrom-Tabletten.
Vitamin-B-Komplex, Tabletten.

Vegetative Dystonie

Die vegetative Dystonie ist ein Schlagwort, das die Ratlosigkeit vieler Ärzte zum Ausdruck bringt. Zur vegetativen Dystonie zählen Symptome wie Kopfschmerzen, Nervosität, innere Unruhe, Depressionen, Antriebsarmut, Herzrasen, Überaktivität oder Energielosigkeit. Viele Menschen leiden darunter. Beruhigungspillen und Tranquillizer sind die »Renner« auf dem Pharmamarkt. Nach neuesten Forschungsergebnissen gelangt man immer mehr zu der Erkenntnis, daß die vegetative Dystonie Ausdruck des überforderten und in die Enge getriebenen Immunsystems ist.
Mit anderen Worten: Versteckte Nahrungsallergien und Überempfindlichkeitsreaktionen auf die ständig einprasselnden Reize aus der Umwelt sind häufig die Ursachen der vegetativen Dystonie. Die Symptome sind oft nicht eingebildet, sondern sie werden wie bei einer akuten Allergie biochemisch ausgelöst. Bei akuter Allergie gehen Puls und Blutdruck in die Höhe, Angstzustände treten auf, Hals und Brustkorb werden zusammengeschnürt, das Herz rast. Alle diese Symptome treten auch bei der vegetativen Dystonie auf – nur verzögert und chronisch. Das vom Immunsystem ausge-

schüttete Histamin, welches im Blut kreist, ist oft dafür verantwortlich. Die Nährstofftherapie ist in der Lage, durch Abbau versteckter allergischer Reaktionen eine Besserung und Ausheilung der vegetativen Dystonie zu erzielen – im Gegensatz zu chemischen Beruhigungsmitteln, welche lediglich vorübergehend die Symptome betäuben, nicht aber die Ursachen (= Überempfindlichkeitsreaktionen) beseitigen.

Welche Nahrungsmittel schaden können

Hefe (enthalten in Brot, Backwaren, Alkoholika), Mandeln, Gerste, Alkoholika.

Was Sie tun können

- Rotationsernährung (IMMUN-DIÄT, S. 77 ff.).
- Bewegungsprogramm (S. 112).
- Oft ist die Neutralisationsbehandlung oder der IgG-Nahrungs-Antikörpertest zur Aufdeckung der auslösenden Nahrungsmittel sehr hilfreich (S. 130 + 67).
- Colonspülungen (S. 132): ca. 6 bis 10 Sitzungen, bei Darmproblemen (Blähungen, Druckgefühl im Bauch, Stuhlunregelmäßigkeiten).
- Mineralstoffanalyse aus dem Haar (S. 62): Blei-, Quecksilber-, Cadmiumbelastung?

Nährstoffe, Vitamine, Mineralstoffe

Magnesium: Der Mineralstoff gegen inneren Streß.
Vitamin-B-Komplex: Wichtig für die Funktion des Nervensystems.
Vitamin B_6: Lindert Übelkeit.
Calcium: Dämpft Überempfindlichkeitsreaktionen.
Zink: Wichtig für die Hirnfunktion.

Zusätzliche Nährstoffempfehlung
Magnesiumorotat-Tabletten.
Vitamin-B_6-Tabletten.
Caliumorotat-Tabletten.
Basis-Vitamin-Mineral + Kupfer + Eisen, Kapseln.

Wechseljahre

(Klimakterisches Syndrom)

Hitzewallungen, Schlafstörungen, Depressionen, Entkalkung der Knochen, Nervenentzündungen, Reizbarkeit sind typische Symptome, wenn Frauen in die Wechseljahre (Klimakterium) kommen. Diese Symptome sind um so ausgeprägter, je instabiler das Immunsystem und die gesamte Gesundheit sind. Oft treten versteckte Überempfindlichkeiten gegen Nahrungsmittel und Chemikalien erst im Klimakterium zutage und können die Beschwerden verschlimmern.
Durch die Nährstofftherapie können Stabilisierung und Besserung der Beschwerden erzielt werden. Ganz besonders wichtig ist die ausreichende Calcium- und Magnesiumzufuhr, um

der Entmineralisierung des Knochens (Osteoporose) entgegenzuwirken.

Welche Nahrungsmittel und Zusatzstoffe schaden können

Phosphorreiche Nahrungsmittel (Coca-Cola, Wurstwaren, Konservengerichte; Phosphor ist als Lebensmittelzusatzstoff äußerst beliebt).

Was Sie tun können

- Rotationsernährung (IMMUN-DIÄT, S. 77 ff.) mit calcium- und magnesiumreichen Nahrungsmitteln (Kuh-, Schaf- und Ziegenmilchprodukte!).
- Viele Gemüse, Salate, Kartoffeln, mageres Fleisch, Fisch, Huhn.
- Bewegungsprogramm (S. 112); besonders das Training auf dem Zimmertrampolin wirkt der Osteoporose entgegen (S. 119 ff.).
- Colonspülungen (S. 132): ca. 5 bis 6 Sitzungen bei Darmproblemen. Jährliche Wiederholungsspülungen.
- Teetrinkkuren mit Johanniskraut, Melisse und Schafgarbe.
- Mineralstoffanalyse aus dem Haar (S. 62): Störung im Calciumhaushalt? Defizite an Spurenelementen? Verwertungsstörungen der Nahrung?
- Reichlich kaltgepreßte Pflanzenöle. Lebertran.

Nährstoffe, Vitamine, Mineralstoffe

Vitamin E: Stimuliert die Östrogenproduktion.
Calcium und Magnesium: Helfen gegen Knochenentkalkung.
Selen: Ist wichtig für den Zellschutz.
Vitamin A: Sorgt für gesunde Knochen.
Haifischöl: Verbessert die Energieversorgung.

Zusätzliche Nährstoffempfehlung

Vitamin C, gepuffert mit Calcium, Magnesium und Kalium, Kapseln.
Antioxidantien mit Vitamin-B-Komplex und Selen, Kapseln.
Haifischöl-Lecithin, Kapseln.
Basis-Vitamin-Mineral + Kupfer + Eisen, Kapseln.

Zahnprobleme

Zahnerkrankungen – sowohl Zahnkaries als auch Parodontose – sind überwiegend ein Ernährungsproblem. Der Zusammenhang zwischen Zuckerkonsum (Süßigkeiten, Süßspeisen, Schokolade, Backwaren) und Zahnkaries ist hinreichend erwiesen. Der Zusammenhang zwischen Parodontose und Ernährung hingegen ist noch weniger bekannt. Es sind vor allem Verdauungsstörungen, welche hier eine gravierende Rolle spielen können. Dies kann zu schleichenden Immunreaktionen führen. Dabei wird Calcium dem Kieferknochen entzogen (der Kiefer ist am calciumreichsten). Dies führt zu Lockerungen und Entzündungen im Zahnhalteapparat (= Parodontose). Mit der Nährstofftherapie kann Zahnproblemen vorgebeugt werden. Auch kann ein Fortschreiten der Parodontose verhindert werden.

Welche Nahrungsmittel schaden können

Zucker, Süßigkeiten, Süßspeisen, Backwaren, Weißbrot.

Was Sie tun können

- Rotationsernährung (IMMUN-DIÄT, S. 77 ff.) mit viel rohem Gemüse, Obst, Salat, Sauermilchprodukten, Joghurt, Kefir, kaltgepreßten Pflanzenölen.
- IgG-Nahrungs-Antikörpertest (S. 67) zur Bestimmung der individuell schädlichen Nahrungsmittel.
- Mineralstoffanalyse aus dem Haar (S. 62): Störungen im Calciumhaushalt?

Nährstoffte, Vitamine, Mineralstoffe

Calcium: Bis 1000 mg. Sehr wichtig bei allen Zahnproblemen.
Magnesium: Ist wichtig für den Calciumeinbau in den Knochen.
Vitamin A: Bis 20 000 I. E.

Zusätzliche Nährstoffempfehlung
Basis-Vitamin-Mineral + Kupfer + Eisen, Kapseln.
Calciumorotat-Tabletten.
Haifischöl-Lecithin, Kapseln.

Zuckerkrankheit

(Diabetes mellitus)

Die Zuckerkrankheit ist bereits der Anfang des Endstadiums der Eßsucht und Überernährung (Ausnahme: Zuckerkrankheit bei Jugendlichen). Und selbst in diesem gefährlichen Stadium ißt der Süchtige weiter Süßigkeiten, Torten, Kuchen, Nudeln oder Weißbrot. Täglich baut er unbewußt seine Suchtmittel in sein Ernährungsprogramm ein, um Entzugserscheinungen (z. B. Hunger) zu vermeiden. Erhöhter Blutzucker aber schädigt die Blutgefäße, führt zu Durchblutungsstörungen an den Beinen, zur Blindheit, zu Herzinfarkt und Schlaganfall (= dritthäufigste Todesursache in Deutschland). Durch Nährstofftherapie läßt sich ein erhöhter Blutzucker im Anfangsstadium normalisieren.

Welche Nahrungsmittel schaden können

Süßigkeiten, Kuchen, Limonaden, Alkoholika, zuviel Brot, Nudeln, Knödel, süßes Obst.

Was Sie tun können

- Rotationsernährung (IMMUN-DIÄT, S. 77 ff.) mit drastischer Einschränkung der Kohlenhydrate. Essen Sie nur mageres Fleisch, Fisch, Huhn.
- IgG-Nahrungs-Antikörpertest (S. 67).
- Viel Gemüse, Salate, Sauermilchprodukte.

- Mineralstoffanalyse aus dem Haar (S. 62): Chrommangel! Manganmangel!
- Ausreichend Bewegung!

Nährstoffe, Vitamine, Mineralstoffe

Chrom: Ist notwendig für die Insulinwirkung.

Mangan: Wirkt mit am Kohlenhydratstoffwechsel.

Vitamin B_6: Ebenfalls wichtig für den Kohlenhydratstoffwechsel.

Zusätzliche Nährstoffempfehlung

Basis-Vitamin-Mineral + Kupfer, Kapseln.
Chrom, Tabletten.
Mangan, Tabletten.

Wie Sie sich vor Umweltgiften schützen können

Der Schock von Tschernobyl sitzt tief

Die Katastrophe im Atomkraftwerk Tschernobyl hat allen schlagartig vor Augen geführt, welchen Belastungen wir zunehmend ausgesetzt sind. Milchprodukte sind Jahre später immer noch verstrahlt. Radioaktives Cäsium und Strontium zählen zu den gefährlichsten Strahlenpartikeln. Die Halbwertzeit beträgt 30 Jahre. Jahrzehntelang werden wir diese hochgiftigen Substanzen noch in uns aufnehmen, denn sie sind allgegenwärtig und jeder ist davon betroffen.

Aber das ist nur ein ganz geringer Bruchteil der gesamten Umweltgifte, mit denen wir Tag für Tag belastet werden. 6 Millionen unterschiedliche Chemikalien werden von der Industrie produziert. 300 000 sind im Handel, und jedes Jahr kommen Tausende dazu. Mit jedem Bissen, jedem Schluck Wasser und jedem Atemzug nehmen wir diese Umweltgifte in uns auf.

Wer schützt uns vor all den Giften? Machen Sie sich bewußt, daß keiner uns schützt!

Die Bundesrepublik ist eine Wirtschaftsmacht, und deshalb liegt die größte Macht in diesem Staat in den Händen der Industrie, die alle diese Umweltgifte, Chemikalien, Schwermetalle, Medikamente, Pestizide produziert! Die Industrie ist nicht daran interessiert, weniger zu produzieren, sondern setzt alles daran, daß ihre Profite nicht durch Auflagen oder Einschränkungen verringert werden.

Die Politiker stehen unter dem Druck der Industrie: Denn ohne Industrie läuft in einem Industriestaat gar nichts. Obwohl schon gewisse Fortschritte im Umweltschutz erzielt wurden, nimmt doch die tägliche Giftbelastung, der wir ausgesetzt sind, nicht ab, sondern zu! Jeden Tag!

Machen Sie sich bewußt, daß Sie selbst etwas tun müssen, um sich zu schützen. Hören Sie nicht auf die, die bereits resigniert haben und sagen: »Man kann nichts machen!« Lassen Sie sich nicht durch Chemikalien Ihr Leben vermiesen. Ordnen Sie sich nicht ein in das Heer der chronisch Müden, die ständig benommen sind und Mühe haben, klare Gedanken zu fassen.

Sie selbst müssen sich schützen. Und Sie können das! Welche Möglichkeiten Ihnen die *Nährstoffe* bieten, wie

Antioxidantien Ihren Zellen Schutz gewähren und was Ihr Immunsystem unterstützt, mit den Chemikalien fertig zu werden, das möchten wir Ihnen im folgenden Abschnitt zeigen.

Wie Umweltgifte und Chemikalien krank machen

Die Deutschen zählen zu den kränksten Menschen in der Welt. Die chronischen Krankheiten nehmen überhand, die Gesundheitskosten steigen ins Unermeßliche. Glauben Sie: Umweltgifte machen krank!

Und doch wird uns immer wieder von öffentlichen Stellen versichert, daß alles völlig unschädlich sei. Denn die Mengen seien ja so minimal. Und schon werden wir mit Grenzwerten vertröstet, die weit unterhalb der giftigen Dosis liegen. Diese Grenzwerte sind dann statistische Zahlen, mit denen kaum einer etwas Vernünftiges anfangen kann. Und jede Chemikalie hat einen eigenen Grenzwert.

Das aber ist der springende Punkt. Denn wir leben nicht in einem abgeschotteten Labor, in dem wir jeden Tag nur mit einer Chemikalie konfrontiert werden. Wir leben in Häusern, Dörfern und Städten, sitzen in Büros oder Fabriken, fahren mit dem Auto . . . Und ganz gewiß ist es nicht ein einziger Giftstoff, den wir pro Tag in uns aufnehmen. Es sind Hunderte unterschiedliche Chemikalien! Es ist die Summe, die Anreicherung all dieser Gifte in unserem Körper, welche mit jedem Tag wächst.

Wer angesichts von Farbstoffen, Entspannungsmitteln, Konservierungsstoffen, Rückständen von Insektiziden und Pestiziden in der täglichen Nahrung – angesichts von blei- und schwefelsaurem Regen und dem Waldsterben – angesichts von DDT, Cadmium, Arsen und Quecksilber im Wasser – angesichts von Formaldehyd, Lacken, Kunst- und Schaumstoffen in den Wohnungen – angesichts der Belastungen am Arbeitsplatz, durch Luft und chemische Medikamente von niedrigen Werten eines einzelnen Giftes spricht, ist weit entfernt von der Realität, oder er will Sie bewußt täuschen und für dumm verkaufen!

Es geht hier nicht um Panikmache. Es geht vielmehr darum, Ihnen bewußt zu machen, daß Sie all die Chemie krank macht. Denn wiederum ist es Ihr Immunsystem, das all dem standhalten muß, das die Gifte abwehren und wieder ausscheiden muß, damit der Schaden so gering wie möglich bleibt.

Je mehr und je länger Sie die Gifte aufnehmen, desto mehr gerät Ihr Immunsystem in Alarmbereitschaft. Diese Alarmbereitschaft kann auch als Überempfindlichkeit oder Allergie bezeichnet werden. Das Immunsystem versetzt den gesamten Organismus in Alarmbereitschaft. Die Symptome kennt fast jeder, doch kaum einer weiß, daß innere Unruhe, erhöhte Aktivität, Nervosität, vermehrtes Schwitzen, Herzklopfen, Kopfschmerzen oder Wetterfühligkeit Zeichen der Alarmbereitschaft sind.

Diese Alarmstufe I geht im Laufe von Jahren in Alarmstufe II, III oder IV über. Stimmungsschwankungen bis hin zu schwersten Depressionen oder Manien, hoher Blutdruck bis hin zu schwersten Herzerkrankungen, Aggressivität bis hin zur Lethargie können Symptome dieser Alarmstufen sein – verursacht durch zuviel Chemikalien!

Doch so weit sollten Sie es nicht kommen lassen. Je frühzeitiger Sie etwas unternehmen, desto besser können Sie sich schützen! Von der heutigen Umweltbelastung ist jeder betroffen, jeder bekommt etwas von den Giften ab! Heute geht es darum, das Immunsystem auf dem Posten zu halten, all die Gifte, die aufgenommen werden, möglichst rasch unschädlich zu machen und wieder auszuscheiden.

Blei

Blei ist eines der gefährlichsten Umweltgifte. Es ist überall – in der Nahrung, im Wasser, in der Luft. Blei kommt aus den Auspuffrohren, den Schloten der Industrie, aber es ist auch in Keramikglasuren, Zigarettenrauch, Blechkonserven und Zeitungsdruckfarbe enthalten. Der heutige Mensch hat 100mal mehr Blei in den Knochen als der Mensch im Mittelalter. Je älter wir werden, desto mehr Blei reichert sich an – vor allem im Gehirn und in den Knochen. Und bedenken Sie: Alles, was an Blei einmal in der Umwelt ist, wird nicht mehr abgebaut. Es bleibt und wird jedes Jahr mehr!

Bleibelastungen können zahlreiche Symptome verursachen – von Kopfschmerzen bis hin zu Müdigkeit und Appetitlosigkeit. Blei schwächt das Immunsystem und trägt wesentlich zu Nahrungsallergien und anderen Überempfindlichkeiten bei. Blei ist oft auch verantwortlich für die Überaktivität bei Kindern.

Diagnose

Bleibelastungen können in der Mineralstoffanalyse aus dem Haar nachgewiesen werden (S.62). Diese Untersuchungsmethode ist schmerzlos und daher für Kinder besonders geeignet. Bereits Spiegel um 10 ppm können auf einen erhöhten Bleigehalt im Organismus hinweisen. Auch die Bleiausscheidung im Urin nach Injektion der Aminosäure EDTA kann zur Diagnose einer Bleibelastung beitragen.

Wohlgemerkt: Eine Bleibelastung ist noch keine Bleivergiftung, bei der die Symptome unmittelbar auf die schädliche Bleiwirkung zurückzuführen sind. Eine Bleibelastung schwächt vor allem das Immunsystem und schädigt schleichend, fast unmerklich auf diesem Weg den Organismus.

Wenn sich weitere Umweltgifte im Organismus angereichert haben, dann addiert sich nicht nur die schädliche Wirkung, sie kann sich sogar potenzieren!

Wie Sie sich vor Bleibelastungen schützen können

- Stellen Sie das Rauchen ein. Mit jedem Zug an der Zigarette inhalieren Sie einen Schuß Blei. Das meiste Blei wird jedoch über die Nahrung aufgenommen, besonders über Konservengerichte. Meiden Sie daher Konservengerichte.
- Da Blei auch über die Haut in den Körper eindringen kann, sollten Sie sich nach jedem Zeitungslesen gründlich die Hände waschen.
- Essen Sie reichlich Hülsenfrüchte und Bohnen! Diese haben sich bei der Vermeidung von Bleibelastungen als hilfreich erwiesen, da sie die Bleiaufnahme ins Blut vermindern.

Nährstoffe als Schutz

Vitamin C: Verhindert die Ablagerung von Blei und anderen Schwermetallen im Gewebe, schützt Nieren und Gehirn vor den giftigen Auswirkungen und fördert die Bleiausscheidung. Dosierung: ca. 1–3 Gramm täglich.
Vitamin-B-Komplex: Ist von besonderem Wert beim Schutz vor Bleibelastungen. Die B-Vitamine sollten in genügend hoher Dosierung genommen werden.
Calcium: Schützt vor schädlichen Bleiwirkungen. Es ist günstig, Calcium zusammen mit Vitamin C, Magnesium und Kalium einzunehmen (Vitamin C gepuffert).
Mineralkombinationen mit Jod (zum Beispiel Basis-Vitamin-Mineral): Es ist bekannt, daß eine mineralstoffreiche Ernährung vor Schwermetallbelastungen schützt.
Als weitere Kombination sind die Antioxidantien empfehlenswert, welche obendrein die entgiftenden Aminosäuren Cystein und Methionin enthalten.

Cadmium

Cadmium ist noch giftiger als Blei. Trinkwasser ist häufig cadmiumverseucht – vor allem in Industriegebieten. Cadmium entsteht tonnenweise bei der Herstellung und Verarbeitung von Plastik.
Cadmium reichert sich vor allem in den Nieren an und kann erhöhten Blutdruck verursachen. Cadmiumbelastungen, die zu schleichenden Schädigungen führen, sind weit verbreitet. Aber auch schwere Vergiftungen mit Zusammenbrüchen der Knochen und Todesfällen traten jahrelang in Japan auf, ehe Cadmium als Ursache entdeckt wurde (= ITAI-ITAI-Krankheit).

Diagnose

Cadmiumbelastungen können durch die Mineralstoffanalyse aus dem Haar aufgedeckt werden (S. 62).

Wie Sie sich vor Cadmiumbelastungen schützen können

- Meiden Sie cadmiumhaltige Konservengerichte.

- Trinken Sie Mineralwasser und verwenden Sie auch zum Kochen Mineralwasser, wenn Sie in der Großstadt oder in der Nähe eines Industriegebietes wohnen.
- Verwenden Sie kein emailliertes Eßgeschirr.

Nährstoffe als Schutz

Zink: Ist der wichtigste Gegenspieler von Cadmium. Zink kann der Absorption von Cadmium entgegenwirken und damit vor gefährlichen Cadmiumbelastungen schützen.
Eisen: Ist ebenfalls sehr wichtig zum Schutz vor Cadmium.
Kupfer und Selen: Sind zwei weitere Mineralstoffe, die bei Cadmiumbelastungen vermehrt zugeführt werden sollten.
Vitamin C: Etwa 1–3 Gramm täglich sind empfehlenswert bei Cadmium- und anderen Schwermetallbelastungen.
Eiweiß: Die Nahrung sollte ausreichend Eiweiß enthalten, zum Beispiel mageres Fleisch, Sojaprodukte.
Ballaststoffe: Essen Sie ausreichend Ballaststoffe. Diese binden Cadmium im Darm und wirken somit der Cadmiumaufnahme entgegen.

Quecksilber

Quecksilber ist ein weiterer hochgiftiger Mineralstoff. Viele tragen Quecksilber im Mund und wissen es nicht. Es ist in den Amalgam-Zahnfüllungen enthalten. Sicher führen diese Amalgamfüllungen nicht zur Quecksilbervergiftung. Mit Sicherheit werden aber permanent geringste Quecksilbermengen mit dem Speichel in die Mundhöhle gespült. Dies führt zur permanenten Quecksilberbelastung, welche das Immunsystem sensibilisieren kann. Nahrungsallergien und Überempfindlichkeit gegen Chemikalien können so forciert werden.

Diagnose

Quecksilberbelastungen und -vergiftungen können durch die Mineralstoffanalyse aus dem Haar diagnostiziert werden (S. 62). Toxische Belastung?

Wie Sie sich vor Quecksilberbelastungen schützen können

- Lassen Sie eventuelle Amalgamfüllungen in Ihren Zähnen entfernen, denn Amalgam enthält Quecksilber.
- Quecksilber kann ferner in Dosenfischen und im Trinkwasser enthalten sein. Meiden Sie diese. Verwenden Sie Mineralwasser anstelle von Leitungswasser.

Nährstoffe als Schutz

Selen: Der wichtigste Schutzstoff vor Quecksilberbelastungen. Selen ist in den Antioxidantien enthalten.
Vitamin E: Sollte zusätzlich gegeben werden, um die Selenwirkung zu unterstützen.
Lecithin: Vermindert die toxische Wirkung von Quecksilber.

Aluminium

Die Giftigkeit von Aluminium wurde erst kürzlich erkannt. Jahrelang war man der Ansicht, Aluminium werde nicht aus dem Darm resorbiert. So wurden tonnenweise aluminiumhaltige Antacida (= Mittel gegen Übersäuerung) gegeben, bis man erkannte, daß Aluminium doch ins Blut gelangt und schwere Hirnschäden verursachen kann. Aluminiumbelastungen werden mit Überaktivität bei Kindern und schwerem Gehirnabbau bei Erwachsenen (Alzheimer, Parkinson) in Verbindung gebracht.

Diagnose

Aluminiumbelastungen können mit der Mineralstoffanalyse (S. 62) erkannt werden.

Wie Sie sich vor Aluminiumbelastungen schützen können

- Meiden Sie alle Nahrungsmittel, in denen Aluminium als Konservierungsstoff enthalten ist: Backpulver, viele Käsesorten, eingepökelte Nahrungsmittel.
- Verzichten Sie auf Aluminiumkochgeschirr.
- Verwenden Sie Deodorantien mit Vorsicht.

Nährstoffe als Schutz

Bisher ist nicht sicher bekannt, welche Nährstoffe speziell vor Aluminiumbelastungen schützen können. Wichtig scheinen ballaststoffreiche Ernährung und Vitamin (gepuffert) C zu sein.

Cäsium 137 und Strontium 90

Cäsium und Strontium sind ebenfalls Mineralstoffe. Strontium beispielsweise wird vom Körper für den Knochenbau benötigt. Normalerweise senden beide Elemente keine radioaktiven Strahlen aus.

Bei der Kernspaltung in Atomkraftwerken entstehen Cäsium und Strontium jedoch als radioaktive Elemente, das heißt, sie senden Strahlungen aus, die in unserem Körper schwere Schäden anrichten können. Cäsium 137 und Strontium 90 werden genauso wie das nichtradioaktive Cäsium und Strontium über Nahrung (Milch) und Trinkwasser in den Organismus aufgenommen und vor allem in den Knochen eingebaut. Sie führen zur permanenten inneren Strahlenbelastung, und das jahrzehntelang.

Selbst bei geringer Verstrahlung der Milch können sich im Körper an manchen Stellen diese Radionuclide anhäufen zu sogenannten »hot spots«. So kann es, örtlich begrenzt, zu höheren Bestrahlungsdosen kommen, und das Knochenmark kann einer Strahlenexposition ausgesetzt sein, die nach Jahren zu Blutkrebs führen kann.

Cäsium 137 und Strontium 90 werden zum Teil auch in innere Organe transportiert. In den Keimdrüsen kann es zur Schädigung von Keimzellen kommen. Dies erhöht das Risiko für Mißgeburten.

Aufgabe des Immunsystem ist es, die permanenten Schäden zu reparieren, welche durch die Strahlenbelastung entstehen. Besonders die Entartungshäufigkeit der Zellen nimmt zu. Das Immunsystem ist ständig gefordert, die entarteten Zellen rechtzeitig zu erkennen und zu beseitigen.

Diagnose

Belastungen mit radioaktiven Stoffen können mit einem speziellen Meßgerät, einem Ganzkörperzähler, festgestellt werden. Der Ganzkörperzähler ist sehr kostspielig. Deshalb existieren im Bundesgebiet nur wenige solcher Geräte.

Wie Sie sich vor Belastungen schützen können

- Es ist äußerst wichtig, sich vor diesen gefährlichen Radionucliden zu schützen. Der beste langfristige Schutz sind Meidung verseuchter Nahrung, so gut es geht, und Zuführung von Nährstoffen. Diese können die Aufnahme der radioaktiven Elemente blockieren und einen Austausch des radioaktiven Isotops herbeiführen.
- Wichtig ist auch, eine chronische Stuhlverstopfung durch Colonspülungen zu beseitigen (S. 132). Denn je langsamer die Darmpassage ist und je länger die radioaktiven Elemente im Darm verbleiben, um so intensiver können sie ihre Schäden setzen.

Nährstoffe als Schutz vor Strahlenbelastung

Pektin: Bindet radioaktives Cäsium und Strontium im Darm und vermindert die Resorption der Elemente in die Blutbahn. Besonders wirksam ist Pektin aus Sonnenblumenkernen. Essen Sie daher reichlich davon.
Algen- und Seetangextrakt (Granulat): Ist hochwirksam, um die Absorption radioaktiver Elemente zu reduzieren. Nehmen Sie 2 bis 3 Teelöffel täglich.
Vitamin C, gepuffert mit Calcium, Magnesium und Kalium: Vitamin C schützt vor der Giftigkeit radioaktiver Strahlung. Calcium, Magnesium und Kalium fördern den Austausch und die Ausscheidung von Cäsium 137 und Strontium 90. Calcium, Magnesium und Kalium können zusätzlich in höherer Dosierung eingenommen werden.
Vitamin E und B-Komplex: Scheinen wichtig zu sein, um sich vor den schädlichen Auswirkungen der Strahlen zu schützen (siehe Antioxidantien S. 54).
Selen: Steht in enger Zusammenarbeit mit Vitamin E und schützt vor hochreaktiven Substanzen, wie sie bei Strahlenbelastungen vermehrt entstehen (siehe Antioxidantien).
Lecithin: Sollten Sie täglich reichlich zu sich nehmen. Es kann den schädlichen Strahlenauswirkungen entgegenwirken.
Cystein: Ist eine Aminosäure, welche als Strahlenschutzstoff gilt (siehe Antioxidantien).

Jod 131

Radioaktives Jod ist ebenfalls ein hochgiftiges Element. Jod 131 wird vor allem über die Milch aufgenommen. Deshalb sind Kinder besonders gefährdet. Es reichert sich vor allem in der Schilddrüse an und kann in höheren Dosierungen Schilddrüsenkrebs verursachen.

Langfristig gesehen ist Jod 131 weniger toxisch als Cäsium 137 oder Strontium 90, da es eine wesentlich geringere Halbwertzeit (einige Wochen) hat. Das heißt, Jod 131 verschwindet innerhalb von Monaten aus den Nahrungsmitteln und belastet uns nicht jahrzehntelang wie die langlebigen Radionuclide.

Diagnose

Belastungen mit radioaktiven Stoffen können mit einem Ganzkörperzähler (dem sog. »body counter«) nachgewiesen werden.

Wie Sie sich vor Belastungen schützen können

- Meiden Sie alle Nahrungsmittel, die mit radioaktivem Jod 131 verseucht sind. Eine derartige Verseuchung kommt nur nach einer Katastrophe wie der in Tschernobyl im Jahre 1986 vor. Nach wenigen Monaten ist Jod 131 dann zerfallen und hört somit auf, gefährliche Strahlen auszusenden.

Das Nährstoffprogramm zum Schutz vor toxischen (giftigen) und radioaktiven Elementen

1. Meiden Sie verseuchte Nahrungsmittel, so gut es geht. Achten Sie auf entsprechende Mitteilungen in Rundfunk und Presse.
2. Entlasten und stärken Sie Ihr Immunsystem durch die IMMUN-DIÄT und regelmäßige Entgiftung in Sauna oder Dampfbad.
3. Bei Darmstörungen (Stuhlverstopfung) sollte die Darmpassage durch *Colonspülungen* normalisiert werden.
4. Nehmen Sie ausreichend *Vitamine* und *Mineralstoffe* zu sich (z. B. Basis-Vitamin-Mineral + Kupfer + Eisen, Kapseln).
5. Wenn Sie in der Großstadt leben oder wenn Sie rauchen, sind *Antioxidantien* und *Vitamin C* gepuffert, Kapseln, empfehlenswert.
6. Essen Sie reichlich *Ballaststoffe* (= Faserstoffe), zum Beispiel Gemüse, Salate, frische Getreideflocken.
7. *Pektin, Algen-* und *Seetangextrakte* blockieren die Aufnahme der Giftstoffe vom Darm ins Blut. Pektin ist beispielsweise in geschälten Sonnenblumenkernen enthalten.
8. *Haifischöl-Lecithin,* Kapseln, schützen vor den toxischen Einwirkungen der Giftstoffe.

Nährstoffe als Schutz

Jod: Der beste Schutzstoff bei Strahlenbelastung mit Jod 131. Es hemmt die Aufnahme und fördert den Austausch des radioaktiven Isotops (Jod 131). Jod darf allerdings nur unter ärztlicher Kontrolle eingenommen werden. Denn bei Jodmangel, wie er in Süddeutschland leider immer noch weit verbreitet ist, kann es bei plötzlicher hoher Jodzufuhr zur Überfunktion und Entgleistung der Schilddrüse kommen. Fragen Sie deshalb Ihren Arzt! In der Basis-Mineral-Kombination ist Jod in ausgewogenen Mengen enthalten, die bei geringer Belastung ausreichend sind. In dieser Dosierung besteht keine Gefahr für die Schilddrüse.

Lösungsmittel: Vorsicht – Gift!

Schlagzeilen wie »Perchlorethylen im Olivenöl« sind sicher nur die Spitze des Eisberges. Diese giftige und krebserzeugende Chemikalie kommt als Fettlösungsmittel in chemischen Reinigungen, als Metallreiniger oder bei der Herstellung von Arzneimitteln zur Anwendung. Dabei gelangt Perchlorethylen ins Trinkwasser, ins Olivenöl und möglicherweise in andere Nahrungsmittel. Und nicht nur dieses Lösungsmittel, sondern noch viele andere wie Benzol, Toluol oder Chloroform nehmen wir auf diesem Wege auf. Hinzu kommen deren Dämpfe, die wir in Räumen mit Teppichböden, lackierten Einrichtungen, Plastikmöbeln oder in Schwimmbädern einatmen, ohne daß wir dies bemerken.
Wegen der guten Löslichkeit können die Lösungsmittel in Fettgeweben, in Leber und Gehirn haften bleiben, so daß sie ohne unser Zutun nicht wieder vollständig ausgeschieden werden. Bei jahrelanger chronischer Anreicherung leidet zunehmend unser Immunsystem, Hirndurchblutung und Hirnfunktionen werden beeinträchtigt. Viele wundern sich dann, daß sie immer vergeßlicher, unkonzentrierter und müder werden oder daß Stimmungstiefs immer häufiger auftreten. Schließlich können Krankheiten wie Allergien, Leberschädigungen oder Krebs auftreten. Deshalb ist es wichtig, die Belastung rechtzeitig zu erkennen und sich zu entgiften.

Diagnose

Chronische Anreicherungen von Lösungsmitteln können im Blut nachgewiesen werden.

Pestizide – die Spritzmittel, die das Immunsystem sensibilisieren

Die Chemie-Sprühkanonen der Bauern sind allgegenwärtig. Fast jede Frucht, alle Getreide und Gemüse werden mit hochgiftigen Pestiziden (= Schädlingsbekämpfungsmittel) besprüht. Meist werden die Sprühkanonen nicht nur mit einem Pestizid allein, sondern mit einer Kombination hochgiftiger Pestizide und chemischer

Lösungsmittel (z. B. Kerosin) besprüht. Dadurch wird eine noch stärkere Giftwirkung erzielt, und die Pestizide bleiben nicht nur an der Schale hängen, sondern sie können selbst das Fruchtfleisch verseuchen. Deshalb hilft oft nicht einmal das Schälen von Obst gegen die Pestizidverseuchung.

Das bekannteste Pestizid ist DDT. Obwohl DDT bereits seit einigen Jahren verboten ist, verseucht es die ganze Weltkugel. Auch am Nord- und Südpol wurde DDT nachgewiesen. DDT wird extrem langsam abgebaut; es kann noch Jahrzehnte dauern, bis es aus der Umwelt verschwindet. DDT lagert sich im Fettgewebe ab und kann zahlreiche Organfunktionen beeinträchtigen.

Die neuesten Entwicklungen sind immer giftigere und immer mehr dieser chemischen Gifte. Heute gibt es Tausende unterschiedliche Pestizide, welchen wir täglich ausgesetzt sind. Keiner kann sich diesen Giften gänzlich entziehen.

Zusammen mit den anderen Umweltgiften überfordern und schwächen die Pestizide unser Immunsystem. Die Folge sind Überreaktionen – sogenannte Chemikalien-Überempfindlichkeiten –, welche Allergien, Kopfschmerzen, Depressionen, Arthritis und andere chronische Krankheiten verursachen können. Chemikalien-Überempfindlichkeit geht mit versteckten Nahrungsallergien einher.

Viele von uns merken heute noch nichts von den Pestiziden in den Nahrungsmitteln, doch es ist lediglich eine Frage der Zeit, wann die Anreicherung der Umweltgifte vom Immunsystem nicht mehr verkraftet werden kann und es zu schweren und ernsthaften Problemen kommt. Die Zunahme der Allergien, Neurodermitis und anderer Umweltkrankheiten zeigt, wie weit unsere Durchseuchung bereits fortgeschritten ist.

Vor Pestiziden können Sie sich schützen. Dazu das Wichtigste: Je weniger Sie von den Pestiziden zu sich nehmen, desto besser! Kaufen Sie deshalb ausschließlich Gemüse, Obst, Getreide, Fleisch und Milchprodukte aus *biologischem Anbau.* Schälen Sie Obst! Denn in der Schale finden sich die meisten Pestizidrückstände!

Diagnose

Belastungen mit Pestizidrückständen können im Blut nachgewiesen werden.

Nährstoffe als Schutz

Vitamin C: Ist äußerst wichtig, Sie vor allen Umweltgiften einschließlich Pestiziden zu schützen. Wir empfehlen unseren Patienten, Vitamin C immer phasenweise (einige Monate) zusätzlich zum Schutz vor Schadstoffanreicherungen einzunehmen. Denn angesichts der Umweltgifte, denen wir ausgesetzt sind, haben wir einen wesentlich höheren Bedarf an Vitamin C.

Lecithin: Kann Pestizide im Gewebe binden und ihre schädlichen Wirkungen abschwächen.

Provokations-Neutralisations-Hauttest

Bei Verdacht auf Chemikalien-Überempfindlichkeit müssen die Chemikalien ausgetestet und die Neutralisation mit den homöopathischen Verdünnungen mehrere Monate durchgeführt werden (S. 129 ff.).

Nitrate, Nitrite, Phosphate, Farbstoffe

Sehr vielen Nahrungsmitteln, die Sie heute in einem Supermarkt kaufen können, sind diese Chemikalien zugesetzt. Selbst Babynahrung enthält Nitrate. Nitrate werden auch als Kunstdünger in der Landwirtschaft verwendet und verseuchen Boden, Wasser und Nahrung.
Alle diese chemischen Fremdstoffe schwächen das Immunsystem und können Allergien auslösen. Besonders Kinder werden gegenüber Phosphaten und synthetischen Farbstoffen immer häufiger allergisch. Verhaltensstörungen, Überaktivität, Neurodermitis, Asthma können daraus resultieren.
Nitrate werden im Organismus in Nitrosamine umgewandelt. Diese sind hochgiftig und können Krebserkrankungen (Magenkrebs) verursachen.

Wie Sie sich vor Belastungen schützen können

- Meiden Sie alle konservierten, industriell hergestellten Nahrungsmittel. Verwenden Sie nur naturbelassene Lebensmittel.

Folgende Liste zeigt Ihnen Lebensmittel, denen im allgemeinen Phosphate oder synthetische Farbstoffe zugesetzt sind:

Bonbons und fast alle Süßigkeiten
Pralinen
Maraschinokirschen
Schokolade
Gefärbte Eiscreme
Füllungen von Torten und Keksen
Zuckergüsse
Wurstwaren
Margarine
Coca-Cola
Limonaden
Fertiggerichte
Puddings
Früchtejoghurt

P.S.: Die Liste könnte beliebig fortgesetzt werden.

Nährstoffe als Schutz

Vitamin C: Vitamin C kann die Umwandlung von Nitraten in Nitrosamine hemmen. Vitamin C ist das wichtigste Vitamin bei allen toxischen Belastungen. Zusätzlich unterstützen Calcium, Magnesium, Kalium, Bioflavonoide und Pektin die entgiftende Wirkung von Vitamin C.
Lecithin und Antioxidantien: Sind weitere hilfreiche Nährstoffe, welche die toxischen Wirkungen der chemischen Lebensmittelzusatzstoffe neutralisieren können.

Die toxischen Nebenwirkungen chemischer Medikamente

Todesfälle durch Schmerzmittel, allergische Reaktionen durch Psychopharmaka, Sucht nach Tranquillizern, Impotenz durch Betablocker, Nieren- und Leberschäden durch Antirheumatika, Knochenschäden durch Cortison – zahlreiche weitere Beispiele ließen sich hier aufführen. Selbst so simple Medikamente wie Abführmittel, von denen jährlich etwa 20 Tonnen allein in der Bundesrepublik geschluckt werden, können schwere giftige Effekte auslösen und chronische Krankheiten nach sich ziehen.

Machen Sie sich bewußt, daß alle chemischen Medikamente, die Sie nehmen, giftig sind. Es sind körperfremde Stoffe, die bestimmte Reaktionen chemisch blockieren oder stimulieren und damit bestimmte Symptome vorübergehend beseitigen. Gleichzeitig werden das Immunsystem, die Nieren, die Leber, das Gehirn oder andere Organe vergiftet und in ihrer Funktion gestört. Das sind dann die Nebenwirkungen, die Sie auf jedem Beipackzettel nachlesen können.

Die meisten Medikamente beeinträchtigen auch Enzymfunktionen, Vitaminwirkungen sowie den Mineralstoffwechsel und können auf diesem Weg den gesamten Stoffwechsel wie auch die körperliche und geistige Vitalität stören. Chemische, körperfremde Medikamente können natürliche Vitamine zerstören und die Resorption von Mineralstoffen beeinträchtigen. Je länger Sie ein chemisches Medikament und je mehr verschiedene Medikamente Sie regelmäßig einnehmen, desto mehr werden Sie durch die giftigen Wirkungen gefährdet.

Ihre Symptome können zwar verschwunden sein, solange Sie die Chemikalien einnehmen; Sie werden dabei aber nicht gesünder, sondern eher immer kränker. Von amerikanischen Ärzten werden chemische Medikamente als gefährlich eingestuft, da sie Warnzeichen (= Symptome) des Körpers beseitigen und den Organismus immer tiefer in Sucht, Abhängigkeit und Krankheit bringen. Milliarden werden jährlich für chemische Medikamente ausgegeben mit dem Erfolg, daß chronische Krankheiten immer mehr zunehmen und das Leben durchschnittlich um zwei Wochen verlängert wird.

Natürlich gibt es Krankheiten und Situationen, bei denen chemische Medikamente eingesetzt werden müssen und bei denen sie das Leben retten können. Aber alle chemischen Medikamente sollten über längere Zeit nur mit äußerster Vorsicht angewendet werden, immer unter ärztlicher Kontrolle!

Nährstoffe als Schutz vor giftigen Nebenwirkungen

Vitamin C: Zusätzlich sollte Vitamin C dann genommen werden, wenn Sie chemische Medikamente über längere

Zeit einnehmen müssen. Vitamin C schützt besonders vor den schädlichen Nebenwirkungen von Schmerzmitteln.

Vitamin-B-Komplex: Ist besonders notwendig nach der Einnahme von Antibiotika.

Acidophilus (Immun-Dophilus-Pulver = Milchsäurebakterien): Sollte zusätzlich zu jeder Antibiotikabehandlung genommen werden. Denn Antibiotika schädigen die Darmflora. Mit den natürlichen Milchsäurebakterien wirken Sie dem entgegen.

Vitamin B_6: Frauen sollten zusätzlich Vitamin B_6 zuführen, wenn sie längere Zeit die Anti-Baby-Pille einnehmen. Denn die Pille entzieht dem Körper dieses Vitamin.

Lecithin: Schützt vor Leberschädigungen durch chemische Medikamente.

Kalium: Sollte zusätzlich genommen werden bei längerer Behandlung mit Cortison. Sprechen Sie mit Ihrem Arzt darüber.

Vitamin E: Kann giftigen Nebenwirkungen vieler Medikamente entgegenwirken.

Schönheit und Vitalität durch Nährstoffe

Schöne Haut

»Die Haut ist der Spiegel des Inneren.« Ein alter Spruch, der durch die moderne Wissenschaft immer mehr bestätigt wird. Seelischer Streß spiegelt sich sehr oft auf der Hautoberfläche. Dies kann sich auswirken als Falten im Gesicht oder Allergieerscheinungen am Körper. Die Haut ist ein Organ mit einem eigenen Stoffwechsel. Läuft der Stoffwechsel optimal, ist die Haut glatt, weich und schön. Der Stoffwechsel braucht täglich Nährstoffe, welche aus der Nahrung durch den Darm aufgenommen, in der Leber verarbeitet und übers Blut der Haut zugeführt werden müssen. Gleichzeitig ist die Haut ein wichtiges Ausscheidungsorgan von Schlackstoffen und Giften.

Aus diesem Grund wird das Aussehen Ihrer Haut in hohem Maße von der Darmfunktion bestimmt. Haben sich in Ihrem Darm viele Gifte angesammelt oder bekommen Sie zuwenig Nährstoffe aus der Nahrung, dann leidet Ihre Haut.

Deshalb sollte die Sanierung des Darmes an erster Stelle stehen. Colonspülungen und natürliche Milchsäurebakterien (Seite 197) sind die Wege, über die das erreicht werden kann.

Nährstoffe für die Haut

Vitamin C, gepuffert mit Calcium, Magnesium, Kalium und Bioflavonoiden: Hilft gegen blaue Flecken, spröde Haut und geplatzte Äderchen. Stärkt die Widerstandskraft der Haut.

Vitamin A (Antioxidantien): Befreit die Haut von Unreinheiten.

Vitamin E: Schützt die Hautzellen vor den schädlichen Effekten der Giftstoffe.

Kalium: Hat günstige Wirkungen bei trockener Haut (häufigste Ursache: Nahrungsallergien).

Zink: Fördert die Abheilung von entzündlichen Hautpartien und von Hautverletzungen.

Cholin und Inosit (Lecithin ist der wichtigste Lieferant): Fördern die Entgiftung durch Leber und Niere. Und das kommt Ihrer Haut zugute (Haifisch-Lecithin, Kapseln).

Feste Nägel

»Meine Nägel spalten sich, sind brüchig und wachsen kaum«, eine sehr häufige Klage der Patienten.

Frühstücksrezept

Frische Getreideflocken (entsprechend Rotationsplan)
2 Kapseln Milchsäurebakterien (Vital-Dophilus-Pulver) zum Aufbau der Darmflora (Kapseln können geöffnet werden)
1 Eßlöffel Sojaprotein Pulver
1 Eßlöffel Honig
dazu Früchte (entsprechend Rotationsplan)

Vermischen Sie alle Zutaten und geben Sie naturreinen Fruchtsaft (= Muttersaft) dazu. Nehmen Sie zusätzlich Haifischöl-Lecithin-Kapseln, 2–3mal täglich.

Sie müssen wissen, daß Nagelprobleme nicht an den Nägeln liegen, sondern an Störungen im Stoffwechsel des Organismus. Störungen der Schilddrüse beispielsweise können Nagelprobleme verursachen. Aber auch Darmstörungen und Mangel an bestimmten Nährstoffen stecken häufig hinter brüchigen Fingernägeln.
Natürlich können auch Waschmittel die Nägel brüchig werden lassen. Tragen Sie bei der Hausarbeit Gummihandschuhe.

Nährstoffe für die Nägel

Basis-Vitamin-Mineral + Kupfer + Eisen: Sind notwendig für das Wachstum der Nägel.
Eisen und Vitamin A: Helfen gegen das Splittern der Nägel.
Zink: Wirkt gegen weiße Flecken in den Nägeln.
Vitamin-B-Komplex: Festigt die Nägel und fördert das Wachstum.

Was Sie gegen Haarausfall tun können

Haarausfall ist ein weit verbreitetes Problem. Bei Männern kann Haarausfall hormonell verursacht sein. Das ist angeboren, eine Therapie mit Nährstoffen bringt keinen Erfolg.
Doch in vielen Fällen ist Haarausfall durch Nährstoffmangel oder Gifte verursacht, welche die Haarwurzel schädigen. Der Haarausfall ist dann auf eine kreisrunde Stelle begrenzt oder die Haare gehen am ganzen Kopf aus und eventuell auch am Körper. Durch eine Mineralstoffanalyse sollte eine Mangelkrankheit abgeklärt werden.

Nährstoffe für die Haare

Basis-Vitamin-Mineral + Kupfer + Eisen: Wichtig für Glanz, Wachstum und Kräftigung der Haare.
Vitamin-B-Komplex: Fördert das Wachstum der Haare.
Vitamin C, gepuffert mit Calcium, Magnesium, Kalium, Bioflavonoiden: Hilft gegen Haarausfall bei Streß.

Eisen: Haarausfall bei Frauen ist oft durch einen Eisenmangel verursacht. Dabei muß der Eisenspiegel im Blut nicht unbedingt erniedrigt sein.
Cystein: Diese Aminosäure ist im Haar enthalten. Cystein sollte zusätzlich zwischen den Mahlzeiten eingenommen werden. Es kräftigt das Haar und läßt es glänzen.

- Essen Sie viel Fisch, Weizenkeime und Sojaprodukte. Diese fördern das Wachstum Ihrer Haare.
- Waschen Sie Ihr Haar mit einem milden, proteinangereicherten Shampoo. Massieren Sie täglich die Kopfhaut. Dies fördert die Hautdurchblutung, die für kräftiges Haar notwendig ist.

Was Sie gegen nachlassende Potenz tun können

Nachlassende Potenz beim Mann in Verbindung mit allgemeiner Müdigkeit und Lebensunlust ist in vielen Fällen durch Ernährungsfehler verursacht.

Nährstoffe für den Sex

Vitamin E: Gilt als das Fruchtbarkeitsvitamin. Es kann die Potenz und die Lust auf Sex steigern.
Zink: Ist der Sexualmineralstoff. Die höchste Zinkkonzentration beim Mann ist in der Prostata. Zinkmangel kann die Entwicklung der Geschlechtsorgane verzögern. Zink kann die Potenz steigern. Austern, frische Getreideflocken, Lecithin, Kokosnußöl, Krabben, Sonnenblumenkerne wirken als natürliche Aphrodisiaka.
Germanium: Wird ebenfalls eine potenzsteigernde Wirkung nachgesagt. Germanium muß ebenso wie die anderen Nährstoffe über einen längeren Zeitraum (Wochen) eingenommen werden, ehe es zum Wirkungseintritt kommt.

Wie Sie jung bleiben

Sicher erinnern Sie sich noch, als Sie Ihr erstes graues Haar entdeckten, als sich plötzlich Fältchen um die Augen bildeten, dunkle Augenringe unter den Augen sichtbar wurden oder als die ersten Pigmentflecken auftraten. In ganz kleinen Schritten vollzieht sich der Alterungsprozeß. Lange Zeit bemerken Sie ihn nicht. Dann kommt etwas Streß hinzu, eine Aufregung – und plötzlich wird das Altern sichtbar, das im Verborgenen sich schon lange angebahnt hat.
»Wie kommt es, daß ich so alt aussehe?« Dies ist eine der häufigsten Fragen. Es geht um den Mechanismus des Alterns. Viele kluge Köpfe haben sich schon den Kopf darüber zerbrochen. Neueste Forschungsergebnisse weisen darauf hin, daß die fortschreitende Schwächung des Immunsystems der wesentliche Faktor ist. So kann im Alter von 70 Jahren Ihr Immunsystem 90 Prozent seiner Abwehrkapazität eingebüßt haben!
Damit Sie die Rolle des Immunsystems beim Altern verstehen, müssen wir Sie auf eine Tatsache aufmerksam ma-

chen, die sich offenbar keiner so recht bewußt macht:

Der Weg zum Jungbleiben: Sie müssen täglich etwas für sich tun!

Ihr Organismus ist ein fließendes System, das heißt, Ihr Organismus muß durch ständige Energiezufuhr (Nahrung) und Entgiftung (Ausscheidung) im Lot gehalten werden. Man spricht von einem Fließgleichgewicht. Nichts ist also fest! So erneuern sich die etwa 50 Trillionen Zellen, aus denen Ihr Organismus besteht, spätestens alle zwei Jahre. Geben Sie Ihrem Organismus nicht die Energie (= Nahrung), die er braucht, oder sorgen Sie nicht dafür, daß die Schlackstoffe rechtzeitig ausgeschieden werden, so schleichen sich zunehmend Fehler ein.
Das Immunsystem überwacht diese laufende Zellerneuerung. Wenn es stark ist, werden Zellen mit Fehlern sofort »ausgemustert«. Es ist auch verantwortlich, daß Giftstoffe abgewehrt und Giftansammlungen ausgeschieden werden. Wenn das Immunsystem schwach ist, sich in allergischen Reaktionen verschleißt, zerstörende Antikörper bildet, beschleunigt es den Alterungsprozeß und kann den vorzeitigen Abbau rasend forcieren. Vorzeitiges Altern ist die häufigste Krankheit unserer Zeit.
Es beginnt damit, daß die Erneuerung der Zellen nicht mehr 100prozentig exakt ist. Die neu gebildeten Zellen haben erst kleine Fehler, welche von Jahr zu Jahr immer größer werden. Der vorzeitige Alterungsprozeß setzt ein. An der Haut können Sie das selbst am besten verfolgen, es entstehen Hautunreinheiten, die Hautoberfläche vergröbert sich, die Elastizität läßt nach, und es entstehen Falten. *Sie können etwas dagegen tun.*

Immunkomplexe und Altern

Die Weltgesundheitsorganisation (WHO) hat erstmals in den siebziger Jahren Hinweise veröffentlicht, daß

Das Programm gegen das Altern

1. Abwechslungsreiches, maßvolles Essen. JUTTA-POSCHET-IMMUN-DIÄT.
2. Tägliche Bewegung zum Abbau von Streßbelastungen.
3. IgG-Nahrungs-Antikörpertest (Seite 67) zur Bestimmung der Nahrungsmittel, die krank und alt machen.
4. Antioxidantien und Vitamin C, gepuffert mit Calcium, Magnesium, Kalium.
5. Vital-Dophilus-Milchsäurebakterien zur Regeneration der Darmflora.
6. Regelmäßige Entgiftung durch Sauna oder Dampfbad.

die Überschwemmung des Organismus mit Immunkomplexen zum körperlichen Abbau beiträgt. Auf Seite 59 haben wir die Entstehung dieser Immunkomplexe beschrieben.
Mit dem IgG-Nahrungs-Antikörpertest aus dem Blut kann getestet werden, welche Nahrungsmittel die Immunkomplexbildung auslösen (siehe hierzu Seite 67). Daher empfehlen wir diesen Test jedem, der etwas gegen Alters- und Abnützungserscheinungen tun will.

Überernährung und Altern

Im Tierexperiment konnte nachgewiesen werden, daß Überernährung den Alterungsprozeß beschleunigt.
In verschiedenen medizinischen Forschungszentren in den USA wurden Ratten in zwei Gruppen geteilt. Die erste Gruppe erhielt so viel zu essen, wie sie wollte. Der zweiten Gruppe wurden nur 60 Prozent der Kalorien gegeben, dafür aber zusätzlich Vitamine, Mineralstoffe und Spurenelemente. Diese kalorienarm, aber vitaminreich ernährten Ratten waren wesentlich gesünder. Als alle überernährten Ratten bereits gestorben waren, lebten noch alle vitaminreich ernährten Tiere. Diese hatten keine Abnützungserscheinungen, waren sexuell hochaktiv und erzielten eine Lebensverlängerung um etwa 60 Prozent.
Diese Experimente sind auf den Menschen übertragbar. Wenn Sie daher länger leben wollen, halten Sie Ihre Essensportionen gering.

Mit Rotationsernährung bleiben Sie jung

Mit abwechslungsreicher Ernährung machen Sie einen weiteren wichtigen Schritt, um einige Jahre »jünger« zu werden. Denn wie wir schon ausführlich beschrieben haben, beugt Rotationsernährung der Entstehung von Nahrungsallergien vor, entlastet und stärkt das Immunsystem.

Antioxidantien gegen das Altern

Sie kennen die Antioxidantien (Seite 141) bereits. Es sind Nährstoffe, welche die Zellen vor giftigen Stoffen schützen und somit den Alterungsprozeß verlangsamen. Vitamin C, Vitamin A und Selen beispielsweise zählen dazu.
Antioxidantien sind in der Nahrung enthalten. Doch einfach zu wenig, vor allem wenn Sie in der Großstadt leben, Zigaretten rauchen oder sich permanent stressen. Dann bekommen Sie ein Maximum an Giftstoffen, so daß die Antioxidantien der Nahrung bei weitem nicht ausreichen, um Sie wirkungsvoll zu schützen.

Bewegung macht jung

Tägliche Bewegung ist außerordentlich wichtig im Kampf gegen das Altern. Machen Sie mit! Befolgen Sie die Empfehlungen unseres Bewegungsprogramms (Seite 111 ff.), das auch jeder Ungeübte leicht zu seinem Vorteil durchführen kann.

Natürliche Darmbakterien
(Vital-Dophilus)

Bereits Nobelpreisträger Ilja Metschnikow führte den Alterungsprozeß auf giftige Zersetzungsprozesse im Dickdarm zurück. Metschnikow stützte seine Ansicht auf die Beobachtung, daß Menschen, die täglich große Mengen an Sauermilch und Kefir zu sich nehmen, sehr alt werden und nicht selten ein Alter über 100 Jahren erreichen. Sauermilch enthält Milchsäurebakterien, welche für die natürliche Bakterienflora im Darm wichtig sind. Eine zweite Tatsache bestärkte Metschnikow in seiner Überzeugung, nämlich daß Tiere, die keinen Dickdarm haben, äußerst langlebig sind. Schildkröten beispielsweise haben keinen Dickdarm und erreichen ein Alter bis zu 150 Jahren. Auch Papageien haben kein Colon und werden uralt.
Wer sich daher jung halten will, muß große Sorgfalt auf eine optimale Darmfunktion legen. Wir empfehlen die Einnahme des natürlichen Milchsäurepulvers (Vital-Dophilus). Dieses Milchsäurepulver enthält keine Hefe, Milch oder andere Zusatzstoffe und ist somit sehr gut verträglich.
Bedenken Sie: Viele Umwelteinflüsse (Konservierungsmittel, Farbstoffe, Industrienahrungsmittel, Umweltgifte) schädigen permanent die natürliche Darmflora! Deshalb ist es wichtig, die natürlichen Darmbakterien immer wieder »aufzuforsten«.

Wichtige Hinweise zum Schluß

Was Sie beachten müssen, wenn Sie Nährstoffe zusätzlich einnehmen

1. Vitamine und Mineralstoffe sollten nie unkontrolliert eingenommen werden. Es kann zu Verschiebungen im Nährstoffhaushalt kommen. *Lassen Sie erst eine Mineralstoffanalyse durchführen, ehe Sie längere Zeit Mineralstoffe einnehmen.*
2. Vitamine und Mineralstoffe sollten immer in einem ausgewogenen Verhältnis zueinander eingenommen werden (z. B. Basis-Vitamin-Mineral). Ein Vitamin oder Mineralstoff allein sollte in hoher Dosierung *nur unter ärztlicher Kontrolle längere Zeit* zugeführt werden.
3. Wenn Sie bereits an Allergien und anderen chronischen Beschwerden leiden, sollten Sie immer zuerst mit der Ernährungsumstellung beginnen. Wenn Sie sich besser fühlen und Ihr Immunsystem sich erholt, sollten Sie in geringer Anfangsdosierung mit zusätzlichen Vitaminen und Mineralstoffen Ihr Immunsystem unterstützen. Allmählich (innerhalb von zwei bis drei Wochen) können Sie dann die Dosis steigern. Wenn Sie abrupt mit der Einnahme von Nährstoffen beginnen, ohne Rücksicht auf die Ernährung zu nehmen, kann es passieren, daß Ihr gestreßtes Immunsystem gegen die zusätzlichen Vitamine und Mineralstoffe allergisch reagiert.
4. Zusätzliche Vitamine und Mineralstoffe stellen eine Verstärkung der Nahrung dar. Nehmen Sie Nährstoffpräparate daher nach dem Essen ein.
5. Achten Sie auf toxische Dosen (siehe S. 194/195)! Auch Nährstoffe können schaden, wenn sie in zu hoher Dosierung eingenommen werden.
6. Nährstoffpräparate aus Drogerien sind oft viel zu niedrig dosiert. Sparen Sie sich Ihr Geld. Die Ernährungsumstellung nach dem JUTTA-POSCHET-IMMUN-DIÄT-System allein hilft Ihnen genauso.
7. Eine Übermenge an Vitamin B_1 kann die Schilddrüse beeinflussen und zu einem Vitamin-B_6-Mangel führen.

8. Schwangere Frauen sollten zusätzliche Vitamine und Mineralstoffe immer unter ärztlicher Kontrolle einnehmen. Die alleinige Einnahme von Eisen ist bei weitem nicht ausreichend. *In der Schwangerschaft ist der Bedarf an allen Nährstoffen erhöht. Lassen Sie eine Vitamin- und Mineralstoffanalyse durchführen.*
9. Vitamin B_6 sollte nicht bei einer medikamentösen Behandlung der Schüttellähmung (Parkinsonismus) eingenommen weren.
10. Bei Neigung zu Krampfanfällen sollte Folsäure nicht in hoher Dosierung zusätzlich zugeführt werden.
11. Bei Behandlung mit Blutgerinnungshemmern (Marcumar) sollte Vitamin C nicht in hoher Dosierung genommen werden.
12. Bei Schilddrüsenüberfunktion sollte kein Jod zusätzlich genommen werden.
13. Vitamin E darf nur mit äußerster Vorsicht und in geringer Anfangsdosierung zugeführt werden bei Schilddrüsenüberfunktion, erhöhtem Blutdruck oder schweren Herzerkrankungen.
14. Folsäure und Vitamin B_{12} sollten zusammen gegeben werden.
15. Folsäure kann die Wirkung von Sulfonamiden beeinträchtigen.
16. Calcium kann die Wirkung von Tetrazyklin vermindern.
17. Calcium sollte von Personen, die Digitalis-Herzmedikamente einnehmen müssen, nur mit äußerster Vorsicht und *nur nach Rücksprache mit dem Arzt* eingenommen werden.
18. Hohe Dosierungen von Vitamin A sollten bei Antibiotika-Behandlung gegeben werden.
19. Die zusätzliche Eiseneinnahme ist nur bei einem getesteten Eisenmangel angezeigt.
20. Bei schlechter Nierenfunktion dürfen nur geringe Dosen an Magnesium eingenommen werden. *Fragen Sie Ihren Arzt.*
21. Übermengen an Fett steigern die Phosphoraufnahme und können deshalb zu einem Calciummangel führen.
22. Bei Einnahme von Zink sollte auch Vitamin A reichlich zugeführt werden.
23. Schwere Depressionen können durch zusätzliches Cholin verstärkt werden.

Vorsicht vor Überdosierung!

Bestimmte Nährstoffe können zu Vergiftungen führen, wenn zu hohe Dosen mehrere Wochen oder Monate eingenommen werden. Nachfolgend sind die empfohlenen Tageshöchstdosen aufgeführt und im Vergleich dazu die toxischen (= giftigen) Dosen. Sie sehen, daß eine große Sicherheitsspanne zwischen den Höchstdosen und den toxischen Dosen liegt! Dennoch sollten Sie vor der Einnahme von Vitaminen und Mineralstoffen eine Mineralstoffanalyse aus dem Haar durchführen lassen.

Nährstoffe: Tagesmenge und toxische Dosis

Nährstoff	Empfohlene Tageshöchstdosis	Toxische Dosis
Vitamin A	4000–6000 I.E.	über 50 000 I.E.
Vitamin B_6	2– 500 Milligramm	2–10 Gramm
Vitamin D	400 I.E.	25 000 I.E.
Calcium	500–1000 Milligramm	über 2000 Milligramm
Eisen	10– 60 Milligramm	Einnahme nur bei nachgewiesenem Mangel!
Magnesium	300– 500 Milligramm	Überdosierung nur bei Nierenstörung!
Kalium	2– 5 Gramm	über 25 Gramm
Selen	50– 200 Mikrogramm	über 500 Mikrogramm
Zink	20– 120 Milligramm	über 150 Milligramm

Übersicht der empfohlenen Nährstoffkombinationen

**Die Nährstoffkombinationen werden vom Arzt verordnet.
Sie können über jede Apotheke bezogen werden.**

Hersteller:
Hirsch-Apotheke, Tumringerstraße 180, D-79539 Lörrach
Telefon 07621–21 22, Telefax 07621–147 87

Die Nährstoffkombinationen enthalten alle Nährstoffe in einem ausgewogenen, natürlichen Verhältnis. Einzeln sollten die Nährstoffe nur in Ausnahmefällen eingenommen werden, da es leicht zu Verschiebungen und Störungen im Nährstoffhaushalt kommen kann.

Vitamine und Mineralstoffe sollten nicht längere Zeit unkontrolliert eingenommen werden.
Überprüfen Sie Ihren Mineralhaushalt durch eine Mineralstoffanalyse aus dem Haar. Eine Kontrollanalyse sollte nach sechs bis acht Monaten durchgeführt werden.

Achtung:

Nährstoffe sind keine Medikamente mit Sofortwirkung. Nährstoffe sind natürliche Ergänzungen der Nahrung. Sie sind keine Fremdstoffe, sondern für den Organismus lebensnotwendig. Nährstoffe regulieren den Stoffwechsel des Organismus und führen zu normalen Körperfunktionen. *Die Wirkung von Nährstoffen tritt erst nach einigen Wochen ein.*

Nährstoffkombinationen

Basis-Vitamin-Mineral + Kupfer + Eisen, Kapseln

(Richtige Vitamine und Mineralstoffe im ausgewogenen Verhältnis!)

1 Kapsel enthält:	
Vitamin A	800 I.E.
Beta-Carotin	1250 I.E.
Vitamin D_3	8 I.E.
Vitamin E	30 I.E.
Vitamin C	100 Milligramm
Vitamin B_1	8 Milligramm
Vitamin B_2	4 Milligramm
Niacin	3 Milligramm
Niacinamid	12 Milligramm
Pantothen	40 Milligramm
Vitamin B_6	8 Milligramm
Vitamin B_{12}	8 Mikrogramm
Folsäure	65 Milligramm
Biotin	25 Mikrogramm
Bioflavonoide	8 Milligramm
PABA	4 Milligramm
Calcium (ascorbat)	40 Milligramm
Magnesium (aspartat)	40 Milligramm
Kalium (aspartat)	8 Milligramm
Zink (aspartat)	4 Milligramm
Mangan (aspartat)	1,5 Milligramm
Chrom	20 Mikrogramm
Selen	16 Mikrogramm
Molybdän	8 Mikrogramm
Kupfer	150 Mikrogramm
Eisen	1,5 Milligramm
Cholin	12 Milligramm
Inositol	8 Milligramm

Die Basis-Vitamin-Mineral-Kapseln sind in vier verschiedenen Variationen erhältlich:

1. Basis-Vitamin-Mineral
2. Basis-Vitamin-Mineral + Eisen
3. Basis-Vitamin-Mineral + Kupfer
4. Basis-Vitamin-Mineral + Kupfer + Eisen

Welche Basis-Vitamin-Kombination für Sie in Frage kommt, sollte durch die Mineralstoffanalyse aus dem Haar abgeklärt werden.

Antioxidantien, Kapseln

(Nährstoffe, die Ihre Zellen vor freien Radikalen, Seite 141, schützen)

1 Kapsel enthält:	
Vitamin B_1	10 Milligramm
Vitamin B_{12}	6 Milligramm
Beta-Carotin	4000 I.E.
Vitamin B_6	6 Milligramm
L-Cystein	65 Milligramm
DL-Methionin	35 Milligramm
Germanium	1,6 Mikrogramm
Selen	15 Mikrogramm
Bioflavonoide	65 Milligramm
Cholin	65 Milligramm
Inositol	65 Milligramm
Glutathion	5 Milligramm
Dimenthylglycin	6 Milligramm
Vitamin B_5	6 Milligramm
Niacinamid	6 Milligramm

Vitamin C, gepuffert, Kapseln
(Zum Schutz und zur Stärkung des Immunsystems)

Vitamin C (= Ascorbinsäure) ist eine Säure. Deshalb ist reines Vitamin C für viele unverträglich. In diesen Kapseln liegt Vitamin C nicht als Säure vor, sondern ist an Calcium, Magnesium und Kalium gebunden. Dadurch wird eine ausgezeichnete Verträglichkeit erzielt.

1 Kapsel enthält:	
Vitamin C	1000 Milligramm
Calcium	90 Milligramm
Magnesium	125 Milligramm
Kalium	60 Milligramm
Pektin	100 Milligramm
Bioflavonoide	8 Milligramm

Haifischöl-Lecithin, Kapseln
(Zur Unterstützung des Immunsystems)

Haifischöl enthält zahlreiche ungesättigte Fettsäuren und Squalen (Seite 109 f.). Lecithin unterstützt die Leber bei der Entgiftung.

1 Kapsel enthält:	
Haifischöl	300 Milligramm
Lecithin	200 Milligramm

Vital-Dophilus, Pulver
(Milchsäurebakterien auf antiallergener Basis)

Vital-Dophilus ist das Milchsäurepräparat, das nicht auf Milch oder

Kontaktadresse für das Gesundheits-Check-up

Wo Sie die Mineralstoffanalyse aus dem Haar und den IgG-Nahrungs-Antikörpertest durchführen lassen können:

MINERALMED GmbH	
Labor für Ernährungsanalytik	Telefon 0 89/22 33 92
Hildegardstraße 9	/29 77 90
D-80539 München	Telefax 0 89/228 56 34

Anmerkung:
Die Firma MINERALMED GmbH Labor für Ernährungsanalytik steht unter Leitung von Jutta Poschet. Sie bietet *Ärzten, Heilpraktikern* und *Privatpersonen* den Service der Erstellung der Analysen mit ausführlicher Interpretation und Ernährungsrichtlinien zum JUTTA-POSCHET-IMMUN-DIÄT-System.
Versandunterlagen zur Durchführung der Tests sowie deren Preise werden Ihnen auf Anforderung zugesandt (private Abrechnung).
(Ärzte und Heilpraktiker erhalten eine gesonderte Information.)

Hefebasis aufgebaut ist (= antiallergen). Dadurch ist es wesentlich besser verträglich und kann auch in hoher Dosierung von den Patienten genommen werden, die gegen Milch und Hefe überempfindlich sind.

Ein letztes Wort

An dieser Stelle sei noch ein Appell an alle ausgesprochen, die sich dieses Buch zunutze gemacht haben.
Es ist schön, wenn Sie mit dem IMMUN-PROGRAMM zu einer neuen Lebensdynamik gefunden haben. Doch an jedem Erfolg – und hierzu zählt auch der, der unseren Körper und unser Wohlbefinden betrifft – muß täglich gearbeitet werden. Die größte Gefahr für den Erfolg ist es, wenn Sie glauben, sich eines Tages auf den Erfolgslorbeeren ausruhen zu können. Tun Sie das nicht!

Tun Sie täglich etwas für sich. Denken Sie immer an das Bewegungsprogramm. Ernähren Sie sich auch weiterhin nach dem Rotationsprinzip. Und verlassen Sie nie den Weg der natürlichen Nährstofftherapie!

Planen Sie regelmäßig jedes Jahr Ihre »persönliche Entgiftungsphase« ein, in der Sie mit der JUTTA-POSCHET-IMMUN-DIÄT und dem Gesundheits-Check-up Ihr Immunsystem regenerieren. Nur so gewinnen Sie den Kampf gegen das Altern und die Krankheit!

Auf den folgenden Seiten finden Sie Kalender für weitere Jahre. Benutzen Sie diese Jahresplaner und tragen Sie die Zeiten für Ihre persönlichen Entgiftungsphasen zur Stärkung des Immunsystems ein.

Planen Sie Ihre eigene Gesundheit!

1996

	JANUAR	FEBRUAR	MÄRZ	APRIL
M	1 8 15 22 29	5 12 19 26	4 11 18 25	1 8 15 22 29
D	2 9 16 23 30	6 13 20 27	5 12 19 26	2 9 16 23 30
M	3 10 17 24 31	7 14 21 28	6 13 20 27	3 10 17 24
D	4 11 18 25	1 8 15 22 29	7 14 21 28	4 11 18 25
F	5 12 19 26	2 9 16 23	1 8 15 22 29	5 12 19 26
S	6 13 20 27	3 10 17 24	2 9 16 23 30	6 13 20 27
S	7 14 21 28	4 11 18 25	3 10 17 24 31	7 14 21 28

	MAI	JUNI	JULI	AUGUST
M	6 13 20 27	3 10 17 24	1 8 15 22 29	5 12 19 26
D	7 14 21 28	4 11 18 25	2 9 16 23 30	6 13 20 27
M	1 8 15 22 29	5 12 19 26	3 10 17 24 31	7 14 21 28
D	2 9 16 23 30	6 13 20 27	4 11 18 25	1 8 15 22 29
F	3 10 17 24 31	7 14 21 28	5 12 19 26	2 9 16 23 30
S	4 11 18 25	1 8 15 22 29	6 13 20 27	3 10 17 24 31
S	5 12 19 26	2 9 16 23 30	7 14 21 28	4 11 18 25

	SEPTEMBER	OKTOBER	NOVEMBER	DEZEMBER
M	2 9 16 23 30	7 14 21 28	4 11 18 25	2 9 16 23 30
D	3 10 17 24	1 8 15 22 29	5 12 19 26	3 10 17 24 31
M	4 11 18 25	2 9 16 23 30	6 13 20 27	4 11 18 25
D	5 12 19 26	3 10 17 24 31	7 14 21 28	5 12 19 26
F	6 13 20 27	4 11 18 25	1 8 15 22 29	6 13 20 27
S	7 14 21 28	5 12 19 26	2 9 16 23 30	7 14 21 28
S	1 8 15 22 29	6 13 20 27	3 10 17 24	1 8 15 22 29

Notizen

Kurbeginn Datum:

Gesundheits-Check-up planen!

1997

	JANUAR	FEBRUAR	MARZ	APRIL
M	6 13 20 27	3 10 17 24	3 10 17 24 31	7 14 21 28
D	7 14 21 28	4 11 18 25	4 11 18 25	1 8 15 22 29
M	1 8 15 22 29	5 12 19 26	5 12 19 26	2 9 16 23 30
D	2 9 16 23 30	6 13 20 27	6 13 20 27	3 10 17 24
F	3 10 17 24 31	7 14 21 28	7 14 21 28	4 11 18 25
S	4 11 18 25	1 8 15 22	1 8 15 22 29	5 12 19 26
S	5 12 19 26	2 9 16 23	2 9 16 23 30	6 13 20 27

	MAI	JUNI	JULI	AUGUST
M	5 12 19 26	2 9 16 23 30	7 14 21 28	4 11 18 25
D	6 13 20 27	3 10 17 24	1 8 15 22 29	5 12 19 26
M	7 14 21 28	4 11 18 25	2 9 16 23 30	6 13 20 27
D	1 8 15 22 29	5 12 19 26	3 10 17 24 31	7 14 21 28
F	2 9 16 23 30	6 13 20 27	4 11 18 25	1 8 15 22 29
S	3 10 17 24 31	7 14 21 28	5 12 19 26	2 9 16 23 30
S	4 11 18 25	1 8 15 22 29	6 13 20 27	3 10 17 24 31

	SEPTEMBER	OKTOBER	NOVEMBER	DEZEMBER
M	1 8 15 22 29	6 13 20 27	3 10 17 24	1 8 15 22 29
D	2 9 16 23 30	7 14 21 28	4 11 18 25	2 9 16 23 30
M	3 10 17 24	1 8 15 22 29	5 12 19 26	3 10 17 24 31
D	4 11 18 25	2 9 16 23 30	6 13 20 27	4 11 18 25
F	5 12 19 26	3 10 17 24 31	7 14 21 28	5 12 19 26
S	6 13 20 27	4 11 18 25	1 8 15 22 29	6 13 20 27
S	7 14 21 28	5 12 19 26	2 9 16 23 30	7 14 21 28

Notizen

Kurbeginn Datum:

Gesundheits-Check-up planen!

1998

	JANUAR	FEBRUAR	MÄRZ	APRIL
M	5 12 19 26	2 9 16 23	2 9 16 23 30	6 13 20 27
D	6 13 20 27	3 10 17 24	3 10 17 24 31	7 14 21 28
M	7 14 21 28	4 11 18 25	4 11 18 25	1 8 15 22 29
D	1 8 15 22 29	5 12 19 26	5 12 19 26	2 9 16 23 30
F	2 9 16 23 30	6 13 20 27	6 13 20 27	3 10 17 24
S	3 10 17 24 31	7 14 21 28	7 14 21 28	4 11 18 25
S	4 11 18 25	1 8 15 22	1 8 15 22 29	5 12 19 26

	MAI	JUNI	JULI	AUGUST
M	4 11 18 25	1 8 15 22 29	6 13 20 27	3 10 17 24 31
D	5 12 19 26	2 9 16 23 30	7 14 21 28	4 11 18 25
M	6 13 20 27	3 10 17 24	1 8 15 22 29	5 12 19 26
D	7 14 21 28	4 11 18 25	2 9 16 23 30	6 13 20 27
F	1 8 15 22 29	5 12 19 26	3 10 17 24 31	7 14 21 28
S	2 9 16 23 30	6 13 20 27	4 11 18 25	1 8 15 22 29
S	3 10 17 24 31	7 14 21 28	5 12 19 26	2 9 16 23 30

	SEPTEMBER	OKTOBER	NOVEMBER	DEZEMBER
M	7 14 21 28	5 12 19 26	2 9 16 23 30	7 14 21 28
D	1 8 15 22 29	6 13 20 27	3 10 17 24	1 8 15 22 29
M	2 9 16 23 30	7 14 21 28	4 11 18 25	2 9 16 23 30
D	3 10 17 24	1 8 15 22 29	5 12 19 26	3 10 17 24 31
F	4 11 18 25	2 9 16 23 30	6 13 20 27	4 11 18 25
S	5 12 19 26	3 10 17 24 31	7 14 21 28	5 12 19 26
S	6 13 20 27	4 11 18 25	1 8 15 22 29	6 13 20 27

Notizen

Kurbeginn Datum:

Gesundheits-Check-up planen!

1999

	JANUAR	FEBRUAR	MÄRZ	APRIL
M	4 11 18 25	1 8 15 22	1 8 15 22 29	5 12 19 26
D	5 12 19 26	2 9 16 23	2 9 16 23 30	6 13 20 27
M	6 13 20 27	3 10 17 24	3 10 17 24 31	7 14 21 28
D	7 14 21 28	4 11 18 25	4 11 18 25	1 8 15 22 29
F	1 8 15 22 29	5 12 19 26	5 12 19 26	2 9 16 23 30
S	2 9 16 23 30	6 13 20 27	6 13 20 27	3 10 17 24
S	3 10 17 24 31	7 14 21 28	7 14 21 28	4 11 18 25

	MAI	JUNI	JULI	AUGUST
M	3 10 17 24 31	7 14 21 28	5 12 19 26	2 9 16 23 30
D	4 11 18 25	1 8 15 22 29	6 13 20 27	3 10 17 24 31
M	5 12 19 26	2 9 16 23 30	7 14 21 28	4 11 18 25
D	6 13 20 27	3 10 17 24	1 8 15 22 29	5 12 19 26
F	7 14 21 28	4 11 18 25	2 9 16 23 30	6 13 20 27
S	1 8 15 22 29	5 12 19 26	3 10 17 24 31	7 14 21 28
S	2 9 16 23 30	6 13 20 27	4 11 18 25	1 8 15 22 29

	SEPTEMBER	OKTOBER	NOVEMBER	DEZEMBER
M	6 13 20 27	4 11 18 25	1 8 15 22 29	6 13 20 27
D	7 14 21 28	5 12 19 26	2 9 16 23 30	7 14 21 28
M	1 8 15 22 29	6 13 20 27	3 10 17 24	1 8 15 22 29
D	2 9 16 23 30	7 14 21 28	4 11 18 25	2 9 16 23 30
F	3 10 17 24	1 8 15 22 29	5 12 19 26	3 10 17 24 31
S	4 11 18 25	2 9 16 23 30	6 13 20 27	4 11 18 25
S	5 12 19 26	3 10 17 24 31	7 14 21 28	5 12 19 26

Notizen

Kurbeginn Datum:

Gesundheits-Check-up planen!

2000

	JANUAR	FEBRUAR	MÄRZ	APRIL
M	3 10 17 24 31	7 14 21 28	6 13 20 27	3 10 17 24
D	4 11 18 25	1 8 15 22 29	7 14 21 28	4 11 18 25
M	5 12 19 26	2 9 16 23	1 8 15 22 29	5 12 19 26
D	6 13 20 27	3 10 17 24	2 9 16 23 30	6 13 20 27
F	7 14 21 28	4 11 18 25	3 10 17 24 31	7 14 21 28
S	1 8 15 22 29	5 12 19 26	4 11 18 25	1 8 15 22 29
S	2 9 16 23 30	6 13 20 27	5 12 19 26	2 9 16 23 30

	MAI	JUNI	JULI	AUGUST
M	1 8 15 22 29	5 12 19 26	3 10 17 24 31	7 14 21 28
D	2 9 16 23 30	6 13 20 27	4 11 18 25	1 8 15 22 29
M	3 10 17 24 31	7 14 21 28	5 12 19 26	2 9 16 23 30
D	4 11 18 25	1 8 15 22 29	6 13 20 27	3 10 17 24 31
F	5 12 19 26	2 9 16 23 30	7 14 21 28	4 11 18 25
S	6 13 20 27	3 10 17 24	1 8 15 22 29	5 12 19 26
S	7 14 21 28	4 11 18 25	2 9 16 23 30	6 13 20 27

	SEPTEMBER	OKTOBER	NOVEMBER	DEZEMBER
M	4 11 18 25	2 9 16 23 30	6 13 20 27	4 11 18 25
D	5 12 19 26	3 10 17 24 31	7 14 21 28	5 12 19 26
M	6 13 20 27	4 11 18 25	1 8 15 22 29	6 13 20 27
D	7 14 21 28	5 12 19 26	2 9 16 23 30	7 14 21 28
F	1 8 15 22 29	6 13 20 27	3 10 17 24	1 8 15 22 29
S	2 9 16 23 30	7 14 21 28	4 11 18 25	2 9 16 23 30
S	3 10 17 24	1 8 15 22 29	5 12 19 26	3 10 17 24 31

Notizen

Kurbeginn Datum:

Gesundheits-Check-up planen!

2001

	JANUAR	FEBRUAR	MÄRZ	APRIL
M	1 8 15 22 29	5 12 19 26	5 12 19 26	2 9 16 23 30
D	2 9 16 23 30	6 13 20 27	6 13 20 27	3 10 17 24
M	3 10 17 24 31	7 14 21 28	7 14 21 28	4 11 18 25
D	4 11 18 25	1 8 15 22	1 8 15 22 29	5 12 19 26
F	5 12 19 26	2 9 16 23	2 9 16 23 30	6 13 20 27
S	6 13 20 27	3 10 17 24	3 10 17 24 31	7 14 21 28
S	7 14 21 28	4 11 18 25	4 11 18 25	1 8 15 22 29

	MAI	JUNI	JULI	AUGUST
M	7 14 21 28	4 11 18 25	2 9 16 23 30	6 13 20 27
D	1 8 15 22 29	5 12 19 26	3 10 17 24 31	7 14 21 28
M	2 9 16 23 30	6 13 20 27	4 11 18 25	1 8 15 22 29
D	3 10 17 24 31	7 14 21 28	5 12 19 26	2 9 16 23 30
F	4 11 18 25	1 8 15 22 29	6 13 20 27	3 10 17 24 31
S	5 12 19 26	2 9 16 23 30	7 14 21 28	4 11 18 25
S	6 13 20 27	3 10 17 24	1 8 15 22 29	5 12 19 26

	SEPTEMBER	OKTOBER	NOVEMBER	DEZEMBER
M	3 10 17 24	1 8 15 22 29	5 12 19 26	3 10 17 24 31
D	4 11 18 25	2 9 16 23 30	6 13 20 27	4 11 18 25
M	5 12 19 26	3 10 17 24 31	7 14 21 28	5 12 19 26
D	6 13 20 27	4 11 18 25	1 8 15 22 29	6 13 20 27
F	7 14 21 28	5 12 19 26	2 9 16 23 30	7 14 21 28
S	1 8 15 22 29	6 13 20 27	3 10 17 24	1 8 15 22 29
S	2 9 16 23 30	7 14 21 28	4 11 18 25	2 9 16 23 30

Notizen

Kurbeginn Datum:

Gesundheits-Check-up planen!

Weiterführende Literatur

J. Brostoff/S. J. Challacombe: Food allergy and intolerance. Balliere Tindall 1987

L. Burgstein: Heilwirkung von Nährstoffen. Haug Verlag 1994

R. Haas: Die Doktor Haas Leistungsdiät für Sport, Beruf und Fitness. Goldmann Verlag 1989

J. Houlton: Überlebenshandbuch für Allergiker. Das umfassende Hilfsprogramm für den Alltag. BLV Verlag 1995

J. Juchheim: Haaranalyse, Mineralstoffe und Ernährung. Haug Verlag 1991

H. A. Nieper: Revolution in Medizin + Gesundheit. Schutztherapie + Diät. MIT-Verlag 1985

R. Passwater/E. Cranton: Trace Elements, Hair Analysis and Nutrition. Keats Publishing 1983

J. Poschet: Die Jutta-Poschet-Immun-Diät. Das kompetente Rezeptprogramm zur Stärkung des Immunsystems. BLV Verlag 1992

J. Poschet/Dr. med. J. K. Juchheim: Allergie. BLV Verlag 1992

Th. G. Randolph/R. W. Moss: Allergien: Folgen von Umwelt und Ernährung. Chronische Erkrankungen aus der Sicht der Klinischen Ökologie. (Alternative Konzepte) C. F. Müller Verlag 1995

J. P. Trowbridge/M. Walker: The yeast syndrom. 1986

E. u. T. Wessinghage: Laufen. BLV Verlag 1996

F. Wöllzenmüller: Richtig Jogging – Dauerlaufen. BLV Verlag 1996

Register

Abführmittel 42, 185
Abnützung 15
Abwehrkräfte 113
Abwehrschwächen 18
Abwehrsystem 12
AIDS 17
AIDS-Virus 17
Akne 138
Aknepusteln 138
Alkohol 40, 144
Alkoholismus 19
Alkoholkonsum, übermäßiger 139
Alkoholsucht 139
Allergie, akute 13
Allergien 12, 18, 22, 27, 50, 60, 139, 193
–, cerebrale 58
–, maskierte 60
–, versteckte 58
Altern 189
–, vorzeitiges 12
Alterungsprozeß 192
Aluminium 55, 179
Aluminiumgeschirr 55
Amalgam-Zahnfüllung 43, 55, 178
Aminosäuren 33
–, essentielle 34
Ammoniak 45, 55
Amylase 70
Angstgefühle 14
Angstzustände 52, 60
Anti-Baby-Pille 40
Antibiotika 25, 154
Antigene 24
Antikörper 13, 24, 42, 57, 67
Antikörperbildung 37
Antioxidantien 53, 175, 191
Antirheumatika 185
Antriebsarmut 59
Apparatemedizin 23
Arachidonsäure 36
Armschwingen 114
Aromastoffe 22
Arsen 175
Arteriosklerose 140
Arthrose 142
Aspirin 40
Asthma 12, 60, 131, 143
–, bronchiale 143
–, –, allergisches 53
Atembeschwerden 50
Aufbautraining 113
Autoimmunkrankheiten 161
Azofarbstoffe 57

Bakterien 44, 60
Bakteriennester 134
Ballaststoffe 44
Basenkost 14
Bauchkrämpfe 52
Bauchprobleme 60
Bauchschmerzen 42
Bauchspeicheldrüse 43, 45, 46, 70, 144
Beinkrämpfe 160
Beinschwingen 114
Belastungs-EKG 117
Benzol 182
Beri-Beri 25
Beschwerden, chronische 193
Bewegung 75, 191
Bewegungsmangel 75
Bewegungsprogramm 112
Bindemittel 22
Bioflavonoide 38
Biotin 38, 44
BKS 70
Blähbauch 18, 20, 48, 56, 132, 148, 157
Blähdarm 50
Blähungen 21, 42, 43, 132
Blasenentzündungen 60
Blaseninfekte 52
Blaseninfektion, chronische 145
Blei 55, 57, 176
Bleibelastung 21
Blinddarm 46
Blutarmut 56
Blutdruck, hoher 12, 27, 146
–, niedriger 147
Blutdruckerhöhung 50
Blutgerinnsel 122
Blutgerinnungshemmer 194
Blutkreislauf 112
Blutsenkung 70
Blutstauungen 122
Blutwerte 70
Blutzucker 70
Blutzucker, erhöhter 172
–, niedriger 143
Blutzuckerregulierung 45
Blutzuckerspiegel 20
Brett, schräges 122
Bronchitis, chronische 68
Brot 21, 75
Brustenge 60
Brustkrebs 156

Cadaverin 56
Cadmium 55, 57, 175, 177
Cadmiumbelastung 21
Calcium 39, 51, 63
Calciumhaushalt 51, 142
Calciummangel 51
Calciumspiegel, erhöhter 52
Candida 27, 138
Candida albicans 60
Cäsium 137, 174, 179
Check-up 62
Check-up der Blutwerte 70
Chemiezusätze 22
Chemikalien 57, 175
Chemikalien-Überempfindlichkeiten 183
Chlor 39

Chlorakne 138
Chloroform 182
Cholesterin 35, 70
Cholin 37
Chrom 40, 53, 63
Chrommangel 53
Chronische Krankheiten 137
Chronische Müdigkeit 20, 159
Colibakterien 50, 145
Colitis ulcerosa 148
Colon 43
Colonbewegungen 44, 47
Colonspülung 132
Colontherapie 128, 132
Coloskopie 134
Cortison 25, 143, 150, 161, 185
Cortisonpräparate 139
Cortisonsalben 163
Cresol 56
Cyclamat 57
Cystein 56
Cystin 56

Darm 41
Darmausgang 46
Darmbakterien 44, 56, 145
–, natürliche 192
Darmentzündungen 148
Darmflora 44, 134
–, geschädigte 133
Darmfunktionsstörungen 51
Darmgase 20
Darmschleimhaut-Entzündung 134
Darmstörungen 27, 60, 132
Darmtrakt 42
DDT 175, 183
Deformierte Dickdarm-Beispiele 134, 135
Dehnübungen 114
Depressionen 12, 50, 56, 58, 60, 149, 169, 170
Diabetes mellitus 172
Diätkur 167
Diätkuren 22
Dickdarm 43, 46, 50
–, verkrampfter 50
Dickdarmbakterien 50
Dickdarmkrebs 156
Digitalis-Herzmedikamente 194
Diphterie 12
Disaccharide 31
Drogenabhängigkeit 19
Dünn-Dickdarm-Klappe 46
Dünndarm 43, 46
Durchblutungsstörungen 35
Durchfall 50, 148
Durstreflex 37
Dystonie, vegetative 12, 15, 169

Eindickungsmittel 21
Einfachzucker 31
Einlauf 133
Eisen 39, 52
Eisenmangel 53
Eisenverwertung 54
Eiweiß 33
Eiweißbedarf 34
Eiweißernährung 34
Eiweißfäulnis 45
Eiweißsynthese 33
Ekzeme 150
Elisa-Test 69
Endorphinausschüttung 116
Endotoxine 56
Energiebedarf 32
Energiegetränk 37
Energielosigkeit 169
Entgiftung 10, 44, 72, 74, 113
Entgiftung des Darmes 27
Entgiftungsprogramm 9
Entkalkung 170
Entschlackung 74
Entzugssymptome 74
Entzündungen des Unterleibs 50
Entzündungen, chronische 56, 68
Entzündungsstoffe 13, 14
Enzyme 33, 45
Enzyme-Linked Immunosorbent Assay 69
Ernährung 19, 126
Ernährung und Immunsystem 9
Ernährung, falsche 14, 48
–, kohlenhydratarme 14
Ernährungs-Immunologie 13, 23, 128
Ernährungsprogramm 72, 74, 109
Ernährungsumstellung 10, 28, 63, 109, 193
Ernährungsweise 9
Eßinstinkt 75

Farbstoffe 21, 175, 184
Faserstoffe 44
Fäulnisgifte 48, 56
FDA 21
Fehlentscheidungen des Immunsystems 57
Fehlernährung 19, 20
Fehlreaktionen, allergische 51
Fertignahrung 39
Feste Nägel 187
Fett 35
Fettleber 157
Fettsäuren 36
Fieber 127
Fieberschübe 17
Folsäure 44
Folsäuremangel 54, 149
Food and Drug Administration (FDA) 21
Formaldehyd 175
Freie Radikale 53, 110
Freßzellen 24, 37
Frühstücksrezept 188

Gallenblase 46
Gallenblasenentzündungen 150
Gallensaft 45
Gallensteine 151
Gärgase 56
Gärgifte 48
Gärungsgifte 56
Gastritis 165
Gebärmuttersenkung 50
Gefäßverkalkung 14, 51, 140
Gehirn 16
Gelenkbeschwerden 50
Gelenkentzündungen 161
Gelenkerkrankungen, rheumatische 14
Gelenkkrankheiten 51
Gelenkprobleme 52
Gelenkschmerzen 27
Gelenkverschleiß 142
Geschlechtshormone 36, 158
Gesundheits-Check-up 62
Gewichtsprobleme 22
Gewichtsreduktion 75
Gicht 70
Gifte, bakterielle 56
Giftgase 43
Giftherde 134
Giftstoffbelastung 50

Giftstoffe 113
Grundnährstoffe 31
Grundprogramm 113

Haarausfall 188
Haarentnahme 62
Haifischöl 109
Harnsäure 70
Harnstoff 45
Haut 187
Hautausschläge 18, 131
Hautekzeme 68
Hautentzündungen, chronische 150
Hauterkrankungen, chronische 150
Hautkrankheiten 12, 27, 52
Hautkrebs 156
Hautprobleme 60
Hautrötung 14
Hautsalben 150
Hauttest 59, 129
HDL-Cholesterin 36
Hefe 21
Hefepilze 138
Heißhunger 18
Heißhunger nach Süßigkeiten 19
Herpes 18
Herpes-Virus 16, 18
Herzbeschwerden 50
Herzinfarkt 14, 35, 151
Herzklopfen 52
Herzkrankheiten 151
Herzrasen 151, 169
Herzrhythmusstörungen 151
Herzstolpern 151
Heuschnupfen 131, 152
Histamin 21, 45, 55, 58
Histaminausschüttung 60
Hitzewallungen 170
Hochleistungssport 32
Hoher Blutdruck 146
Homöopathie 131
Hormon 33
Hormonausschüttung 35
Hormonstörung 60
Hydrogen-Sulfide 56
Hypertonie 146
Hypoglykämie 20, 53, 143, 168

IgG 67
IgG-Antikörper 42
IgG-Antikörpertest 137
IgG-Nahrungs-Antikörper-Bluttest 9, 28
IgG-Nahrungs-Antikörpertest 59, 67, 68, 69, 128, 197
IgG-Test 111
Ileocoecalklappe 46, 50
Immun-Diät 28
Immunabwehr 12, 18
Immuncomputer Darm 41
Immunglobulin G 67
Immunkomplexe 57, 59, 60
Immunkomplexe und Altern 190
Immunreaktionen auf Nahrungsmittel 20
Immunschwäche 12, 17, 42, 50, 60
Immunsystem 12
Immunsystem, überfordertes 126
Immuntherapie 128
Immunvitamin 54
Immunzellen 13, 14, 41, 42, 110
Impfstoffe 12
Impotenz 153
Indol 56
Industrienahrungsmittel 21
–, vitaminarme 38
Infektanfälligkeit 15, 52, 154
Inositol 37
Insektizide 57, 175
Insulin 20, 45, 53, 168
Insulinbildung 32
Intensiventgiftung 132
Itai-Itai-Krankheit 177

Jod 40, 131 181
Joggingschuhe 117
Jucken 14
Jungbleiben 189
Jutta-Poschet-Immun-Diät 28, 72, 79

Kalium 39, 40
Keramikgeschirr 55
Kerosin 183
Keshan-Region 53
Kiefernhöhlenentzündungen 60
Kinderlähmung 12
Klimakterisches Syndrom 170
Klimakterium 120
Knochenentkalkung 120
Knochenstoffwechsel 142
Knorpelstoffwechsel 142
Kobalt 40
Kohlenhydrate 31
–, denaturierte 19
–, leere 32
–, natürliche 31
Kohlenhydratenergie 32
Kohlenhydratstoffwechsel 20, 53
Konservierungsmittel 22
Konservierungsstoffe 175
Kontaktadresse für das Gesundheits-Check-up 197
Konzentrationsstörungen 59
Kopfschmerzen 12, 17, 18, 50, 52, 56, 58, 60, 63, 65, 155, 169
Krampfadern 122
Krankheiten von A–Z 137
Krankheiten, chronische 126, 128, 175
Krebs 52, 53, 156
Krebserkrankungen 14, 156
Kreislauf 113
Kreuzblütler 73
Kunststoffe 175
Kupfer 40, 52, 63
Kupfermangel 52

Lacke 175
Lauf-Aufbautraining 117
Laufen 114
LDL-Cholesterin 36
Lebensmittelzusatzstoffe 57, 139
Leber 44, 46
Leberentzündungen, chronische 157
Leberkrankheiten 157
Leberschäden 14
Leberwerte 70
Leberzellen 44
Lecithin 37, 109
Leingewächse 73
Leistungskraft, verminderte 18
Linolsäure 36
Linolensäure 36
Lipase 70
Lippenkrebs 156
Lockerungsübungen 114
Lösungsmittel 182
Lungenkrebs 156

Lustlosigkeit 63, 66
Lymphknotenschwellungen 17
Lymphkreislauf 112
Lymphozyten 13, 42

Magen 43
Magen-Darm-Beschwerden 68
Magengeschwüre 165
Magenkrebs 156
Magnesium 39, 40, 52, 63
Makrophagen 110
Mangan 40, 53, 63
Manganmangel 53
Mangelkrankheiten 50, 51, 68
Marcumar 194
Mastdarm 47
Menkes-Kinky-Haar-Syndrom 52
Menstruationsbeschwerden 158
Methan 56
Methionin 37
Metschnikoff 44
Metschnikow, Ilja 192
Migräne 27, 58, 60, 63, 65, 68, 131, 155
Milchallergien, versteckte 59
Milchbausteine 59
Milchmoleküle 59
Mineralbild 28
Mineralhaushalt 23
Mineralstoffanalyse 26, 28, 109, 128, 137, 197
Mineralstoffanalyse aus dem Haar 9, 62, 64, 65, 66
Mineralstoffaufnahme 120
Mineralstoffe 28, 31, 39, 51, 54, 137, 193
–, toxische 55
Mineralstoffhaushalt 62
Mineralstoffmangel 51
Mineralstoffpräparate 137
Moleküle 59
Molybdän 40
Mononukleose 18
Monosaccharide 31
Morbus Crohn 148
Müdigkeit 12, 17, 18, 20, 63, 66, 159
Multiple Sklerose 161
Mund 43
Muskelkrämpfe 52, 160
Muskelschmerzen 161

Nachweisverfahren, immunologisches 12
Nährstoffe 30, 31, 126, 137, 193
Nährstoffe für den Sex 189
Nährstoffe für die Haare 188
Nährstoffe für die Haut 187
Nährstoffe für die Nägel 188
Nährstoffe, lipotrope 37
–, unverdaute 21
Nährstoffe: Tagesmenge und toxische Dosis 195
Nährstoffgehalt 30
Nährstoffkombinationen 109, 195
Nährstoffpräparate 137, 193
Nährstofftherapie 10, 127
Nährstoffversorgung der Zellen 113
Nährstoffverwertung 32
Nahrung 41
Nahrungs-Antikörper 109
Nahrungs-Antikörper-Bluttest 9
Nahrungsabfälle 44, 48
Nahrungsallergien, akute 68
–, maskierte 15
–, versteckte 63, 73
Nahrungsallergietest 27, 137
Nahrungsergänzung 39
Nahrungsmittel 137
Nahrungsmittelallergien 26, 129
Nahrungsmittelfamilien 73
Nahrungsmittelschäden 68
Nahrungspassage 43
Natrium 39
Natriumbikarbonat 43
Naturkohlenhydrate 31
Nebennierenhormone 36
Nebenwirkungen, toxische 185
Nervenschmerzen 160
Nervosität 169
Neuralgien 60, 160
Neuritis 160
Neurodermitis 131
Neutralisation 130
Neutralisationsbehandlung 128, 130, 131
Neutralisationsdosis 130
Nickel 43
Nickellegierung 43
Nicotinsäure 44
Niedriger Blutdruck 147
Nierenentzündungen 60
Niereninfektion, chronische 145
Nierensteine 70
Nikotinsucht 19
Nitrate 184
Nitrite 57, 184
Nüsse 13

Obstipation 166
Orangen 40

Parasitennester 134
Parodontose 171
Perchlorethylen 182
Peristaltik 43
Pestizide 57, 175, 182
Phenol 56
Phosphate 21, 22, 184
Phosphor 39
Pilzbefall 60
Pilze 60
Pilzinfektionen 110
Pilznester 134
Pocken 12
Polyphosphate 57
Polysaccharide 31
Positive Gedanken 16
Potenz, nachlassende 189
Prämenstruelles Syndrom 158
Programm gegen das Altern 190
Prostatainfekte 52
Prostataprobleme 50
Protein 33
–, pflanzliches 34
–, tierisches 34
Provokation 59
Provokations-Hauttest 129
Provokations-Neutralisations-Hauttest 69, 129
Provokationstest 19, 129
Psoriasis 163
Psyche 16
Psychopharmaka 185
Putreszin 56

Quecksilber 55, 57, 175, 178
Quecksilberbelastung 21
Quer-Dickdarm 46
Querdickdarmsenkung 50

Randolph, Dr. Theron 72
Rezeptemedizin 10, 23
Rheuma 12, 14, 68, 161

Rohkost 56, 162
Rosengewächse 73
Rotations-Übersichts-tabelle 72, 77
Rotationsernährung 27, 72, 191
Rotationsernährungsplan 10
Rotationsprinzip 74, 109
Rückenschmerzen 161
Rumpfbeugen 114
Rumpfdrehen 114

Säurebildung 32
Schädlingsbekämpfungsmittel 182
Schadstoffe 13, 113
Schaumstoffe 175
Schilddrüsenüberfunktion 194
Schimmelpilze 129, 139
Schlafstörungen 52, 162, 170
Schlaganfall 14, 35
Schlechte Verdauung 48
Schmerzmittel 155, 185
Schokolade 19
Schöne Haut 187
Schönheit 187
Schräges Brett 122
Schuppenflechte 18, 163
Schwäche 164
Schwangerschaft 194
Schwefel 39
Schwermetalle, giftige 53
Schwindelanfälle 164
Selbstbewußtsein, mangelndes 59
Selbstvergiftung 55
Selen 40, 53, 54, 63
Selenmangel 53
Sex 153
Sigma 50
Silizium 39
Skatol 56
Skorbut 25
Sodbrennen 165
Sporternährung 32
Sportprogramm 28
Spritzmittel 182
Spurenelemente 39
Squalen 109, 110
STH 35
Stoffwechsel 23, 33, 44, 113
Stoffwechselblockaden 9
Stoffwechselproblem 167
Stoffwechselreaktionen 38
Streß 21, 40, 164
Strontium 90, 174, 179
Studentenfieber 18
Stuhlgang 48
Stuhlunregelmäßigkeiten 18, 42, 148
Stuhlverstopfung, chronische 166
Sucht nach Süßigkeiten 19

T-Lymphozyten 54
Thymusdrüse 36
Toluol 182
Toxine 56
Trainings-Aufbauprogramm 117
Trampolin 119, 120
Tranquillizer 169, 185
Tschernobyl 174
28-Tage-Programm 79
4-Tage-Rotationsprinzip 72

Überaktivität 19, 166, 169
Überdosierung 194
Überernährung 14
Überernährung und Altern 191
Übergewicht 117, 167
Überreaktion des Immunsystems 52
Umweltchemikalien 129
Umweltgifte 55, 57, 174
Unlust 59
Unruhe 59, 169
–, innere 18
Unterleibsentzündungen 60
Unterzucker 20, 53, 168
Unwohlsein 50

Vanadium 40
Vegetative Dystonie 12, 15, 169
Verdauung 41
Verdauung, optimale 46
–, schlechte 42
Verdauungsenzyme 43, 45
Verdauungssäfte 37
Verdauungsstörungen 15, 148
Verdauungssystem 42
Verhaltensstörungen 19, 59
Verstopfung 50
Vielfachzucker 31
Viren 18, 60
Virusinfektion 53
Vitalität 187
Vitamin A 38
Vitamin C 38, 54
Vitamin D 36, 38, 39
Vitamin E 38, 54
Vitamin F 38
Vitamin K 38, 44
Vitamin-B-Komplex 54
Vitamine 137, 193, 28, 31, 38, 54
Vitamine des B-Komplexes 38
Vitamine, fettlösliche 38
–, synthetisiert 44
–, wasserlösliche 38
Vitaminmangel 38, 51
Vitaminpillen 38, 39
Vitaminpräparate 137
Völlegefühl 21, 50
Vollkornbrot 21
Vollkornkost 56
Vollwertkost 14

Wachstumshormon 35
Wasser 37
Wasseransammlung 23
Wassermangel, chronischer 37
Wasserstoff 56
Wechseljahre 170
Wirbelsäulenabnützung 53

Zähne 43
Zahnerkrankungen 171
Zahnherde 60
Zahnkaries 171
Zigaretten 40
Zimmertrampolin 119, 120
Zink 40, 52, 63
Zivilisationsdarm 50, 55
Zivilisationskrankheiten 42, 68, 126
Zubereitung der Speisen 74
Zuckerkrankheit 53, 172
Zuckerspiegel 20
Zusatzstoffe 137
Zweifachzucker 31

Gesund werden – gesund bleiben

Anne McIntyre
Frauen-Handbuch Heilkräuter
Heilkräuterporträts, die verschiedenen Lebensabschnitte der Frau mit ihren körperlichen und seelischen Merkmalen sowie speziellen Heilkräutern zur Pflege und Vorbeugung von Beschwerden, Problemlösungen in der Praxis – von Erster Hilfe bis Schönheitstips.

Dr. Andrew Lockie/Dr. Nicola Geddes
Homöopathie
Prinzipien und Praxis der Behandlung Geschichte, Entwicklung und Grundprinzipien der Homöopathie; Ermittlung der konstitutionellen Grundtypen; 150 Heilmittel und die pflanzlichen, tierischen und mineralischen Substanzen, aus denen sie hergestellt sind; Behandlung alltäglicher Beschwerden.

Penelope Ody
Naturmedizin Heilkräuter
Rund 300 Heilkräuter, 120 davon im ausführlichen Porträt – mit Farbfotos, therapeutischen Eigenschaften, verwendeten Pflanzenteilen und deren Anwendung; über 250 wirksame Hausmittel zur Behandlung allgemeiner Beschwerden.

Jutta Poschet/
Dr. med. Jürgen K. Juchheim
Allergie
Entstehung, Symptomatik und Erscheinungsformen verschiedener Allergiearten; biologische Allergie-Therapie mit Ernährungsumstellung, Entgiftung sowie Umweltbelastungsdiagnostik; Nachschlageteil zur Selbsthilfe.